Immer wieder taucht die Frage auf, wie man seinerzeit Parteigenosse in der NSDAP oder Mitglied einer ihrer Gliederungen (SA, SS etc.) werden konnte und was eine solche Mitgliedschaft bedeutete. Hierbei hat sich herausgestellt, dass dazu bislang solide Kenntnisse fehlen. Daher hat der Verlag Wolfgang Benz gebeten, mit einem Team einschlägig forschender Historiker entsprechende Informationen bereitzustellen.

Die neun Beiträge des Bandes informieren zuverlässig über die NSDAP, ihre Gliederungen und angeschlossenen Verbände, über die Funktionseliten der NSDAP vom Blockwart bis zu den Gauleitern, über die Mitgliederentwicklung, die Öffnung der Partei und die Mitgliedersperren sowie über die sogenannten Märzgefallenen. Beschrieben werden die mentalen Strukturen der NSDAP zwischen Willkür und Gehorsam und die Prozeduren, mit denen Angehörige der HJ in die NSDAP aufgenommen wurden. Schließlich geht es um das Ende der NSDAP und die Entnazifizierung sowie aktuell um die Rhetorik des Herauswindens: Wie heute die Mitgliedschaft in der NSDAP kleingeredet wird.

Das Ergebnis ist einfach: Niemand musste Parteigenosse werden. Druck wurde nicht selten vor allem auf Beamte und Lehrer ausgeübt. Ein Widerstand hatte allenfalls zur Folge, dass man in seiner Karriere nicht weiter kam. Der angebliche Zwang zum Parteieintritt wurde und wird, wie die aktuellen Diskussionen gezeigt haben, noch immer überschätzt.

Die Vita des Herausgebers sowie die der Autorinnen und Autoren finden sich am Ende des Bandes.

Unsere Adressen im Internet: www.fischerverlage.de
www.hochschule.fischerverlage.de

Wie wurde man Parteigenosse?

Die NSDAP und ihre Mitglieder

Mit Beiträgen von
Wolfgang Benz, Ingo Haar, Sven Felix Kellerhoff,
Angelika Königseder, Armin Nolzen, Phillip Wegehaupt,
Björn Weigel, Mario Wenzel, Juliane Wetzel
und Peter Widmann

Herausgegeben von
Wolfgang Benz

Fischer Taschenbuch Verlag

Die Zeit des Nationalsozialismus
Eine Buchreihe
Herausgegeben von Walter H. Pehle

Originalausgabe
Veröffentlicht im Fischer Taschenbuch Verlag,
einem Unternehmen der S. Fischer Verlag GmbH,
Frankfurt am Main, April 2009

Satz: Pinkuin Satz und Datentechnik, Berlin
Druck und Bindung: Druckerei C. H. Beck, Nördlingen
Printed in Germany
ISBN 978-3-596-18068-4

Inhalt

Wolfgang Benz
Einleitung: Die NSDAP und ihre Mitglieder

Der polnische Graf Sobański, weltläufiger Intellektueller und Bohemien, berichtete in den Jahren 1933 bis 1936 für die polnische Zeitschrift »Literarische Nachrichten« aus dem nationalsozialistischen Deutschland. Er lebte in Berlin unter Freunden, war Zeuge der Bücherverbrennung im Mai 1933, besuchte 1936 den Reichsparteitag in Nürnberg, nahm an einer Pressekonferenz des Antisemiten Streicher teil und beobachtete den Alltag der Deutschen unter Hitler. Zur NSDAP-Aufnahmesperre nach den Märzwahlen 1933 überlieferte er eine offiziöse Begründung, nach der die Aufnahme neuer Parteimitglieder aufgrund »der Gleichschaltung der Arbeiter- und Gewerkschaftsorganisationen« überflüssig geworden sei. »Außerdem sei ohnehin jeder Deutsche im Geiste Nationalsozialist, auch wenn er das nicht mit seinem Beitritt zur Bewegung dokumentiert«. So wolle man jedenfalls glauben machen, schrieb Antoni Graf Sobański in seiner Reportage aus Berlin.

Tatsächlich eilten strebsame Deutsche in Heerscharen zur Hitler-Bewegung, nachdem sie Regierungspartei geworden war. Die Mitgliederzahl der NSDAP stieg von einer Million Anfang 1933 innerhalb von Wochen auf 2,5 Millionen. »Märzgefallene«, weil sie nach den Märzwahlen 1933 die Konjunktur erkannten, nannten die »Alten Kämpfer« (das waren die Inhaber des Goldenen Parteiabzeichens, das diejenigen tragen durften, die eine Mitgliedsnummer unter 100 000 hatten, also bis etwa 1928 eingetreten waren) und die »Alten Parteigenossen« (das waren alle anderen, die vor dem 30. Januar 1933 der NSDAP beigetreten waren) jene, die erst durch den Machterhalt Hitlers und die Aussicht auf Fortkommen und Pfründe den Weg zum Nationalsozialismus gefunden hatten. Am 1. Mai 1933 wurde deshalb eine Aufnahmesperre für die NSDAP verfügt. Nach der Lockerung und Aufhebung stieg die Zahl der Parteigenossen, geläufig abgekürzt »Pg«, auf zuletzt 8,5 Millionen.

Als im Juli 2007 bekannt wurde, dass zwei große Schriftsteller, Siegfried Lenz und Martin Walser, als Mitglieder der NSDAP registriert waren, ebenso wie der Kabarettist Dieter Hildebrandt, entbrannte die Diskussion aufs Neue, die einige Jahre zuvor begonnen hatte, nachdem herausgekommen war, dass dies u. a. auch für den Rhetorikprofessor Walter Jens und für Martin Broszat galt, jenen Historiker, der Verdienste wie kaum ein anderer um die Erforschung des Nationalsozialismus erworben hatte. Broszat ist 1989 gestorben und konnte nicht mehr Stellung nehmen zu der Frage, die seither mit Leidenschaft, aber nicht immer mit ebensolcher Sachkenntnis, diskutiert wird: Konnte man ohne eigenes Zutun, ja gegen eigenes Wissen und bessere Überzeugung, in die Hitlerpartei geraten?

Lenz, Hildebrandt und Walser beteuern energisch, sie hätten nie einen Antrag auf Mitgliedschaft unterschrieben. Rolf Hochhuth kam zu Hilfe, zeterte, die Deutschen seien eben immer noch eine »Nation der Denunzianten« und mutmaßte, junge Menschen hätten in der NS-Zeit keine andere Wahl gehabt als sich rekrutieren zu lassen, zur Wehrmacht, zur SS oder zur NSDAP.

Der Publizist Peter Bender verwahrte sich ebenfalls gegen die Wichtigtuer und Moraltrompeter »die immer neue bekannte Namen aus dem Parteiarchiv ziehen«, aber er machte auch klar, dass zur Sache längst gesagt ist, was zu sagen war: »Wer mit achtzehn der NSDAP beitrat, hat keinen dunklen Fleck in seiner Vita, besonders dann nicht, wenn er sich in seinem weiteren Leben als überzeugter Demokrat bewährt hat.«

Zu klären bleibt allerdings – und dies ist ein Problem der Wissenschaft und keines der Moral – welche Aufnahmeprozeduren für die NSDAP galten und ob man auch ohne sein Wissen Pg werden konnte.

Die Beiträge dieses Buches untersuchen die zentralen Aspekte dieses schwierigen Themas, das noch weitgehend unerforscht ist. Zuvor soll eine Skizze der Entstehung und Entwicklung in die Problematik der Partei einführen, die als politische Sekte im Münchner Bierdunst begann, sich dann zur verzweigten Massenorganisation entfaltete, in deren Gliederungen und angeschlossenen Verbänden im Dritten Reich schließlich zwei Drittel der Deutschen organisiert waren.

Am 5. Januar 1919 gründeten der Eisenbahnschlosser Anton Drexler und der Sportjournalist Karl Harrer, Letzterer ein Mitglied der völkischen Thule-Gesellschaft, in deren Auftrag er handelte, in München die Deutsche Arbeiterpartei (DAP) mit zunächst etwa 20 bis 40 Mitgliedern als antimarxistische, antisemitische und völkische Organisation. Am 12. September 1919 besuchte Adolf Hitler im Auftrag des Reichswehrgruppenkommandos eine Versammlung dieser Partei, trat ihr bald darauf bei und wurde Werbeobmann. Auf der ersten Massenversammlung der im Februar 1920 in Nationalsozialistische Deutsche Arbeiterpartei (NSDAP) umbenannten Organisation im Münchner Hofbräuhaus verkündete Hitler vor 2000 Besuchern die 25 Punkte des Parteiprogramms.

Das Parteiprogramm der NSDAP war eine Mischung aus publikumswirksamen Phrasen und populären Forderungen, die 1921 für »unabänderlich« erklärt wurden. Wichtige Punkte bildeten die Forderung nach einem Großdeutschland, bei dem die Volkstumsgrenzen mit den Reichsgrenzen zusammenfallen sollten, die Aufhebung der Friedensverträge von 1919, die koloniale Erweiterung des deutschen Siedlungsgebietes, der Ausschluss von Juden aus der Staatsbürgerschaft, der Vorbehalt von Staatsbürgerschaft und Staatsämtern für »Volksgenossen«, die nach rassistischen Gesichtspunkten (»deutsches Blut«) definiert wurden, und ein Einwanderungsverbot. Die vagen Forderungen nach Ersatz des römischen Rechts durch ein »deutsches Gemeinrecht«, zur Hebung der Volksgesundheit, nach »gesetzlichem Kampf gegen die bewußte politische Lüge und ihre Verbreitung durch die Presse«, nach »positivem Christentum« und dem Kampf gegen den »jüdisch-materialistischen Geist« entsprachen dem Bedürfnis nach verbalem Radikalismus. Ernster nahmen die Anhänger und Wähler der NSDAP der Frühzeit wohl die Programmpunkte, die die Abschaffung des »arbeits- und mühelosen Einkommens« verhießen sowie die »Brechung der Zinsknechtschaft«, die Einziehung von Kriegsgewinnen, die Verstaatlichung aller vergesellschafteten Betriebe, die »Schaffung eines gesunden Mittelstandes«, die »sofortige Kommunalisierung der Großwarenhäuser und ihre Vermietung zu billigen Preisen an kleine Gewerbetreibende«, eine Bodenreform und den Kampf gegen »gemeine Volksverbrecher, Wucherer, Schieber«.

Diese unbestimmten und energischen Verheißungen waren nicht das Ergebnis einer Programmdiskussion. Die Ideologie der Hitler-Partei war, wo sie nicht die rassistischen und expansionistischen Ziele betraf, vor allem Inszenierung und Propaganda. Propaganda, das hatte Hitler seinen Getreuen frühzeitig klargemacht, war wichtiger als jede Theoriediskussion. Eine solche war 1926 letztmals bei einer Führertagung der NSDAP in Bamberg versucht, aber von Hitler unterbunden worden. Alle Ansätze, mit programmatischen Mitteln Hitlers Führungsanspruch in Frage zu stellen, waren vor 1933 mit dem Ausscheiden der parteiinternen Opposition aus der NSDAP (Gregor Straßer) oder mit der Unterwerfung unter Hitler (Joseph Goebbels) erledigt.

Die Bedürfnisse der Anhänger Hitlers nach Welterklärung, nach sozialen und politischen Visionen und nach einem geschlossenen Gedankengebäude, das ihre Sehnsüchte und Wünsche zusammenfasste, erfüllte Hitler mit seinen stundenlangen Monologen, Anklagen, Schuldzuweisungen und Prophezeiungen vor einem faszinierten Publikum. Die Kundgebungen waren perfekt inszeniert. Wer wollte, konnte außerdem in »Mein Kampf« nachlesen, welche »Weltanschauung« der Demagoge vertrat und wem sie bereit waren zu folgen.

Mit der öffentlichen Agitation verlor die rechtsradikale Partei den Charakter einer politischen Sekte, wie sie in Bayern nach dem Ersten Weltkrieg in größerer Zahl entstanden waren, sie entwickelte sich zur organisierten »Bewegung«, die zunächst aufstiegsorientierte Arbeiter und deklassierte Soldaten, dann zunehmend das Kleinbürgertum ansprach. Mit Ausnahme praktizierender Katholiken und des industriellen Proletariats fand die NSDAP Unterstützung und Mitglieder in allen Schichten. Ihre Anhängerschaft wies schließlich eine ausgewogenere Sozialstruktur auf als alle anderen Parteien der Weimarer Republik. Nach der Ausbootung des Vorsitzenden Harrer stand vom 5. Januar 1920 bis 29. Juli 1921 Drexler an der Spitze. Dann wurde der Werbeobmann Hitler zum Chef der Partei gewählt und mit diktatorischen Vollmachten ausgestattet. Mit privater Hilfe und Unterstützung der Reichswehr hatte die NSDAP im Dezember 1920 den »Völkischen Beobachter« erworben, ab 8. Februar 1923 erschien das Parteiorgan als Tageszeitung. Aus dem Saalschutz ging die »Sturmabteilung« (SA) hervor, die seit Anfang 1923 zum paramilitärischen Verband ausgestaltet und mit ihren Uniformen im Straßenbild sichtbar wurde.

Ende Januar 1922 fand in München ein Parteitag der NSDAP statt, zu dem sich 6000 Mitglieder versammelten. Offiziell begann die (nachträgliche) Zählung der Parteitage, die Heerschau und Selbstdarstellung der Hitlerbewegung waren, im folgenden Jahr mit dem 1. Reichsparteitag auf dem Marsfeld in München (27.–29. Januar 1923). 20000 Mitglieder wurden damals gezählt. Dreieinhalb Jahre später, am 3. und 4. Juli 1926, war Weimar Schauplatz des 2. Reichsparteitages. Alle folgenden Parteitage fanden in Nürnberg statt, das als Inkarnation der altdeutschen Stadt die Kulisse bildete und ab 1933 den Beinamen »Stadt der Reichsparteitage« führen durfte. Ideologisch wurde der Ort usurpiert wegen seiner Tradition der spätmittelalterlichen Reichstage, die in Nürnberg stattgefunden hatten.

Nach dem Machterhalt 1933 wurden die Veranstaltungen, die nun stets Anfang September abgehalten wurden, als politisch-programmatische Inszenierung des Führerkults durchgeführt. Sie standen jeweils unter einem Motto: 1933 wurde der Parteitag »des Sieges«, 1934 der »Triumph des Willens«, 1935 der Parteitag »der Freiheit«, 1936 der »der Ehre«, 1937 der »der Arbeit« begangen. 1938, beim letzten Parteitag – denn für die Kriegsdauer wurden die Veranstaltungen ausgesetzt – lautete das Motto »Großdeutschland« (für 1939 war ein Parteitag »des Friedens« geplant gewesen).

Als architektonischen Rahmen baute Albert Speer das Reichsparteitagsgelände mit der Kongresshalle, der Luitpoldarena, dem Stadion, dem Aufmarschgelände (Zeppelinfeld) und dem Märzfeld im Südosten Nürnbergs. Die größte Baustelle der Repräsentations- und Unterwerfungsarchitektur des Dritten Reiches wurde nie ganz fertiggestellt, erfüllte aber den Zweck, den Paraden, Treuegelöbnissen, Truppenschauen und der abschließenden Programmrede Hitlers das Forum zu bieten, das die Veranstaltungen zur pseudoreligiösen Kulthandlung machte. In der Form stundenlanger Vorbeimärsche der Parteigliederungen und angeschlossenen Verbände, ab 1934 auch der Wehrmacht, mit nächtlichen Kundgebungen unter dem »Lichtdom« aus Flakscheinwerfern wurde die »Volksgemeinschaft« als Huldigungsmasse für den »Führer« formiert. Die nach Tausenden zählende Statisterie des Spektakels wurde während des mehrtägigen Ereignisses mehrfach ausgetauscht. Die suggestive Wirkung des Gefühls der Einheit von Volk und Führung wurde mit allen zur Verfügung stehenden medialen Mitteln herbeigeführt und gepflegt.

Massensuggestion und aktionistische Propaganda waren seit allem Anfang die Antriebskräfte der »Bewegung«. Der Mussolinis »Marsch auf Rom« nachempfundenen »nationalen Erhebung«, die Hitler am 8./9. November 1923 in einem Münchner Bierkeller inszenierte, folgte

Ernüchterung, als der Operettenputsch zusammenbrach, die NSDAP verboten und die Rädelsführer verhaftet wurden. Hitler stilisierte sich aber im Prozess und mit seiner kurzen Haft zum nationalen Märtyrer, was nach der Wiedergründung der NSDAP im Februar 1925 zum Kapital wurde. Trotz der Redeverbote, die Hitler bis März 1927 in Bayern und bis September 1928 in Preußen und anderen Ländern auferlegt waren, konsolidierte sich die NSDAP in der Folgezeit: Die Mitgliederzahl stieg von 27 000 Ende 1925 über 130 000 (September 1930) und 850 000 (Januar 1933) auf 2,5 Millionen im Frühjahr 1933.

Die NSDAP etablierte sich in ihrer »Kampfzeit« als auf Hitler fixierte Organisation, in der Programmdiskussionen und Sachaussagen gegenüber dem Führer-Charisma und propagandistischen Aktionen keine Rolle spielten. Bei der Bamberger Führertagung (14. Februar 1926) unterband Hitler den von Goebbels, Straßer u. a. unternommenen Versuch der Ergänzung des Parteiprogramms, am 22. Mai 1926 wurde Hitler letztmals und einstimmig von der Generalmitgliederversammlung zum Vorsitzenden der NSDAP gewählt.

Trotz grundsätzlicher Ablehnung des parlamentarischen Systems erstrebte die NSDAP nach der Wiedergründung aus taktischen Gründen auf legalem Wege die Macht. Hitler kandidierte 1932 bei der Reichspräsidentenwahl und gewann 30,1 % der Stimmen im ersten, beziehungsweise 36,8 % im zweiten Wahlgang. In Thüringen beteiligte sich die NSDAP ab Januar 1930 mit Innenminister Frick erstmals an einer Koalition. In den Ländern Anhalt (Mai 1932), Oldenburg, Mecklenburg-Schwerin (Juli 1932) und Thüringen (August 1932) stellte die NSDAP sogar den Ministerpräsidenten. Bei den Reichstagswahlen steigerte die Partei ihren Stimmenanteil von 2,6 % (1928) auf 18,3 % (1930) und wurde im Juli 1932 mit 37,3 % und 230 Mandaten stärkste Fraktion. Trotz des Rückgangs auf 33,1 % blieb die NSDAP auch bei den Novemberwahlen 1932 mit 196 Abgeordneten stärkste Partei.

Der Zustand der NSDAP war jedoch nach inneren Auseinandersetzungen und fehlenden Sachaussagen labil, sie befand sich personell wie finanziell in einer Krise. In der Öffentlichkeit war die NSDAP durch Aktionismus und Terror präsent. Gegenüber der seit Sommer 1932 von Gregor Straßer propagierten Beteiligung an einer (evtl. auch von den Gewerkschaften mitgetragenen) autoritären Regierung beharrte Hitler, unterstützt von Goebbels und Göring, auf der uneingeschränkten Machtausübung, was zum Bruch mit Straßer führte, der am 8. Dezember 1932 alle Parteiämter niederlegte.

Der Erfolg bei den Landtagswahlen in Lippe (39,5 %) am 15. Januar 1933 wurde als Ausdruck der Stabilisierung der NSDAP empfunden. Hitlers Ernennung zum Reichskanzler am 30. Januar 1933 wurde von der NSDAP als »Machtergreifung« verklärt. Die konservativen Steigbügelhalter erkannten in der folgenden Phase der Machtmonopolisierung das Scheitern ihres Zähmungskonzeptes, als die NSDAP nach Gleichschaltung, Selbstauflösung bzw. Verbot aller anderen Parteien ab Juli 1933 einzige und zentrale politische Organisation im Deutschen Reich wurde, was auf dem »Parteitag des Sieges« in Nürnberg gefeiert wurde.

Mit dem Gesetz zur Sicherung der Einheit von Partei und Staat (1. Dezember 1933) war die Machtposition der NSDAP scheinbar institutionalisiert: Sie wurde Körperschaft des öffentlichen Rechts mit eigener Disziplinargerichtsbarkeit. Tatsächlich bedeutete die auf dem Parteitag 1933 als künftige Hauptaufgabe der NSDAP verkündete »Volksführung« jedoch das Einfrieren der »Bewegung« auf subsidiäre Hilfsfunktionen bei der Durchsetzung des Führerstaates und beim Machterhalt. Das Verbleiben der NSDAP-Zentrale in München unter dem politisch bedeutungslosen Stellvertreter des Führers, Rudolf Heß, war ein Indiz für die Stellung der Partei; das Verhältnis Partei–Staat blieb in der Schwebe, die tatsächlichen Machtverhältnisse kamen in Personalunionen und führerunmittelbaren Sonderinstitutionen zum Ausdruck.

Bei der Reichstagswahl am 5. März 1933, an der letztmals konkurrierende Parteien teilnahmen, verfehlte die NSDAP die absolute Mehrheit und erhielt trotz massiver Behinderung der politischen Gegner nur 43,9 % der Stimmen. Nach der »Machtergreifung« unterlag die NSDAP einem Prozess der Verbürokratisierung und verlor als Staatspartei rasch den revolutionär-aktionistischen Charakter der »Kampfzeit« – ein Prozess, den allein die SA zu verhindern suchte. Diese Entwicklung war jedoch mit der Säuberung im Juni 1934 (»Röhm-Putsch«) abgeschlossen. Die NSDAP wurde in der Folgezeit zur Machtdemonstration und ideologischen Durchdringung des Alltags instrumentalisiert. Sinnfälligen Ausdruck fand dies in den Massenaufmärschen der Reichsparteitage und bei den Inszenierungen anlässlich von Staatsbesuchen oder den Olympischen Spielen. Durch die Konzentration von Zeitungen in der Hand des Reichsleiters für die Presse verfügte die NSDAP über das Meinungsmonopol und über beträchtlichen kommerziellen Einfluss. Nach Kriegsausbruch erhielt die NSDAP Hilfsfunktionen an der »Heimatfront« zugewiesen, die u. a. in der generellen Ernennung der Gauleiter zu Reichsverteidigungskommissaren, der Übernahme von Aufgaben im Luftschutz und zuletzt dem Auftrag zur Aufstellung des Volkssturms (September 1944) zum Ausdruck kamen.

Struktur und Funktion der NSDAP als Machtapparat waren wesentlich durch die Gauleiter bestimmt, zwei Personen an der Spitze der Partei hatten entscheidende Funktion, der eine, Rudolf Heß als »Stellvertreter des Führers« eher symbolisch, der andere, Martin Bormann, war zunehmend mächtig als Chef des Apparats.

Rudolf Heß, in Ägypten geboren und dort bis zum 14. Lebensjahr aufgewachsen, bekam nach Familientradition eine kaufmännische Ausbildung, war 1914 Kriegsfreiwilliger, und studierte ab 1919 ein wenig Volkswirtschaft und Geographie in München. 1920 wurde er Mitglied Nr. 16 der NSDAP, beteiligte sich am Hitler-Putsch und half im Gefängnis Landsberg 1924 seinem Haftgenossen Adolf Hitler bei der Niederschrift von dessen Bekenntnisschrift »Mein Kampf«.

Nach der Neugründung der NSDAP 1925 war Heß Privatsekretär Hitlers, zuständig für Terminplanung und den Zugang zum Parteichef. Im Dezember 1932, aus Anlass der Parteikrise nach dem Zerwürfnis Hitlers mit Gregor Straßer, wurde das Amt »Politische Zentralkommission der NSDAP« geschaffen, das Heß die Kontrolle und Koordination aller parlamentarischen Aktivitäten der NSDAP zur Aufgabe machte. Am 21. April 1933 ernannte Hitler ihn zum »Stellvertreter des Führers«, und damit quasi zum Generalsekretär der Partei. Mit der 1934 von Hitler nach dem Tod des Reichspräsidenten Hindenburg usurpierten Machtfülle als »Führer und Reichskanzler« hatte das Amt des Rudolf Heß nichts zu tun. Sein begrenzter Einfluss außerhalb der Partei kam durch die Ernennung zum Reichsminister ohne Geschäftsbereich (2. 12. 1933) und in der Berufung zum Mitglied des (bedeutungslosen) »Geheimen Kabinettsrats« (4. 2. 1938) sowie in der Teilnahme am »Ministerrat für die Reichsverteidigung« zum Ausdruck. Nach Kriegsbeginn bestimmte ihn Hitler (nach Hermann Göring) zu seinem zweiten Nachfolger.

Mit seinem rätselhaften Flug nach England, jener illusionären »Friedensmission« im Alleingang am 10. Mai 1941 endete die politische Karriere des damals 47-Jährigen. Den Rest seines Lebens, weitere 46 Jahre, verbrachte er in Gefängnissen, zuerst in Großbritannien, dann in Nürnberg, schließlich in Spandau, wo er am 17. August 1987 seinem Leben ein Ende setzte. Er war – im Nürnberger Prozess zu lebenslanger Haft verurteilt – der letzte Gefangene im Alliierten Kriegsverbrechergefängnis Spandau, alle Gnadengesuche für den psychisch Kranken waren vergeblich gewesen.

Heß spielte in der Zeit vor dem Machterhalt der NSDAP als Vertrauter und Mann der nächsten Umgebung Hitlers eine Rolle. Er war, von äußerster Loyalität getrieben, einer der Architekten des Führerkults und als Ratgeber Hitlers nicht ohne Einfluss. Im Dritten Reich hatte der kontaktschwache Sonderling dann vor allem repräsentative Funktionen, etwa bei den Reichsparteitagen; die Geschäftsführung der NSDAP überließ er weitgehend dem Büroleiter der Parteikanzlei, Martin Bormann. Zum Märtyrer der rechten Szene wurde er durch seine lange Haft, zur Kultfigur von Neonazis wohl auch deshalb, weil er persönlich nicht in Verbrechen des Regimes verstrickt war.

Als der 27-jährige Martin Bormann aus Halberstadt 1927 in die NSDAP eintrat und Presseobmann und Geschäftsführer im Gau Thüringen wurde, konnte er schon auf eine Vergangenheit als Rechtsextremist zurückblicken. Nach dem Militärdienst in der Heimat 1918/19 war er in der Landwirtschaft tätig und politisch im antisemitischen »Verband gegen die Überhebung des Judentums« und im Veteranenverein des Freikorps Roßbach engagiert. Wegen der Beteiligung an einem Fememord verurteilte ihn das Reichsgericht zu einem Jahr Gefängnis. Über Ernst Röhms »Frontbann« kam er zur Hitler-Partei, in der er als Funktionär Karriere machte. Von November 1928 bis August 1930 arbeitete er im Stab der Obersten SA-Führung, dann wurde er Leiter der Hilfskasse der NSDAP. Im Juli 1933 zum Reichsleiter, dem höchsten Funktionärsrang in der NSDAP, ernannt, wurde er Stabsleiter des »Stellvertreters des Führers«. Als Bürochef des wenig einflussreichen Parteiministers verkörperte er die zweifelhaften Tugenden des ausführenden Organs ohne eigene Autorität und Bedeutung, nämlich Servilität gegenüber dem Inhaber der Macht und Härte in der Durchsetzung nach unten.

Hitler übertrug dem willigen, fleißigen und zuverlässigen Bormann die Verwaltung seines Privatvermögens (einschließlich des »Berghofs« auf dem Obersalzberg). Nach der Übersiedlung eines Teils der NSDAP-Zentrale, die offiziell in München residierte, nach Berlin wurde der Gehilfe Bormann immer unentbehrlicher, gewann als Teilnehmer von Hitlers Mittagstisch Einfluss und das Vertrauen des Diktators. Nützlich als Erfinder von Geldquellen, etwa der »Adolf-Hitler-Spende der deutschen Wirtschaft«, trat Bormann nach außen kaum in Erscheinung, spielte hinter den Kulissen aber längst eine erhebliche Rolle, als Heß am 10. Mai 1941 durch seinen spektakulären Flug nach England aus der Hierarchie des Dritten Reiches ausschied. Zwei Tage später ernannte Hitler Bormann zum Leiter der Parteikanzlei und damit praktisch zum Nachfolger von Heß.

Die Ernennung zum Reichsminister hatte eher protokollarische Bedeutung, der Titel »Sekretär des Führers«, den Bormann seit April 1943 führte, machte seine wirkliche Funktion deutlich: Bormann hatte schließlich als Einziger unmittelbaren Zugang zu Hitler und, was noch wichtiger war, er kontrollierte den Zugang aller anderen zum Diktator. In der Agonie des Regimes forcierte Bormann den Durchhaltewillen in der Partei, stärkte den Fanatismus der Gauleiter und machte die NSDAP zur personellen und organisatorischen Basis des »Volkssturms« als letztem Aufgebot für den »Endkampf«.

Mit dem Niedergang des Führermythos zerfiel auch das Ansehen der NSDAP, deren hauptamtliche Funktionäre häufig wegen Unfähigkeit und Korruption in der Bevölkerung von Anfang an wenig Prestige genossen hatten und mit Ausdrücken wie »Bonzen« oder »Goldfasane« bedacht worden waren. Die Mitgliederzahl betrug nach der offiziellen Parteistatistik am Stichtag 1.1.1935 2 493 890 Personen, 66 % davon waren nach dem 30.1.1933 eingetreten. Die Mitgliedernummern zeichnen, da fortlaufend ohne Rücksicht auf Abgänge vergeben, ein falsches Bild von der Realität. So waren am Stichtag 1935 schon über 4 Millionen Mitgliedsnummern ausgegeben. Nach der Aufhebung der am 1. Mai 1933 verfügten Aufnahmesperre stieg die Zahl der Parteigenossen ab 1937 auf zuletzt 8,5 Millionen. De facto endete die Existenz der NSDAP mit dem Zusammenbruch des NS-Staates, formal wurde sie mit allen Gliederungen und angeschlossenen Verbänden durch Gesetz des Alliierten Kontrollrats am 10. Oktober 1945 verboten.

Als schmerzliche Prozedur folgte für die Mitglieder der NSDAP, ihrer Unter- und Nebenorganisationen die von den Alliierten angeordnete »Entnazifizierung«, die Bestandteil der Demokratisierung der Deutschen war. Der Elan, die Reste des Nationalsozialismus zu beseitigen und die politische Säuberung zu vollziehen, war aber spätestens im Frühjahr 1948 geschwunden. Die Besatzungsmächte lockerten die Kontrollen, und es wurden, um die Sache abzuschließen, sogar Schnellverfahren eingerichtet. Im Zeichen des Kalten Krieges hatte sich der Straf- und Diskriminierungsgedanke verflüchtigt. Und davon profitierten nicht wenige Belastete, die glimpflicher davonkamen als die minder schweren Fälle, die zu Beginn der Entnazifizierung behandelt worden waren. Vorwürfe richteten sich auch gegen das grassierende Denunziantentum und gegen Korruption, Scheinheiligkeit und die Jagd nach »Persilscheinen« (das waren Bestätigungen von Unbelasteten, mit denen ehemalige NSDAP-Mitglieder ihre Harmlosigkeit dokumentieren wollten). Schließlich war die Spruchkammer als Instanz zur Gesinnungsprüfung – vom rechtsstaatlichen Standpunkt aus gesehen – ein zweifelhaftes Instrument. Trotz der Unzulänglichkeiten in der Durchführung war die Entnazifizierung jedoch notwendig und bis zu einem gewissen Grade sogar erfolgreich. Wie die Diskussionen unserer Tage noch zeigen, waren Wirkungen und Folgen der Hitlerpartei für ihre einstigen Mitglieder auch lange über den Zusammenbruch des Dritten Reiches und die unmittelbare Nachkriegszeit hinaus lebendig.

Mario Wenzel
Die NSDAP, ihre Gliederungen und angeschlossenen Verbände
Ein Überblick

Die Nationalsozialistische Deutsche Arbeiterpartei (NSDAP), 1919 in München als Deutsche Arbeiterpartei (DAP) vom Eisenbahnschlosser Anton Drexler und dem Sportjournalisten Karl Harrer gegründet, blieb bis 1928 eine rechte Splitterpartei der Weimarer Republik. Ihr Programm, bestehend aus 25 Punkten und 1921 für unabänderlich erklärt, unterschied sich kaum von anderen Programmen völkisch-nationalistischer Gruppen. Was die NSDAP gegenüber diesen zunehmend attraktiver machte, war die Radikalität, mit der Adolf Hitler die Parolen vortrug. Nach dem kläglichen Scheitern des Hitler-Ludendorff-Putsches am 8./9. November 1923 begann 1925 der Wiederaufbau einer auf die Person Hitlers ausgerichteten Partei, die im Prinzip nichts anderes als eine »reine Wahlwerbeorganisation ohne jede formelle Möglichkeit der politischen Beratung und des Ausgleichs divergierender Interessen«[1] war. Jegliche programmatische und die Organisation der NSDAP betreffende Diskussion, die vor allem Gregor Straßer und Joseph Goebbels forderten, unterband Hitler als Parteivorsitzender diktatorisch.

Oberstes Ziel der NSDAP war die Zerstörung der Weimarer Republik und das Erringen der politischen Macht. Dazu überzog sie die Republik seit 1926/27 mit zahllosen Propagandakampagnen, unterstützt durch provozierende Aufmärsche ihrer paramilitärischen Sturmabteilung (SA), die darauf ausgelegt waren, gewalttätige Auseinandersetzungen mit den politischen Gegnern zu suchen.[2] Mit dieser Taktik trieb die NSDAP den Weimarer Staat ab Beginn der Wirtschaftskrise in bürgerkriegsähnliche Zustände. Trotz der enormen Wahlerfolge in den Jahren 1930 und 1932 erlangte Hitler die ersehnte Macht nicht aus eigener Kraft. Vielmehr hoben ihn die Intriganten um Franz von Papen und Alfred Hugenberg in den Regierungssattel.[3] Erst nach dem 30. Januar 1933 begann die Machteroberung der Nationalsozialisten, indem sie staatliche Eingriffe von oben mit einer vor allem durch die SA getragenen »Parteirevolution von unten« verband.[4]

Nach der Auflösung und dem Verbot der Parteien im Juli 1933 entwickelte sich die NSDAP als einzige und zentrale politische Organisation zu einem »amorphen Gebilde«, das – hervorgerufen durch einen enormen Mitgliederzuwachs – einem rapiden Bürokratisierungsprozess unterlag.[5] Mit der »Gleichschaltung« in allen Bereichen der deutschen Gesellschaft übernahmen Parteiaktivisten nicht nur zahlreiche Ämter in Ministerien, staatlicher Verwaltung und Verbänden, sondern die Mitglieder der zerschlagenen Berufs- und Interessenverbände traten in NS-Organisationen über. Damit zerfiel der Parteiapparat in mehrere Teile: die alle Parteimitglieder umfassende politische Organisation, die Gliederungen der NSDAP, ihre angeschlossenen Verbände und seit 1937 die betreuten Organisationen. Bis zum Kriegsbeginn erfassten diese rund 69 Millionen Deutsche des »Großdeutschen Reiches«, in dem eine Gesamtbevölkerung von 76,5 Millionen Menschen lebte.[6]

Die Verwaltung dieses Kolosses war Aufgabe der Reichsleitung der NSDAP, die als Zusammenschluss gleichrangiger Dienststellen kein kollektives Sitzungs- und Beschlussverfahren kannte.[7] Die tatsächliche Macht der Reichsleiter, die Hitler gegenüber unmittelbar verantwortlich waren, speiste sich dementsprechend aus ihrem Zugang zum Diktator. Die Reichsleitung setzte sich aus folgenden Ämtern zusammen: die Dienststelle »Stellvertreter des Führers« unter Rudolf Heß, der Reichsschatzmeister der NSDAP Franz Xaver Schwarz, die Reichsorganisationsleitung unter Robert Ley, das Oberste Parteigericht, die Reichspropagandaleitung unter Joseph Goebbels, der Reichspressechef, die Reichstagsfraktion der NSDAP, das Reichsamt für Agrarpolitik, das Reichsrechtsamt (Hans Frank), das Außenpolitische Amt (Alfred Rosenberg), der Stabschef der SA, der Reichsführer SS, das Nationalsozialistische Kraftfahrkorps (NSKK), die Reichsjugendführung unter Baldur von Schirach und der Reichsleiter für die Presse.

Der organisatorische Aufbau der Reichsleitung wiederholte sich in den 42 Gauen, 831 Kreisleitungen und 28 606 Ortsgruppenleitungen, die 1940 existierten. Die Funktionäre innerhalb der vertikalen Organisation vom Gau- über den Kreis- und Ortsleiter bis zum Blockleiter hießen »Hoheitsträger«. Zusammen mit den Funktionären in den horizontalen Stäben stellten sie das »Korps der Politischen Leiter«. Der Apparat der

NSDAP unterhalb der Reichsleitung setzte sich zu mehr als 98 Prozent aus ehrenamtlichen Funktionären zusammen.[8]

Mit dem Ausdifferenzierungsprozess innerhalb der Partei seit 1933 verlor die politische Organisation NSDAP aber wichtige Funktionen an Ministerien und Parteigliederungen. Als Tätigkeitsgebiete blieben ihr die ideologische Indoktrination und politische Kontrolle der Bevölkerung sowie die soziale Betreuung ihrer Mitglieder auf Kreis- und Ortsgruppenebene, unterstützt durch die angeschlossenen Verbände.[9]

»Und sie werden nicht mehr frei, ihr ganzes Leben«: Die Gliederungen der NSDAP

Der unbegrenzte Verfügungsanspruch des NS-Regimes über die deutsche Bevölkerung manifestierte sich nicht nur in der vertikalen Struktur der NSDAP bis hinunter zur kleinsten Dorfstraße, sondern gerade auch in der Breitenorganisation ihrer Gliederungen. Klar zum Ausdruck gebracht hat das Hitler 1938 in seiner Reichenberger Rede:»Die Knaben kommen vom Jungvolk in die Hitler-Jugend, und dort behalten wir sie wieder vier Jahre, und dann geben wir sie erst recht nicht zurück in die Hände unserer alten Klassen- und Standeserzeuger, sondern dann nehmen wir sie sofort in die Partei oder in die Arbeitsfront, in die SA oder in die SS, in das NSKK und so weiter.« Nach Arbeitsdienst und Wehrmacht »nehmen wir sie, damit sie auf keinen Fall rückfällig werden, sofort in die SA, SS und so weiter. Und sie werden nicht mehr frei, ihr ganzes Leben«.[10] Gleiches galt für Mädchen und Frauen. Ziel solcher »Erziehung« war ein »Einheitslebenslauf des Herrenmenschen«[11], der »umgeben [war] von einem ganzen Netz eigens für ihn errichteter Organisationen, die sämtliche seiner Aktivitäten und alle Phasen seines Lebens umschlossen und gestalteten«.[12]

Auffällig ist, dass alle Gliederungen (ausgenommen der Dozentenbund) ihre Anfänge in der Sturmabteilung (SA) hatten oder in ihrer Arbeit unmittelbar auf sie bezogen waren – ein Umstand, der den militärischen Charakter ihrer Organisationsstruktur und ihres äußeren Erscheinungsbildes erklärt. Das rechtliche Verhältnis der Gliederungen zur NSDAP regelte die Durchführungsverordnung zum »Gesetz zur Sicherung der Einheit von Partei und Staat« vom März 1935. Nach Paragraph 4 besaßen die Gliederungen keine eigene Rechtspersönlichkeit und verfügten über kein eigenes Vermögen, weshalb sie vom Reichsschatzmeister der NSDAP finanziell verwaltet wurden.

Bis zum Sommer 1934 war die Sturmabteilung (SA) die größte und mächtigste Gliederung der NSDAP.[13] Als die NSDAP Anfang 1920 mit Massenversammlungen die öffentliche Bühne betrat, wurde die Aufstellung eines Ordnerdienstes notwendig. Ende des Jahres wurde die »Turn- und Sportabteilung« der Partei gegründet, die ein Jahr später in Sturmabteilung (SA) umbenannt wurde. Erster Führer der SA war der ehemalige Freikorpsführer Hermann Ehrhardt, 1923 übernahm Hermann Göring den Oberbefehl. Neben ihrer eigentlichen Aufgabe als Parteitruppe, den Schutz der »von den Führern zu leistende[n] Aufklärungsarbeit« zu gewährleisten und gegnerische Veranstaltungen zu stören, war die SA gleichzeitig in die Tätigkeiten der paramilitärischen Verbände in Bayern eingebunden und entwickelte sich unter Führung Görings bis 1923 selbst zu einem Wehrverband.[14] Nach dem Scheitern des Hitler-Ludendorff-Putsches vom 8./9. November 1923, an dem sich 1500 SA-Männer beteiligten, war die SA bis 1925 verboten.[15] Mit ihrer Neubildung entschied Hitler entgegen den Vorstellungen Röhms, dass die SA ein Hilfsorgan der NSDAP zu sein habe, das neben dem »Versammlungsschutz« die körperliche Ertüchtigung zur »Eroberung der Straße« betreiben sollte. Nach Röhms Rückzug aus der NSDAP übernahm der ehemalige Berufsoffizier und Freikorpsführer Franz Pfeffer von Salomon 1926 die SA-Führung und begann ihre Reorganisation nach Hitlers Vorstellungen. Bis ins Detail regelte er die Gliederung, Befehlsverhältnisse und Uniformierung der Parteitruppe. Ihre Aufgabe war es, »die Propaganda der Partei offensiv, d. h. unter Anwendung terroristischer Gewalt, in die städtischen Hochburgen« der Linken und vor allem aufs Land zu tragen. Zu ihrer Taktik zählten provozierende Märsche durch »rote« Stadtviertel, das Sprengen vor allem kommunistischer Versammlungen, »Propagandafahrten« in die ländlichen Gebiete sowie Flugblattverteilungen und Sammlungen.[16] Mit dem politischen Durchbruch der NSDAP 1929/30 wuchsen auch die Mitgliederzahl und das Selbstbewusstsein der SA, was in den kommenden Jahren zu massiven Spannungen mit der Parteiführung führte. Nach der Revolte Berliner SA-Führer 1930 (Stennes-Revolte) übernahm Hitler selbst die Führung, beorderte Röhm aus Bolivien zurück und setzte ihn 1931 als Stabschef ein. Dieser setzte den Ausbau der SA zur Parteiarmee fort und ging gegen neue Revolten vor.

Als Hitler mit seiner Kandidatur zur Wahl des Reichspräsidenten im Frühjahr 1932 scheiterte und die NSDAP die erhoffte Mehrheit in den Reichstagswahlen vom 31. Juli 1932 nicht erreichte, also der erhoffte Durchbruch zur Macht nicht gelang, überzog die SA das Reich mit einer Terrorwelle, die mit dem »Altonaer Blutsonntag« (17. Juli) und dem Mord von Potempa (9./10. August) ihren Höhepunkt fanden. Innerhalb der SA machten sich 1932 zunehmend Frustration, Kritik an Hitlers »Legalitätskurs« und damit verbunden der »Drang zum Losschlagen« oder Abgrenzungserscheinungen gegenüber der Partei breit.[17] Die Regierungsübernahme Hitlers verhinderte eine Konfrontation und ließ die parteiinternen Konflikte zunächst vergessen. Schon in den ersten Wochen nach dem 30. Januar 1933 ließen SA-Trupps ihren Rachegelüsten gegenüber den politischen Gegnern der Weimarer Zeit freien Lauf; der Wahlkampf für die Reichstagswahl am 5. März 1933 war geprägt von Störungen bei Wahlversammlungen, Sprengstoffanschlägen und anderen Gewalttätigkeiten. Die zu Hilfspolizisten ernannten SA-Leute verschleppten Kommunisten, Sozialdemokraten und andere politische Gegner in die Keller ihrer »Sturmlokale«, wo sie folterten und mordeten. Auf Grundlage der Reichstagsbrand-Verordnung vom 28. Februar entstanden in vielen Städten von der SA bewachte Konzentrationslager (Oranienburg, Kemna). Erst im Spätsommer ließ der Terror nach.

Mit seiner Forderung nach einer »Zweiten Revolution«, durch die unter anderem die überwiegend arbeitslosen SA-Männer materiell versorgt werden sollten, und seiner Vorstellung von der SA als »Volksmiliz«, in der die Reichswehr aufzugehen habe, geriet Röhm zunehmend in Konfrontation mit der Parteiführung (Göring, Himmler) und der Reichswehrführung. Hitler stellte sich auf die Seite der Reichswehr und entschloss sich, den Konflikt gewaltsam zu lösen. Unter dem Vorwand, die SA-Führung habe den Umsturz geplant, ließ er Röhm, zahlreiche SA-Führer und Regimegegner am 30. Juni 1934 verhaften und durch SS-Kommandos erschießen. Nach der Ausschaltung der SA-Führung, Entlassungen und der Reorganisation der Truppe sank die SA zu einer bedeutungslosen Massenorganisation ab, die bei Parteiveranstaltungen Kulisse bildete, die vormilitärische Ausbildung der Jugend, Straßensammlungen und 1944/45 den Aufbau des Volkssturms organisierte. Ihr hohes Maß an

Gewaltbereitschaft zeigte sich noch einmal während des Pogroms vom 9. November 1938, als SA-Männer Synagogen und Geschäfte zerstörten und Juden misshandelten oder ermordeten.[18]

Innerhalb der SA formierte sich ab 1925 die »Schutzstaffel« (SS).[19] Ihre Aufgabe bestand während der Weimarer Republik vor allem darin, Hitler und andere Parteifunktionäre bei Veranstaltungen zu beschützen. Bei Konflikten mit der SA diente sie der Parteiführung als Polizeitruppe. 1929 ernannte Hitler den unscheinbaren, aber zielstrebigen ehemaligen Hühnerzüchter Heinrich Himmler zum Reichsführer SS. Unter seiner Führung, ab 1931 unterstützt durch den Chef des Sicherheitsdienstes der SS (SD), Reinhard Heydrich, entwickelte sich diese kleine Leibwache innerhalb der folgenden 15 Jahre zur einflussreichsten Gliederung der Partei, zum »Staat im Staate« mit eigenen Haftanstalten in Form der Konzentrationslager, eigener Gerichtsbarkeit, Armee und Wirtschaft. Eine entscheidende Weiche in diese Richtung war gestellt worden durch die Beteiligung der SS an der Ermordung Röhms, zahlreicher SA-Führer und Regimegegner zwischen dem 30. Juni und 2. Juli 1934. In der Folge stieg sie zur eigenständigen Gliederung der NSDAP auf.

Bis 1933 war Himmler in erster Linie damit beschäftigt gewesen, eine stärker auf die Münchener SS-Führung orientierte Infrastruktur nach militärischem Vorbild zu schaffen (Stürme, Standarten, Abschnitte). Den Führungsapparat ließ er im SS-Amt (ab 1935 SS-Hauptamt) zusammenfassen. In diese Zeit fiel auch die Gründung des »Rasse- und Siedlungsamts«, das SS-Angehörige und deren zukünftige Ehefrauen erbbiologisch begutachtete.[20] Ende 1934 erfolgte die Aufgliederung der SS in die Allgemeine SS, SS-Verfügungstruppe (SS-VT) und SS-Totenkopfverbände (SS-TV). Die SS-VT waren bewaffnete Einheiten für »besondere innenpolitische Aufgaben«, die SS-TV stellten die Wachmannschaften für die Konzentrationslager. 1939 fasste Himmler die SS-VT und SS-TV zur Waffen-SS zusammen, für die das SS-Führungshauptamt (SS-FHA) zuständig wurde. Im Sommer 1944 umfasste die Waffen-SS 38 Divisionen mit etwa 600 000 Mann. Darunter waren »germanische« Einheiten, bestehend aus Niederländern, Flamen, Dänen und Norwegern, aber auch – entgegen den ideologischen Elitevorstellungen Himmlers – muslimischen Bosniern.[21]

Himmlers erstes Ziel in den Anfangsjahren des NS-Regimes war die Übernahme der Polizei in allen Ländern des Deutschen Reiches, das er – unterstützt von Reichsinnenminister Frick – mit seiner Ernennung zum »Reichsführer SS und Chef der deutschen Polizei« 1936 erreichte. Die Polizei gliederte er in zwei Zweige: das Hauptamt Ordnungspolizei – unter Kurt Daluege – mit der Schutzpolizei, Gendarmerie, Bau- und Gesundheitspolizei; das Hauptamt Sicherheitspolizei – geführt von Reinhard Heydrich – mit der Geheimen Staatspolizei und Kriminalpolizei. Die Verschmelzung von Polizei und SS, von staatlicher Institution und Parteiformation, fand schließlich im September 1939 ihren organisatorischen Abschluss in der Errichtung des Reichssicherheitshauptamtes (RSHA), des zentralen Überwachungs- und Verfolgungsapparats des NS-Regimes in der Berliner Prinz-Albrecht-Straße 8. Es vereinigte die Geheime Staatspolizei (Amt IV), Kriminalpolizei (Amt V) und den Sicherheitsdienst der SS (Amt III, VI und VII) unter der Führung des Chefs der Sicherheitspolizei und des SD, Heydrich. Nach Heydrichs Tod im Sommer 1942 übernahm im Januar 1943 Ernst Kaltenbrunner das RSHA.[22]

Viele der wirtschaftlichen Unternehmungen der SS hatten ihre Ursprünge in der über den Eigenbedarf hinausgehenden Produktion des frühen Konzentrationslagers Dachau, wo Tischlerei, Schuhmacherei, Bäckerei und andere Werkstätten existierten, und den persönlichen Interessen Himmlers. Dieser regte die Gründung beziehungsweise Übernahme verschiedener Betriebe an; dazu gehörten beispielsweise die Porzellanmanufaktur Allach-München, der Nordland-Verlag, die Fotogesellschaft F. F. Bauer und die Gemeinnützige Wohnungs- und Heimstätten GmbH. Die Ausweitung der wirtschaftlichen Unternehmen der SS seit 1938 war auf das engste mit der Expansion des KZ-Systems verbunden. Unter der Dachgesellschaft Deutsche Wirtschaftsbetriebe (DWB) wurden die SS-Unternehmen zusammengefasst, die auf KZ-Häftlinge als Arbeitskräfte zugriffen: die Deutsche Erd- und Steine GmbH (DESt), die Deutschen Ausrüstungswerke (DAW), die Deutsche Versuchsanstalt für Ernährung und Verpflegung GmbH (DVA) und die Gesellschaft für Textil- und Lederverwertung GmbH (Texled). Hinzu kamen Unternehmen wie Baustoffhandel, Möbelfabriken, Lebensmittelbetriebe und Bekleidungswerke, in denen keine KZ-Häftlinge arbeiteten. 1943/44 umfasste die SS-Wirtschaft etwa 30 Unternehmen mit mehr als 100 Betrieben. Ihre Fäden liefen seit 1942 in der Amtsgruppe W des SS-Wirtschaftsverwaltungshauptamtes (SS-WVHA) unter SS-Obergruppenführer Oswald Pohl zusammen. Die Bedeutung der Häftlingsarbeit zeigt sich daran, dass im Frühjahr 1942 die

Inspektion der Konzentrationslager als Amtsgruppe D dem SS-WVHA eingegliedert wurde. Während des Zweiten Weltkrieges expandierte das SS-Wirtschaftsimperium weiter, vor allem in Polen und den sowjetischen Gebieten. Ein Beispiel ist die Ostindustrie GmbH (OSTI), die im Distrikt Lublin des Generalgouvernements jüdische Zwangsarbeiter in einer Bürstenfabrik und einem eisenverarbeitenden Werk einsetzte.[23]

Mit der Ausweitung der Tätigkeitsfelder der SS während der Kriegsjahre erhob Himmler einige Ämter des SS-Hauptamtes zu eigenen Hauptämtern oder ließ neue errichten, wodurch der SS-Apparat bis 1944 auf insgesamt zwölf Hauptämter anschwoll. Neben den bereits genannten existierten das SS-Personalhauptamt; das Hauptamt SS-Gericht; der Persönliche Stab Reichsführer SS; die Dienststelle Heißmeyer sowie das Hauptamt Volksdeutsche Mittelstelle und das Stabshauptamt des Reichskommissars für die Festigung deutschen Volkstums, die für die Germanisierungspolitik in Osteuropa verantwortlich zeichneten. Die SS entwickelte sich damit zum »wichtigste[n] Exekutionsorgan der nationalsozialistischen Rassen- und Vernichtungspolitik«.[24] Schließlich ernannte Hitler im August 1943 den Reichsführer SS zum Innenminister, am 21. Juli 1944 zum Oberbefehlshaber des Ersatzheeres und in den letzten Monaten des Krieges zum Oberbefehlshaber zweier Heeresgruppen. Dem Expansionsdrang der SS schienen keine Grenzen gesetzt zu sein.

Die Anfänge des Kraftfahrwesens der NSDAP reichen bis in das Jahr 1922 zurück, als eine Transportabteilung für die SA gegründet wurde, um einen größeren Einsatz bei Partei-Werbeversammlungen zu ermöglichen. Im Frühjahr 1930 befahl Hitler die Aufstellung einer vollmotorisierten Einheit, des Nationalsozialistischen Automobil-Korps (NSAK). Seine Aufgaben waren die Beförderung von Parteikadern und SA-Abteilungen, Kurierdienste, Fahrunterricht zu geben und Propagandafahrten durchzuführen. Ein Jahr später wurde das NSAK in Nationalsozialistisches Kraftfahr-Korps umbenannt und blieb bis zum Sommer 1934 neben der Motor-SA eine Sondereinheit der Sturmabteilung. Nach dem Herauslösen aus der Befehlsgewalt der SA und der Vereinigung mit der Motor-SA zum Nationalsozialistischen Kraftfahrkorps (NSKK) stieg das NSKK zur Gliederung der NSDAP mit eigenem Verwaltungsstab auf. Auch das Kraftfahrkorps war nach SA-Vorbild in Gruppen, Standarten Staffeln und Stürme unterteilt. In den Reichs- und Motorsportschulen erhielten die NSKK-Mitglieder Fahr- und Technikausbildung. Auf dem

Reichsparteitag 1938 ernannte Hitler den Korpsführer Adolf Hühnlein zum Reichsleiter der NSDAP, dessen Zustimmung nun zu allen Gesetzen und Verordnungen für den Straßenverkehr notwendig war. Der Reichsjugendführer Baldur von Schirach übertrug 1934 dem NSKK zusätzlich die »motorische Ertüchtigung« der Motor-HJ vor dem Wehrdienst. Die 200000 jungen Männer, die bis Kriegsbeginn an diesen Lehrgängen teilnahmen, dienten innerhalb der Wehrmacht vor allem bei der Panzertruppe. Während des Zweiten Weltkrieges griffen die Organisation Todt beim Bau des Westwalls und die Wehrmacht beim Bau von Flugplätzen und Bunkern auf das NSKK als Transporteinheit zurück.[25]

Im März 1922 war in München der »Jugendbund der NSDAP« gegründet und ein Jahr später zusammen mit der Partei verboten worden. Die nach der Neugründung der NSDAP entstandene »Großdeutsche Jugendbewegung« wurde auf dem zweiten Parteitag 1926 in Weimar auf Initiative Julius Streichers in »Hitlerjugend, Bund deutscher Arbeiterjugend« umbenannt. Die Jugendorganisation der NSDAP betrieb während der Weimarer Republik in erster Linie politische Agitation und organisierte Demonstrationen. Als »Jugendabteilung der SA« blieb sie bis 1932 der Obersten SA-Führung unterstellt.[26] Ihre Herkunft machte die Uniformierung der HJ-Mitglieder deutlich, die sich an der braunen SA-Uniform orientierte und einzelne Elemente der Jugendbewegung aufgriff.

Die Hitler-Jugend gliederte sich nach Geschlecht und Altersstufen. Die 10- bis 14-Jährigen waren im Deutschen Jungvolk (DJ) und bei den Jungmädeln (JM), die 14- bis 18-Jährigen in HJ und dem Bund Deutscher Mädel (BDM) organisiert. Für die Jungen existierten darüber hinaus spezielle Einheiten, die ihre Vorbilder in der SA hatten: Motor-, Reiter-, Flieger-, Marine- und Nachrichten-HJ. Dazu kamen Musikzüge, Landdienst der HJ und HJ-Streifendienst. Die 17- bis 21-jährigen Mädchen und Frauen waren im BDM-Werk »Glaube und Schönheit« in Arbeitsgemeinschaften für Gymnastik und Hauswirtschaft zusammengefasst.

Dem Führerprinzip entsprechend baute sich die HJ in Kameradschaften, Scharen, Gefolgschaften, Stämmen, Banne und Gebiete auf.[27] An ihrer Spitze stand seit Oktober 1931 der Reichsjugendführer der NSDAP, Baldur von Schirach, der im Juni 1933 von Hitler zum Jugendführer des Deutschen Reiches ernannt worden war. Ab 1940 bekleidete Artur Axmann dieses Amt. Mit ihrer flächendeckenden Organisation war die Hitler-Jugend imstande, auch die Jugendlichen zu erreichen, die mit der

Jugendbewegung der Weimarer Republik kaum in Berührung kamen: Landjugend und Mädchen.[28]

War die Hitler-Jugend noch bis 1936 eine Jugendorganisation der NSDAP mit »freiwilligem« Beitritt, so änderte sich das durch das Gesetz über die Hitler-Jugend vom Dezember 1936. Mit diesem Gesetz wurde die HJ zum staatlichen Jugendverband erklärt, der außerhalb von Elternhaus und Schule allein für die »körperliche, geistige und sittliche« Erziehung der Jugend zuständig war. Schließlich wurde die Zwangsmitgliedschaft in der HJ für alle Jugendlichen zwischen dem 10. und 18. Lebensjahr mit der zweiten Durchführungsverordnung zu diesem Gesetz vom März 1939 festgeschrieben, die auch mit Polizeigewalt durchgesetzt werden sollte.[29]

Während des Krieges griff das NS-Regime verstärkt auf die HJ-Mitglieder für Kriegshilfsdienste (Verwundeten-Betreuung, Aufräumarbeiten nach Luftangriffen, »Osteinsätze«), Arbeitseinsätze (Erntehilfe, Bau von Verteidigungsanlagen) und Sammelaktionen zurück. Ab 1939 mussten die 14- bis 18-jährigen Schüler an mehrwöchigen »Wehrertüchtigungslagern« der Hitler-Jugend teilnehmen. Dort erhielten sie neben der körperlichen Ertüchtigung und weltanschaulichen Schulung eine Ausbildung an Waffen. Seit 1940 übernahm die HJ zusätzlich die Organisation der Lager im Rahmen der »Kinderlandverschickung« (KLV) für Schulklassen aus bombengefährdeten Regionen. Unter diesen Bedingungen wurden die Kinder und Jugendlichen zunehmend dem Elternhaus entzogen, wodurch die HJ ihre Vorstellungen von nationalsozialistischer Erziehung ungehindert verwirklichen konnte. Nicht nur noch nicht wehrpflichtige Jungen dienten als Luftwaffenhelfer in der Wehrmacht oder bildeten zusammen mit bisher nicht eingezogenen Männern das letzte Aufgebot im »Volkssturm«, auch junge Frauen wurden als Wehrmachts- und Waffen-SS-Helferinnen eingesetzt.[30]

Auf Anordnung von Rudolf Heß wurde im Juli 1935 der Nationalsozialistische Deutsche Dozentenbund (NSDDB) aus dem nationalsozialistischen Lehrerbund als eigenständige Gliederung der NSDAP herausgelöst.[31] Insbesondere an den Hochschulen für Lehrerbildung und in den Philosophischen Fakultäten der Universitäten fand der Dozentenbund großen Zulauf. Der NSDDB verfügte zwar über keine hochschulpolitischen Konzepte, hatte aber im Bereich der Personalpolitik an den Hochschulen erheblichen Einfluss. Durch das Verfassen politischer

Beurteilungen bei Berufungen, Habilitationen und Einstellungen von Assistenten konnte der NSDDB akademische Karrieren verzögern oder sogar verhindern. Sein Ziel war es, möglichst viele Lehrstühle mit zuverlässigen Nationalsozialisten zu besetzen. Letzte Entscheidungsinstanz bei der Zulassung zur Dozentur war aber das Reichserziehungsministerium.[32] Mittels Dozentenlagern[33], die vor dem Erteilen der Lehrbefugnis absolviert werden mussten, und mit Hilfe der »Wissenschaftlichen Akademien des NS-Dozentenbundes« an den Universitäten Gießen, Göttingen, Kiel und Tübingen versuchte er, Einfluss auf Forschung und Lehre im Sinne der NS-Weltanschauung zu nehmen. Dass die Akademien ohne Wirkung auf die Hochschulpolitik blieben, lag an der Intervention Alfred Rosenbergs, der sein eigenes Projekt einer »Hohen Schule« gefährdet sah.[34] Die tatsächliche Bedeutungslosigkeit des NSDDB innerhalb des NS-Staates wird auch daran deutlich, dass sich andere Staats- und Parteistellen (Reichsministerium für Volksaufklärung und Propaganda, SS und Gauleiter) erfolgreich in die Wissenschaftspolitik einmischten. Auch sein Versuch, Vollmachten für die »Neugestaltung der deutschen Wissenschaft« zu erhalten, scheiterte 1939 am Widerspruch von Alfred Rosenberg und Rudolf Heß.[35]

Weit größeren Einfluss auf Hochschulpolitik und -leben hatte der Nationalsozialistische Deutsche Studentenbund (NSDStB), insbesondere in der Phase der Machtübernahme und Gleichschaltung. Die Anfänge der NS-Studentenbewegung gehen bis in die Jahre 1922/23 zurück. 1926 entstand in München der NSDStB als überregionale Organisation. Der Aufstieg des Studentenbundes begann 1928, als Baldur von Schirach die Führung übernahm und erfolgreich Einfluss auf die Korporationsstudenten gewinnen konnte. 1931 gelang es dem NSDStB, an 28 Universitäten die absolute Mehrheit in den Studentenvertretungen zu erringen; im Sommer des gleichen Jahres übernahm ein nationalsozialistischer Student den Vorsitz im Dachverband Deutsche Studentenschaft (DSt). In seinen programmatischen Aussagen orientierte sich der Studentenbund strikt an der Parteilinie, zur Hochschulpolitik kamen nur vage Verlautbarungen. Er konzentrierte sich vielmehr auf Kampagnen zur Einführung des Numerus clausus für jüdische Studenten und gegen politisch unliebsame und jüdische Professoren.[36] An den Massenentlassungen und Vertreibungen von Hochschullehrern seit dem »Gesetz zur Wiederherstellung des Berufsbeamtentums« vom 7. April 1933 beteiligten sich die nationalsozialistischen Studenten durch Veröffentlichung Schwarzer Listen und den Boykott von Vorlesungen und Übungen.[37]

Im Juli 1934 wurde der NSDStB dem Stab Heß untergeordnet, der ihm »die gesamte weltanschauliche, staatspolitische und körperliche Schulung der Studentenschaft« übertrug. Gleichzeitig ernannte Heß einen »Beauftragten für Hochschulangelegenheiten«, um den NSDStB analog der Parteistruktur neu zu organisieren.[38] Die 1930 gegründete und relativ selbständige Arbeitsgemeinschaft Nationalsozialistischer Studentinnen (ANSt) ließ der NSDStB-Reichsleiter Ende des Jahres in die Hierarchie des Bundes einordnen. Heß hatte zudem angeordnet, den NSDStB zur Eliteorganisation innerhalb der Studentenschaft mit dem Auftrag der politischen Schulung umzuwandeln. Mitglieder durften nur NSDAP-Angehörige und »alte Kämpfer« des Bundes sein. Alle anderen Studenten konnten erst nach einer zweisemestrigen Probezeit die Mitgliedschaft erwerben. Zwei Jahre später, im November 1936, wurde Gustav Adolf Scheel zum Reichsstudentenführer ernannt, der die Führung des NSDStB und der DSt auf seine Person vereinigte. Gegenüber dem Reichserziehungsministerium (REM) und den Rektoren der Hochschulen setzte er das Recht durch, die Leiter der örtlichen Studentenschaft zu ernennen oder abzuberufen. Damit verlor das REM seinen Zugriff auf die studentische Personalpolitik. 1938 übernahm Scheel den Vorsitz des Reichsstudentenwerkes; 1941 stieg er zum Präsidenten des Deutschen Akademischen Austauschdienstes auf, der bis zu diesem Zeitpunkt unter dem Einfluss des REM stand. Auch in anderen Bereichen musste das Ministerium zurückstecken. Über den Stab Heß gelang es dem NSDStB, in Berufungsverfahren von Dozenten und bei Ernennungen von Rektoren einzugreifen. Schließlich traten NSDStB-Funktionäre als Referenten ins REM ein.[39] Der Niedergang des NSDStB ab 1939 wurde eingeleitet durch das Ausscheiden vieler seiner Funktionäre, die sich zum großen Teil freiwillig zur Front meldeten oder eingezogen wurden. Hinzu kam die Gründung von Studentenkompanien, die wie zum Studium beurlaubte Soldaten disziplinarisch der Wehrmacht unterstanden. Ein weiteres Moment war das Wiederaufleben des Korporationswesens.[40]

Am 1. Oktober 1931 hatte der Reichsorganisationsleiter Gregor Straßer die NS-Frauenschaft (NSF) gegründet, nachdem zuvor alle anderen NS-Frauenorganisationen (Deutscher Frauenorden, Arbeitsgemeinschaft völkisch gesinnter Frauen u. a.) aufgelöst worden waren. Zur Gliederung der NSDAP wurde die NS-Frauenschaft durch das »Gesetz zur Sicherung der Einheit von Partei und Staat« erhoben. In ihr organisierten sich die Frauenführerinnen des BDM, der NS-Volkswohlfahrt, der Arbeitsgemeinschaft nationalsozialistischer Studentinnen, des Reichsarbeitsdienstes (RAD) und Mitarbeiterinnen der angeschlossenen Verbände. Neben der NS-Frauenschaft gab es seit dem September 1933 das Deutsche Frauenwerk (DFW), die Dachorganisation aller anderweitig organisierten Frauen. Seit Anfang 1934 stand Gertrud Scholtz-Klink als Reichsfrauenführerin an der Spitze der NS-Frauenschaft und des DFW. Ziel der NS-Frauenschaft war die ideologische Ausrichtung der Frauen auf die Bereiche Haushalt und Familie. Angesichts der einfachen Schulbildung und begrenzten Fähigkeiten der Mehrzahl ihrer Mitarbeiterinnen stand die Ausbildung von NS-Führerinnen zunächst im Mittelpunkt der NSF-Arbeit. Zu diesem Zweck richtete sie zwei Reichsschulen in Coburg und Berlin ein und hielt ab 1935 jährlich zwei Seminare an der Berliner Hochschule für Politik. Im Mittelpunkt der Kurse standen Themen wie Mädchenerziehung, Gesundheitspflege in der Familie, Haushaltsführung und Säuglingspflege. Um jenes Wissen den deutschen Frauen vermitteln zu können, wurde auch der öffentliche Vortrag geübt. Diese weltanschauliche Schulung wurde auf Leiterinnen des DFW ausgeweitet, deren Ausbildung die Gauschulen übernahmen. Die NSF und das DFW organisierten Feiern, Wohltätigkeitsbasare, Ausstellungen und Kurse für Haushaltsführung, Erziehung und Brauchtum. Dieser Aktivismus verschleierte die Tatsache, dass die NSF weder Einfluss auf die Politik der NSDAP hatte noch die Masse der deutschen Frauen erreichte.[41]

Die angeschlossenen Verbände der NSDAP

Nach Paragraph 5 der Verordnung zum »Gesetz zur Sicherung der Einheit von Partei und Staat« vom 29. März 1935 konnten die angeschlossenen Verbände eine eigene Rechtspersönlichkeit (als eingetragener Verein) und eigenes Vermögen besitzen. Der Reichsschatzmeister der NSDAP übte jedoch die Finanzaufsicht aus, das heißt er war zu Interventionen und Nachfragen auf allgemeiner Ebene, aber nicht zu direkter Kontrolle oder Weisungsbefugnis in finanziellen Details berechtigt. Heftige Auseinandersetzungen in dieser Frage entstanden deshalb zwischen dem Reichsschatzmeister Schwarz und der Deutschen Arbeitsfront (DAF).

Die DAF wurde unmittelbar nach der Zerschlagung der Gewerkschaften im Mai 1933 ins Leben gerufen. Entgegen dem suggestiven Titel war sie keine Einheitsgewerkschaft, sondern eine nach dem Führerprinzip aufgebaute Organisation. An ihrer Spitze stand der Reichsorganisationsleiter der NSDAP, Robert Ley. Die Funktionäre der DAF wurden nicht durch die Arbeiter und Angestellten demokratisch gewählt, sondern eingesetzt. Zweck dieser Organisation war nicht die Vertretung von Arbeitnehmerinteressen, was sich darin ausdrückte, dass die DAF nicht das Recht hatte, Tarifverträge mit den Arbeitgeberverbänden auszuhandeln. Auch der in »Vertrauensrat« umbenannte Betriebsrat besaß keine nennenswerten Mitbestimmungsrechte innerhalb der Betriebe. Die DAF sollte vielmehr die vor 1933 propagierte »Beseitigung des Klassenkampfes« verwirklichen, das heißt den strukturellen Gegensatz von Arbeitnehmern und Arbeitgebern auflösen. In einem Aufruf »an alle schaffenden Deutschen« vom 27. November 1933 hieß es, die Aufgabe der DAF sei »die Zusammenfassung aller im Arbeitsleben stehenden Menschen ohne Unterschied ihrer wirtschaftlichen und sozialen Stellung. In ihr soll der Arbeiter neben dem Unternehmer stehen, nicht mehr getrennt durch Gruppen und Verbände, die der Wahrung besonderer wirtschaftlicher oder sozialer Schichtungen und Interessen dienen«. Ihr »hohes Ziel« sei »die Erziehung aller im Arbeitsleben stehenden Deutschen zum nationalsozialistischen Staat und nationalsozialistischen Gesinnung«.[42] Gleichzeitig hatte die DAF die Durchsetzung der wirtschaftlichen Ziele des Regimes im Betrieb zu garantieren.

Mit Hilfe der Verordnung Hitlers vom 24. Oktober 1934 über »Wesen und Ziel der Deutschen Arbeitsfront« beanspruchte die DAF weitreichende Kompetenzen in der Wirtschafts- und Sozialpolitik.[43] Das Ergebnis war ein kaum zu überblickendes »vielgliedriges, bürokratisch aufgeblähtes Organisationsimperium«.[44] Die Deutsche Arbeitsfront war nicht nach Branchen- oder Berufsgruppen, wie das für Gewerkschaften üblich war, unterteilt, vielmehr gliederte sich die Zentrale in Berlin in Zentral- und Fachämter.[45] Zum DAF-Konzern gehörten Banken (Bank der Deutschen Arbeit), Versicherungen (Deutscher Ring), Bauunternehmen, Werften, Verlage und das VW-Werk. Die der Arbeitsfront angeschlossene NS-Gemeinschaft »Kraft durch Freude« (KdF) hatte als Freizeitorganisation den Zweck, die deutschen Arbeitnehmer außerhalb der Arbeitszeit zu betreuen und umfassender Kontrolle zu unterwerfen. Ihr kulturelles Angebot umfasste Theateraufführungen, Konzerte und Ausstellungen; im Mittelpunkt ihres Reiseprogramms standen Kreuzfahrten nach Madeira, Norwegen und im Mittelmeer. Auf Rügen begann die KdF 1935 mit der Errichtung einer Erholungsanlage für 20 000 Menschen. Die Bauarbeiten am Seebad Prora wurden 1939 eingestellt, der Rohbau für die Bettenhäuser diente während des Krieges als Lazarett und Unterkunft von Flüchtlingen.

Die DAF war mit 25,1 Millionen Mitgliedern (1942) die größte und finanzkräftigste Massenorganisation des »Dritten Reiches« mit mehreren zehntausend hauptamtlichen Funktionären. Nicht zuletzt aufgrund dieses riesigen Apparats, einer dilettantischen Mitglieder- und Kassenverwaltung sowie fehlender staatlicher Kontrollinstanzen waren Vetternwirtschaft, fehlende Qualifikationen und Geldverschwendung charakteristische Strukturmerkmale der DAF.[46]

Die Gründung der NS-Volkswohlfahrt (NSV) im April 1932 ging auf eine Initiative von Nationalsozialisten des Berliner Bezirks Wilmersdorf zurück, vor allem arbeitslose SA-Mitglieder mit dem Nötigsten zu versorgen, ohne auf Fürsorgeeinrichtungen der verhassten Weimarer Republik zurückgreifen zu müssen. Ihr Wirkungskreis blieb zunächst auf Berlin beschränkt, innerhalb der Partei war sie umstritten. Mit der Machtübernahme änderte sich der Stellenwert der NSV innerhalb der NSDAP und gegenüber den traditionellen Trägern der Wohlfahrtspflege: Die kleinen Fürsorgeverbände, die innerhalb der »Deutschen Liga der freien Wohlfahrtspflege« organisiert waren, wurden aufgelöst oder der NSV angeschlossen. Lediglich die konfessionellen Verbände Innere Mission und Caritas sowie das Deutsche Rote Kreuz blieben eigenständig, sollten aber in ihrer Arbeit auf die Gebiete Altenfürsorge und Betreuung körperlich und geistig Behinderter beschränkt werden.[47] Die NS-Volkswohlfahrt habe dagegen, so ihr Leiter Erich Hilgenfeldt, »die Gesundheitsführung des deutschen Volkes zu übernehmen und ihm rassehygienisches Denken und Handeln beizubringen«. Wohlfahrtspflege im nationalsozialistischen Sinne treiben heiße, »in allem Handeln und Tun zuerst an die Gemeinschaft und dann an den Einzelnen denken«. Aber nur die gesunden und »wertvollen« Mitglieder der Volksgemeinschaft sollten gefördert werden; von jeglicher Fürsorge auszuschließen seien »Gemeinschaftsfremde«, »Asoziale« und »Arbeitsscheue«.[48] Ihre Tätigkeitsfelder sah die NSV vor allem in der Jugend-, Mütter- und Säuglingsfürsorge und im »Winterhilfswerk«.[49] Den artikulierten Führungsanspruch sanktionierte Hitler Anfang Mai 1933, als er die NSV zur Parteiorganisation erklärte und ihr die Zuständigkeit »für alle Fragen der Volkswohlfahrt und der Fürsorge« übertrug.

Innerhalb der Reichsleitung der NSDAP wurde das Hauptamt für Volkswohlfahrt eingerichtet, auf der Gau-, Kreis- und Ortsebene entstanden entsprechende Ämter. Jedes Amt gliederte sich nochmals in die Abteilungen Organisation, Finanzverwaltung, Wohlfahrtspflege und Jugendhilfe, Volksgesundheit sowie Werbung und Schulung.[50] Mit 17 Millionen Mitgliedern 1943 war die NSV die zweitgrößte und in der Öffentlichkeit wohl die bekannteste Organisation der NSDAP, ein Wohlfahrtskonzern, der durch seinen »Einsatz ›vor Ort‹ zunehmend als jenes ›Gesicht der Partei‹ erfahren wurde, mit dem man sich auch dann noch identifizieren konnte, als die militärische und soziale Situation viele am richtigen Kurs der Partei und ihres ›Führers‹ zweifeln ließen«[51]. Aufgrund ihrer scheinbar ideologiefernen sozialen Aktivitäten trug die NSV zum Erhalt des NS-Regimes, zur Stabilisierung der »inneren Front« bei.

Der Nationalsozialistische Deutsche Ärztebund (NSDÄB) wurde auf dem Parteitag der NSDAP in Nürnberg am 3. August 1929 ins Leben gerufen. Auf der »1. Reichstagung« des Ärztebundes ein Jahr später in Leipzig verabschiedete er sein Programm. Erklärtes Ziel war es, »Fachberater der Partei-, später der Staatsleitung … in volksgesundheitlichen und rassebiologischen Fragen« zu sein, die ärztliche Berufsauffassung im Sinne der NS-Weltanschauung zu verändern und die Führung der gesamten Ärzteschaft zu übernehmen. Der Ärztebund nahm nun auch Zahnärzte, Tierärzte und Apotheker auf. Mit Gerhard Wagner trat 1932 ein überzeugter Nationalsozialist an die Spitze des NSDÄB, der wesentlichen Anteil an der Entstehung der »Nürnberger Gesetze« hatte. Im Gegensatz zu anderen angeschlossenen Verbänden zerschlug Wagner nicht die ärztlichen Spitzenverbände »Deutscher Ärztevereinsbund« und »Hartmannbund«, sondern verlangte ihre kommissarische Leitung durch seine Person. Auf der Landesebene übernahmen entsprechend NSDÄB-Führer als Beauftragte Wagners die Führung der Ärzteverbände. Innerhalb der NSDAP-Reichsleitung war der NSDÄB dem Hauptamt für Volksgesundheit zugeordnet, das ebenfalls Wagner leitete. Der starke

Mitgliederzuwachs des NSDÄB nach der Machtübernahme erklärt sich aus drei Gründen. Neben den »Märzgefallenen« kamen nun frühere Sympathisanten hinzu, die vor 1933 aus verschiedenen Gründen den Beitritt vermieden hatten. Außerdem wurden diejenigen Ärzte verpflichtet, dem NSDÄB beizutreten, die bereits vor dem 1. Mai 1933 NSDAP-Mitglieder waren. Der Übernahme von Schlüsselpositionen innerhalb des Gesundheitswesens durch NSDÄB-Funktionäre folgte sehr schnell die politische Entmachtung und der Niedergang des Ärztebundes.

Mit der Errichtung des »Rassenpolitischen Amtes der NSDAP«, des »Amtes für Volksgesundheit der NSDAP« und nicht zuletzt der Reichsärztekammer verlor der NSDÄB zentrale Tätigkeitsfelder und den Führungsanspruch über die deutsche Ärzteschaft. Die geplante Auflösung fand wegen des Beginns des Krieges nicht statt. Nach Verkünden des »totalen Krieges« wurde der NSDÄB im Januar 1943 für die Dauer des Krieges stillgelegt und ein Aufnahmestopp verhängt.[52]

Im April 1929 hatten nationalsozialistische Lehrer aus Bayern, Sachsen und Thüringen den Nationalsozialistischen Lehrerbund (NSLB) gegründet und den Lehrer Hans Schemm zum Leiter bestimmt. Wenige Monate später erkannte Hitler den NSLB als selbständige Organisation innerhalb der NSDAP mit Sitz in Bayreuth an.[53] Ohne ein klares bildungspolitisches Programm betrieb der Lehrerbund unter den Lehrerorganisationen der Weimarer Republik vor allem Agitation zur »Eroberung der politischen Macht«[54]. Deshalb und aufgrund des Verbots der Mitgliedschaft von Beamten in radikalen Parteien traten bis 1933 nur wenige Lehrer in den NSLB ein. Erst durch die Gleichschaltung der Lehrerverbände (43 von 48 waren bis Ende 1933 aufgelöst oder dem NSLB angeschlossen worden) und das Gesetz über die Auflösung der Beamtenvereinigungen vom Mai 1937 erhöhte sich der Anteil der im NSLB organisierten Lehrer auf 95 Prozent der gesamten Lehrerschaft.[55] Mit seinem Anspruch, Massenorganisation aller Erzieher vom Kindergarten bis zur Universität zu sein, geriet der NSLB in Konkurrenz zu anderen Parteiorganisationen und staatlichen Stellen (in erster Linie dem Innenministerium). Im Ergebnis der Auseinandersetzung hatte der Lehrerbund die Lehrerschaft durch Schulungen auf die NS-Weltanschauung auszurichten und in die NS-Bewegung einzubinden,[56] aber auch an ihrer fachlichen Fortbildung und der Neugestaltung des Schulwesens mitzuwirken. Im Februar 1943 löste der Leiter der Partei-Kanzlei, Martin

Bormann, den Lehrerbund mit der Begründung auf, die NSDAP wolle die Finanzmittel des NSLB »kriegswirtschaftlich einsetzen«[57] – ein Hinweis auf die Bedeutungslosigkeit dieses angeschlossenen Verbandes innerhalb der Partei.

Die Entstehung und Entwicklung des Nationalsozialistischen Rechtswahrerbundes (NSRB) ist aufs engste verknüpft mit der Person Hans Frank, der in der Weimarer Republik als Anwalt der NSDAP Hitler in zahlreichen Prozessen vertreten hatte. Er gründete 1928 den Bund Nationalsozialistischer Deutscher Juristen (BNSDJ). Dieser bestand zunächst nur aus wenigen Rechtsanwälten, die wie Frank in den Jahren zuvor Nationalsozialisten vor Gericht vertreten hatten. Seine Aufgabe sah der BNSDJ dementsprechend im »Rechtsschutz der Kämpfer der Bewegung«. Die regionale Gliederung des Bundes orientierte sich bis Ende 1934 an den Gerichtsbezirken, ab dann an der Struktur der NSDAP. Innerhalb der Reichsleitung übte ab 1935 das Reichsrechtsamt der NSDAP mit seinem Amt für Rechtswahrer die organisatorische und personelle Aufsicht über den Juristenbund aus. Fachlich war der BNSDJ in acht Reichsgruppen gegliedert, die zwischen Richter, und Staatsanwälten, Rechtsanwälten und Notaren usw. unterschieden.[58] 1936 wurde der Juristenbund in Rechtswahrerbund umbenannt, womit der Anspruch, das alte Rechtssystem zu überwinden, auch sprachlich deutlich gemacht werden sollte. Reichsleiter war bis 1942 Hans Frank, den Reichsjustizminister Otto Georg Thierack ablöste.[59]

Als »Reichskommissar für die Gleichschaltung der Justiz in den Ländern und für die Neuerung der Rechtsordnung« begann Frank 1933 mit der vom BNSJ geforderten politischen Säuberung der Gerichte und Auflösung oder Eingliederung der juristischen Vereinigungen. Der Justizapparat bediente sich zudem des Juristenbundes bei der Vertreibung politisch unerwünschter sowie jüdischer Richter und Anwälte.[60] Der BNSDJ verlor nach 1934 rasch an Bedeutung. Insbesondere seine rechtspolitischen Versuche, eine Parallelstruktur zur Akademie für Deutsches Recht zu etablieren, scheiterte kläglich.[61]

Weitere angeschlossene Verbände der NSDAP waren die Nationalsozialistische Kriegsopferversorgung (NSKOV), der Reichsbund der Deutschen Beamten (RDB) und der Nationalsozialistische Bund Deutscher Technik (NSBDT). Auch deren Organisation war der Struktur der NSDAP angepasst; es existierte je ein Amt innerhalb der Reichsleitung.

Verglichen mit der Deutschen Arbeitsfront oder der NS-Volkswohlfahrt blieben NSKOV, RDB und NSBDT politisch bedeutungslos.

Die »betreuten Organisationen«

Dazu gehörten Deutsches Frauenwerk (DFW), Deutsche Studentenschaft (DSt), Nationalsozialistischer Reichsbund für Leibesübungen (NSRL), Nationalsozialistisches Fliegerkorps (NSFK), Nationalsozialistischer Altherrenbund (NSAhB), Nationalsozialistischer Reichskolonialbund (RkolB), Nationalsozialistischer Reichskriegerbund (RkrB), Nationalsozialistischer Reichstreubund ehemaliger Berufssoldaten (RtrB), Deutscher Gemeindetag, Deutscher Siedlerbund und der Reichsbund der Kinderreichen Deutschlands zum Schutze der Familie (RdK). Der Begriff »betreute Organisation« tauchte zum ersten Mal im Erlass Hitlers über den Nationalsozialistischen Reichsbund für Leibesübungen (NSRL) auf. Nach Artikel II des Erlasses bestand die Aufgabe des NSRL in der »Leibeserziehung des deutschen Volkes«, soweit diese nicht durch den Staat oder »durch die Partei, ihre Gliederungen und angeschlossenen Verbände« durchgeführt wurde.[62]

Sowohl das Rechtsverhältnis der »betreuten Organisationen« zur NSDAP als auch die Frage, welche Organisationen als solche zu betrachten sind, blieben unklar.[63] Reichsarbeitsdienst (RAD) und Reichsnährstand gehörten zum Beispiel nicht zu den »betreuten Organisationen«. Der »Reichsarbeitsführer« Konstantin Hierl war als Staatssekretär des Arbeitsdienstes bis 1934 dem Reichsarbeitsminister Franz Seldte und danach dem Reichsinnenminister Wilhelm Frick unterstellt. Seit dem Gesetz zur Einführung der sechsmonatigen Arbeitsdienstpflicht vom 26. Juni 1935 war der Reichsarbeitsdienst eine staatliche Organisation, die 1940 auch eine eigene Gerichtsbarkeit erhielt. Mit der Übernahme des Innenministeriums durch Himmler im August 1943 stieg der RAD zu einer Reichsbehörde auf; Hierl erhielt den Rang und die Befugnisse eines Reichsministers.[64] Der Reichsnährstand als Zwangsorganisation der in der Landwirtschaft Tätigen »war zwar formaljuristisch gesehen selbständig, der Sache nach und faktisch aber Organ des Staates. Er war Verwaltungsunterbau des REM (Reichsministeriums für Ernährung und Landwirtschaft) mit den Funktionen Ernährungssicherung und Erzeugungssteigerung.« Der behördliche Charakter des Reichsnährstandes zeigt sich auch dadurch, dass die Beiträge durch die Finanzämter erhoben wurden, er eine eigene Gerichtsbarkeit über seine Mitglieder besaß, und darüber hinaus gesetzliche Anordnungen im Bereich Markt- und Preisregelung treffen konnte, die auch für Personen und Institutionen außerhalb des Reichsnährstandes bindende Wirkung hatten.[65]

Phillip Wegehaupt
Funktionäre und Funktionseliten der NSDAP
Vom Blockleiter zum Gauleiter

Die Hoheitsgebiete

Fritz Mehnert vom Hauptorganisationsamt der NSDAP wies 1936 in einem Artikel über den Aufbau der NSDAP darauf hin, dass es Ziel der Parteispitze sei, »die nationalsozialistische Organisationsform immer lebendig und elastisch« zu halten. »Je nachdem wie es zweckmäßig ist, werden wir die Organisation ausbauen, wir werden aber auch den Mut aufbringen, bei sich aus der Lage ergebenden Verlagerungen einzelne Aufgabegebiete bei Notwendigkeit zu verkleinern bzw. Auflösungen einzelner Organisationsteile vorzunehmen.«[1] Einige »Grundpfeiler der Partei« galten jedoch als unantastbar.[2] Zu diesen Konstanten der NSDAP-Struktur zählte die regionale Unterteilung der Partei in sogenannte Hoheitsgebiete. Das kleinste Hoheitsgebiet war der Block, der vierzig bis sechzig Haushaltungen[3] umfasste. Die Zelle, das nächst höhere Hoheitsgebiet, setzte sich aus vier bis acht dieser Blocks zusammen.[4] Die Ortsgruppe wurde von der Organisationsleitung der NSDAP als das »wichtigste Hoheitsgebiet« bezeichnet. Sie bestand aus mehreren Blocks beziehungsweise Zellen.[5] 1938 wurde die Anzahl der zu einer Ortsgruppe gehörenden Haushaltungen auf 1500 begrenzt. Wie dehnbar jedoch der Begriff »Ortsgruppe« war, beweist die Tatsache, dass zumindest einige Einheiten der SS, wie die »Leibstandarte SS Adolf Hitler«, als eigenständige NSDAP-Ortsgruppen geführt wurden.[6] Die »Stützpunkte« der NSDAP bestanden mit wenigen Ausnahmen nur auf dem Lande. Mit der Umorganisation der Ortsgruppen im Jahr 1938 verschwanden die Stützpunkte und wurden fortan als kleine Ortsgruppen geführt.[7] Über der Ortsgruppe war der Kreis angesiedelt. Bei der Grenzziehung der NSDAP-Kreise orientierte man sich an den bereits vorhandenen staatlichen Kreiseinheiten. Oft war das Gebiet eines NSDAP-

Kreises deckungsgleich mit dem zweier Landkreise oder Stadtbezirke. Das aus zwanzig Verwaltungsbezirken bestehende Berlin beispielsweise war in zehn Kreise der NSDAP unterteilt.[8] Bei vergleichsweise geringer Bevölkerungsdichte konnte ein NSDAP-Kreis aber auch mehr als zwei kommunale Kreise umfassen. Anfang 1939 existierten auf deutschem Reichsgebiet mehr als »800 Kreise, 22 000 Ortsgruppen, 76 000 Zellen und 404 000 Blocks«.[9] Der Gau stellte die Zusammenfassung einer Anzahl von Kreisen der NSDAP dar. Bis Ende 1940 erhöhte sich die Zahl der Gaue aufgrund der deutschen Annexionen auf zweiundvierzig.[10] Mit mehr als fünf Millionen Einwohnern war Sachsen der bevölkerungsreichste Gau, Kärnten dagegen mit rund vierhundertfünfzigtausend Einwohnern der mit der geringsten Bevölkerung.[11]

Die Hoheitsträger

Die NSDAP verstand sich als eine »Gesamtgemeinschaft«, die aus Parteigenossenschaft und Parteigliederungen bestand. Die Parteigenossenschaft, also die Gesamtheit der Parteimitglieder, wurde geführt von dem sogenannten Korps der Politischen Leiter, den Amtsträgern der Partei.[12] Die Politischen Leiter stellten nach nationalsozialistischem Verständnis »das Rückgrat der Partei« dar.[13] Die »Hoheitsträger« nahmen innerhalb des »Korps der Politischen Leiter« eine Sonderstellung ein. Handelte es sich bei den »einfachen« Politischen Leitern um fachliche Unterstützungskräfte der Hoheitsträger, waren Letztere für ein bestimmtes Territorium, das Hoheitsgebiet, verantwortlich, wo sie »die Partei nach innen und nach außen« vertraten und für die »gesamtpolitische Lage« verantwortlich waren[14]. Als Hoheitsträger galten der Führer, die Gauleiter, die Kreisleiter, die Ortsgruppenleiter, die Stützpunktleiter, die Zellenleiter und die Blockleiter. Die Macht der Hoheitsträger, den »Führer« natürlich ausgenommen, wurde jedoch durch die in der NSDAP gängige Trennung von disziplinärer und fachlicher Unterstellung begrenzt. Dem Hoheitsträger waren die Politischen Leiter, (Amts)walter und Warte seines Hoheitsgebiets disziplinär, jedoch nicht fachlich unterstellt. In der Praxis konnte also beispielsweise ein Gauleiter jederzeit den zu seinem Stab gehörenden Gauschulungsleiter entlassen; vorschreiben, wie dieser seine Arbeit zu verrichten hatte, konnte er dagegen nicht, da der Gauschulungsleiter fachlich nicht vom Gauleiter, sondern von dem übergeordneten Haupt-schulungsamt der NSDAP »ausgerichtet« wurde.[15]

Gauorganisationsamtsleiter Heinz Bickendorf vom Gau Hessen-Nas-sau beschrieb das Hoheitsrecht als ureigenes Organisationsprinzip der nationalsozialistischen Bewegung: »Wie der Nationalsozialismus alle Begriffe umgewandelt hat und ihnen seinen Stempel aufgeprägt hat, so gestaltet er auch den neuen Organisationstyp, der seine höchste Voll-endung in der Partei selbst gefunden hat. Die sie beherrschende Idee ist das Hoheitsrecht mit seinen Trägern. Das Hoheitsrecht als Ausfluß des politischen Führungsanspruches stellt eine Erscheinung dar, die einzig-artig ist und bleibt.«[16]

Die Blockleiter

Der Begriff »Blockleiter« wurde erst Ende 1933 eingeführt, bis dahin firmierten die untersten Hoheitsträger der NSDAP unter der Bezeichnung »Blockwart«. Vor 1933 war der Arbeitsalltag eines Blockwarts von eher unspektakulären, parteiinternen Tätigkeiten bestimmt, wie dem monat-lichen Einsammeln von Parteimitgliedsbeiträgen und gelegentlichen Pla-katklebeaktionen.[17] Innerhalb der Parteiführung schien man anfangs dem Amt des Blockwarts keine allzu hohe Bedeutung beizumessen. Robert Wagner, Leiter des Personalamts der NSDAP, plädierte Anfang 1933 so-gar dafür, unliebsame, streitsüchtige Parteigenossen durch die Verleihung eines Blockwartsamtes ruhigzustellen: »Die Zahl der Streitfälle hat sich in den letzten Wochen stark gesteigert. Arbeitskraft, Zeit und Geld der Amtswalter und ihrer Dienststellen sind dadurch in einem unerträglichen Ausmaße an die Schlichterarbeit gebunden. Darin liegt eine Gefahr für die Bewegung, die rasch überwunden werden muß. [...] Mit größtem Geschick sind die sogenannten Sauberkeits- oder Sittlichkeitsfanatiker zu behandeln. [...] Ein wirksames Mittel, unliebsamen Kritikern Herr zu werden, besteht darin, diese durch Arbeit in der Stelle des Blockwarts [...] von ihrem tatsächlichen Wert zu überzeugen.«[18]

Mit der Block- und Zellenneuordnung des Jahres 1936 wurde das Aufgabengebiet der Blockleiter neu abgesteckt. Nicht länger sollten für die Blockleiter »rein technische Aufgaben [...] wie Beitragsein-zug, Vertrieb von Broschüren und Zeitschriften, Verkauf von Eintrittskarten und ähnliche Dinge« im Vordergrund stehen.[19] Aufgrund ihrer vermeintlichen Nähe zum »Volksgenossen« hatten sie als »Wecker des Verständnisses für den Nationalsozialismus hinsichtlich überall zu findender unzufriedener Menschen und [als] der Interpret falsch ausgelegter und missverstandener Maßnahmen, Gesetze und Anordnungen der nationalsozialistischen Regierung« zu fungieren.[20] Offiziell musste, wer Blockleiter werden wollte, zu den »besten Parteigenossen innerhalb der Ortsgruppe zählen«.[21] Ein vom zuständigen Ortsgruppenleiter berufener Blockleiter-Anwärter wurde nach einer mehrmonatigen Probezeit und dem »Nachweis der arischen Abstammung bis 1800«[22] feierlich vom Kreisleiter ernannt. Wie alle Politischen Leiter der NSDAP war der Blockleiter Uniformträger. Mindestens einmal im Monat traf er sich mit seinen Mitarbeitern, die allesamt wie er ihre Tätigkeit ehrenamtlich ausübten. Zu diesen aktiven Unterstützern der Parteiarbeit zählte, sofern die sie stellenden Gliederungen oder angeschlossenen Verbände der Partei im Block präsent waren, ein Blockwalter der »Nationalsozialistischen Volkswohlfahrt«, eine Blockfrauenscharführerin sowie ein Blockobmann der »Deutschen Arbeitsfront«. Diese Mitarbeiter waren zwar dem Blockleiter disziplinär unterstellt, erhielten aber ihre inhaltlichen Weisungen von den ihnen fachlich übergeordneten Dienststellen.[23] Hinzu kam eine Anzahl von »bereitwilligen Menschen«, den sogenannten Blockhelfern, welche den Blockleiter bei der Erledigung rein technischer Aufgaben unterstützten. Dazu zählte das Anbringen einer »Haustafel der NSDAP« im Eingangsflur eines jeden Mietshauses. Zu solchen Hilfsdiensten konnte prinzipiell jeder Parteigenosse herangezogen werden. Die Rekrutierung von Blockhelfern war jedoch nicht vorgeschrieben, wurde aber in NSDAP-Blocks, zu denen mindestens 40 Haushaltungen gehörten, empfohlen. Durch sie konnte das Betreuungs- und Überwachungsnetz des NSDAP-Blocks noch engmaschiger geknüpft werden. Ein Blockhelfer war jeweils für eine acht bis 15 Haushaltungen umfassende Hausgruppe zuständig. In einer Stadt bildete meist ein mehrstöckiges Mietshaus eine Hausgruppe.

Ein Blockleiter sollte »Führer und Berater« der in seinem Block ansässigen Partei- und Volksgenossen sein. Besonders deutlich und ausführlich wurden die Blockleiter darauf hingewiesen, wie sie sich dem gemeinen Volksgenossen gegenüber zu geben hatten. In der Tat war die Chance, mit einem dieser Vertreter der Partei in Berührung zu kommen, vergleichsweise hoch. Die mehr als 200 000 Blockleiter machten über 40 Prozent der Gesamtzahl aller Politischen Leiter der NSDAP aus.[24] Allein schon ihre hohe Zahl machte diese wohl greifbarsten Vertreter des Regimes zu »Aushängeschildern der Partei«. Besonders sollte durch vorbildhaftes Verhalten bestochen werden, »jedes diktatorische, patzige, aber auch anbiedernde Auftreten« war unerwünscht, unterminierte es doch nach Ansicht der Reichsorganisationsleitung das »Vertrauensverhältnis zum Volksgenossen«.[25] Für im Hoheitsgebiet ansässige Juden kam »selbstverständlich eine volksgemeinschaftliche Betreuung« nicht in Frage. Allerdings sollte der zuständige Blockleiter »über die Haltung und das Treiben dieses Personenkreises laufend unterrichtet sein«.[26]

Unter der »Betreuung der Volksgenossen« durch Blockleiter verstand die NSDAP allerdings nicht nur »die Unterstützung in allen Sorgen und Nöten«, sondern auch die Bespitzelung der Mitmenschen. Die Blockleiter wurden von der Partei angewiesen, »Verbreiter schädigender Gerüchte« festzustellen und gegebenenfalls »an die Ortsgruppe zu melden«, welche daraufhin die »zuständige staatliche Dienststelle« zu alarmieren hatte.[27]

Dass das Gros der Blockleiter die an sie gestellten Anforderungen nur mäßig erfüllte, blieb auch den höheren Parteikreisen nicht verborgen: »Die ausschlaggebende Tätigkeit der politischen Willensbildung, der zielbewußten Lenkung, liegt in sehr hohem Maße beim Blockleiter. Nun wissen wir, daß mindestens 90 % aller Blockleiter noch weit davon entfernt sind, das zu sein, was die Partei sich unter einem Blockleiter als Hoheitsträger vorstellt.«[28] Im kollektiven Gedächtnis scheint sich vor allem die Überwachungsfunktion der Blockwarte und Blockleiter eingeprägt zu haben, was erklären mag, dass in der ehemaligen DDR die Abschnittsbevollmächtigten der Volkspolizei (ABV) im volkstümlichen Sprachgebrauch mitunter scherzhaft als »Blockwarte« bezeichnet wurden.[29]

Die Zellenleiter

Bei den Zellenleitern handelte es sich um »Mittelsmänner«, über die der Ortsgruppenleiter seine Anordnungen und Intentionen an die Blocks weitergab. Einem Zellenleiter unterstanden vier bis acht Blocks, deren Arbeit er im Auftrag des Ortsgruppenleiters überwachte. In Ortsgruppen, die aus vergleichsweise wenigen Blocks bestanden, entfiel die Zwischen-

instanz des Zellenleiters; dort waren die Blockleiter dem Ortsgruppenleiter direkt unterstellt.

Auch die rudimentäre weltanschauliche Schulung gehörte zu seinem
Aufgabenbereich. Der »bewährte Zellenleiter« hielt regelmäßig im Auf-
trag des Ortsgruppenleiters »Zellenabende für alle Volksgenossen seines
Dienstbereichs« ab. Bei diesen Veranstaltungen sollten allerdings laut
Organisationsbuch »keine schwungvollen Vorträge« gehalten, sondern
eher »ein Kapitel aus Adolf Hitlers ›Mein Kampf‹ vorgelesen werden.[30]
Offensichtlich bestand kein Bedarf an allzu ehrgeizigen Zellenleitern,
die sich an komplizierten weltanschaulich-politischen Themen verhoben
und so womöglich das Ansehen der »Bewegung« schädigten. Für solche
Aufgaben unterhielt die Partei schließlich ein ganzes Heer speziell ausgebildeter Schulungsredner.

In ländlichen Regionen konnte eine Zelle auch mehrere Gemeinden
umfassen. Auch dem Zellenleiter war es erlaubt, für seine Arbeit Unterstützungskräfte heranzuziehen.

Die Ortsgruppenleiter

Dem Ortsgruppenleiter unterstanden disziplinär sämtliche Politischen
Leiter seines Hoheitsgebiets sowie alle Obmänner, Walter und Warte, die
nicht zum Korps der Politischen Leiter gehörten. Zur Erledigung seiner
Aufgaben verfügte er über einen Mitarbeiterstab, der schubweise an Größe zunahm. Zu den ständig besetzten Ämtern einer Ortsgruppe zählten
die Stellen des Ortsgruppenorganisationsleiters, Ortsgruppenschulungs-
leiters, Ortsgruppenpersonalamtsleiters, Ortsgruppenpropagandaleiters,
Ortsgruppenkassenleiters sowie Ortsgruppenhilfskassenleiters. In klei-
neren Ortsgruppen der NSDAP, wo aufgrund der geringeren Anzahl von
zu »betreuenden« Partei- und Volksgenossen eine nicht allzu große Arbeitsbelastung bestand, kam es vor, dass zwei dieser Ämter von einem
einzigen Politischen Leiter geführt wurden.[31] Für die Auswahl der geeigneten Mitarbeiter des Ortsgruppenstabes war der Ortsgruppenleiter selbst
verantwortlich. Dabei hing der Erfolg einer Ortsgruppe vor allem von der
Fähigkeit des Ortsgruppenleiters ab, »den richtigen Mann an die richtige
Stelle zu setzen«.[32]

Knapp die Hälfte der insgesamt 141 110 Ortsgruppenleiter des Jahres
1935 befand sich im Alter zwischen 31 und 40 Jahren. Trotz des relativ

geringen Durchschnittsalters waren über 80 Prozent der Ortsgruppenleiter vor der nationalsozialistischen Machtergreifung der Partei beigetreten und zählten mithin nicht zu den Opportunisten des Jahres 1933. Bauern und Selbständige bildeten das Gros dieser Parteifunktionäre. Verglichen mit ihrem hohen Anteil an der Gesamtbevölkerung waren demgegenüber die Arbeiter sehr schwach vertreten. Sie machten 46,3 Prozent der Gesamtbevölkerung, aber nur 9,3 Prozent der Ortsgruppenleiter aus. Der Arbeiteranteil des Korps der Politischen Leiter erschien den Nationalsozialisten zu gering. So sprach sich die Reichsorganisationsleitung der NSDAP dafür aus, »bei der Auswahl von Politischen Leitern starkes Gewicht darauf zu legen, soweit als möglich geeignete Arbeiter für diese Tätigkeit zu gewinnen bzw. einzubauen«.[33]

Der Ortsgruppenleiter wurde auf Vorschlag des Kreisleiters vom Gauleiter ernannt. Hatte dieser zuvor kein Amt in der Partei inne, verlieh man ihm nicht sofort den Dienstrang des Ortsgruppenleiters. Stattdessen wurde er zunächst zum Blockleiter ernannt, nach einem halben Jahr zum Zellenleiter, »bei Bewährung« drei Monate später zum Amtsleiter der Ortsgruppe und erst ein Jahr später zum Ortsgruppenleiter.[34]

In der streng hierarchisch aufgebauten Parteistruktur galt selbstverständlich für jeden Ortsgruppenleiter das »Führerprinzip«. Demnach besaß ein Hoheitsträger in seinem Machtbereich umfangreiche diktatorische Befugnisse; den ihm vorgesetzten Parteifunktionären hatte er sich dagegen bedingungslos unterzuordnen. Dennoch gab es, besonders vor 1933, als sich die Partei noch nicht so straff organisiert darstellte, Fälle in denen Ortsgruppenleiter versuchten, sich gegenüber ihren Kreis- oder gar Gauleitern durchzusetzen.

Im November 1930 ernannte Hitler den NSDAP-Reichstagsabgeordneten Franz Maierhofer zum Gauleiter der Oberpfalz. Maierhofer hatte die Führung in diesem Gau schon einige Monate zuvor von dem nach München versetzten Adolf Wagner kommissarisch übernommen. Es dauerte nur wenige Monate, bis sich Maierhofer durch seinen speziellen Führungsstil erbitterte Feinde unter den Parteigenossen seines Gaues geschaffen hatte. Einer von ihnen war Karl Schäffer, Leiter der NSDAP-Ortsgruppe Schwandorf/Oberpfalz. Der hauptberuflich als Zahnarzt tätige Ortsgruppenleiter sah sich sogar veranlasst, zunächst bei der Reichsleitung der NSDAP und später sogar bei Adolf Hitler persönlich um die Amtsenthebung seines Gauleiters zu bitten. Mit Maierhofer hätten im Gau Oberpfalz untragbare Zustände Einzug gehalten, der Gauleiter hätte die Parteiarbeit sträflich vernachlässigt und Gelder für seine privaten Zwecke veruntreut. Maierhofers Umgang mit den Untergebenen sei zudem ein Beispiel für »beginnende[s] Bonzentum« in der Partei, »das sich über die einfachsten Grundlagen einer vernünftig geleiteten auf freiwilligem Gehorsam aufgebauten Organisation« hinwegsetzte, schrieb Schäffer.[35] Wie immer die Anschuldigungen begründet gewesen sein mögen, die Auseinandersetzung endete erwartungsgemäß nicht mit der Amtsenthebung Maierhofers. Karl Schäffer hingegen verlor das Ortsgruppenleiteramt und wurde von Maierhofer mit Billigung des Reichsorganisationsleiters Gregor Straßer zum einfachen Parteigenossen degradiert. Schäffer hatte, so die Begründung der Organisationsleitung der Partei, durch seine gegenüber der NSDAP-Reichsleitung geäußerte Kritik an Maierhofer das Vertrauensverhältnis zwischen sich und dem Gauleiter zerstört und war somit nicht länger als Ortsgruppenleiter tragbar.[36]

Nach der Neugründung der NSDAP im Jahre 1925 wuchs stetig die Zahl der Ortsgruppen, deren Hauptbeschäftigung die Mitgliederwerbung, der Wahlkampf und im besonderen Maße die Geldbeschaffung war. Kreisabteilungsleiter Matthes erinnerte sich anlässlich des zehnjährigen Jubiläums der NSDAP-Ortsgruppe Bautzen, dass man damals »alle erdenklichen Mittel, um Geld flüssig zu machen«, nutzte.[37] Die Parteigenossen wurden zum Geldsammeln in die Straßen und an die Wohnungstüren geschickt. Auch verteilte man alte, wertlose Banknoten – Überbleibsel der Inflation –, die man zu Anleihescheinen der NSDAP umfunktioniert hatte: allerdings nicht ohne sie vorher umgestaltet zu haben: »Vorn im Kreis war das Hakenkreuz und auf der Rückseite stand folgender Spruch geschrieben: Das Gold, das Silber und den Speck nahm uns der Jud' und ließ uns diesen Dreck!«[38] Auch die beiden Besuche Adolf Hitlers in Bautzen, 1930 und 1932, waren ein finanzieller Segen für die Ortsgruppe der Stadt. Wer den Führer reden hören wollte, der musste zahlen. Die knapp zweitausend Eintrittskarten waren binnen vierundzwanzig Stunden ausverkauft.

Die Einführung des Arbeits- und Wehrdienstes sorgte für einen Mangel an geeigneten Jugendführern in der seit 1933 stark angewachsenen Hitlerjugend. So konnte »in einzelnen Gemeinden [von] keinem geordneten Dienst der nationalsozialistischen Jugend« mehr gesprochen werden, zudem existierte »in einzelnen Dörfern überhaupt keine nationalsozialistische Jugendorganisation«.[39] Die Ortsgruppenleiter wurden angewiesen, sich verstärkt für die Schulung der Hitlerjungen in ihrem Hoheitsgebiet einzusetzen. Unter der Überschrift »Wie kann der Ortsgruppenleiter der HJ helfen?« lieferte die Reichsorganisationsleitung Vorschläge zur Verbesserung der Situation, die besonders darauf abzielten, den Führern der HJ das Gefühl zu geben, ein ernstgenommener Teil der nationalsozialistischen Bewegung zu sein. Ortsgruppenleiter sollten nun darauf achten, stets den zuständigen HJ-Führer zu den Besprechungen einzuladen. Auch der Ortsgruppenleiter sollte regelmäßig als Gast bei den Heimabenden der örtlichen Hitlerjugend erscheinen. Des weiteren wurden die Hoheitsträger angewiesen, die Hitlerjungen »bei der Beschaffung und Erhaltung eines würdigen Jugendheimes« zu unterstützen.[40] So sollte die Attraktivität der örtlichen HJ-Organisation gesteigert werden.

Als Hoheitsträger war der Ortsgruppenleiter zuständig für die »politische und weltanschauliche Führung und Ausrichtung«[41] der ihm unterstellten Parteigenossen. Der ab dem 30. Januar 1933 sprunghaft angestiegene Zustrom von neuen Mitgliedern in die NSDAP sorgte für akuten Handlungsdruck in der Frage der Organisation weltanschaulicher Schulungen innerhalb der Partei. Man wollte nicht das Risiko eingehen, dass neue, der nationalsozialistischen Idee im Grunde fernstehende Parteigenossen die Weltanschauungspartei NSDAP von ihrem Kurs abbringen könnten. Im März 1933 wies das neu geschaffene Reichsschulungsamt der NSDAP (später Hauptschulungsamt[42]) die Gauleitungen an, vor allem die Neumitglieder in den Mittelpunkt ihrer Schulungsbemühungen zu stellen. Denn nur wenige der nach dem 30. Januar 1933 meist aus Opportunismus zur Partei gestoßenen Volksgenossen hatten nach Einschätzung des Reichsschulungsleiters »den Nationalsozialismus in seinem wirklichen Kern und Wesen begriffen.«[43] In jeder NSDAP-Ortsgruppe wurde daher ein »Schulungsbeauftragter«[44] beschäftigt, der sich besonders der Betreuung und Überprüfung neuer Parteimitglieder widmete. Da die Personaldecke der Ortsgruppen recht dünn war, übernahm anfangs nicht selten der Ortsgruppenleiter selbst die Aufgaben des Schulungsbeauftragten.[45]

Es fanden regelmäßig sogenannte Block- und Zellen-Schulungsabende statt, um die unterste Ebene der Parteistruktur – die NSDAP-Ortsgruppen – in die Lage zu versetzen, mit den vielen neuen Parteimitgliedern umzugehen. Die Schulungsbeauftragten der Ortsgruppen leiteten zudem Veranstaltungen, um die »NSDAP-Tauglichkeit« neuer Mitglieder zu prüfen. Die Teilnahme war obligatorisch. Nur wer diese Kurse erfolgreich absolvierte, kam für »höhere« Aufgaben wie der Mitarbeit in NSDAP-Blocks und -Zellen in Betracht.[46]

Die Ortsgruppenleiter wurden von der Reichsorganisationsleitung angewiesen, mindestens monatlich sogenannte Ortsgruppenabende zu veranstalten, in deren Verlauf weltanschauliche Themen behandelt werden sollten. Dass es sich hierbei im Jahr 1933 zunächst einmal um den Versuch der Vermittlung einfachsten Basiswissens handeln sollte, wird an den Themenvorschlägen des Reichsschulungsleiters deutlich. Zunächst sollten nämlich Begriffe wie »Nationalsozialismus« und »Volksgemeinschaft« den Parteigenossen erklärt werden.

Ein Schulungsabend für Politische Leiter begann gewöhnlich mit dem Fahneneinmarsch, der allerdings nur zu erfolgen hatte, sofern »mindestens drei Fahnen in einer Ortsgruppe vorhanden«[47] waren. Dann eröffnete der Ortsgruppenleiter die Versammlung »unter Zugrundelegung« eines »Führerwortes«.[48] Bei den verwendeten »Führerworten« handelte es sich meist um ohne Quellenangabe dargebotene Zitate aus Hitlers »Mein Kampf«, quasi als Motto des Abends. In Norddeutschland war es durchaus erlaubt, die Versammlungen in »plattdeutscher Sprache«[49] zu eröffnen und zu schließen. Danach trug ein schauspielerisch begabter Parteigenosse, oder einer, der sich dafür hielt, ein nationalsozialistisches Gedicht vor. Zum Beispiel: »Treue zum Schwur« von einem gewissen Herybert Menzel: »Vergesst nicht, was uns stark gemacht, Kameraden! / Das war noch nicht die letzte Schlacht, Kameraden! / Der Sieg war schwer, schwer ist die Wacht, / Seid auf der Hut, noch ist die Nacht / gewitterreich geladen! […]«[50]. Auch ein »gemeinsam gesungenes Lied«, das »von mindestens einem Instrument begleitet werden« musste, gehörte zu jedem Ortsgruppenschulungsabend.[51] Als fünfter Programmpunkt folgte der eigentliche weltanschauliche Vortrag.

Auch die Ortsgruppenleiter selbst waren Objekt umfangreicher Schulungsbemühungen der Partei. Um diese Funktionärsgruppe ihrem Idealbild anzunähern, wurden regelmäßig an sogenannten Kreis-, Gau- und Reichsschulen der NSDAP Schulungskurse speziell für Ortsgruppenleiter abgehalten.[52]

Trotz des hohen Arbeitsaufwands, der mit der Leitung einer Ortsgruppe verbunden war, sah die NSDAP ausschließlich den Einsatz ehrenamtlicher Ortsgruppenleiter vor. Die Ehrenamtlichkeit entlastete nicht nur den Parteietat, sondern sorgte nach Ansicht führender Repräsentanten der NSDAP dafür, dass »die Ortsgruppenleiter mit beiden Beinen im praktischen Leben« standen und wie wahre »Volksführer« auftreten konnten.[53] Robert Ley, seit November 1932 Organisationsleiter der NSDAP, merkte allerdings 1938 in einem Artikel an, dass der durch die Verpflichtung zur Umsetzung des nationalsozialistischen Familienideals bereits ausgelastete ehrenamtliche Ortsgruppenleiter »in seinen täglich auf ihn eindringenden Aufgaben der Organisation, Repräsentation, Mittelbeschaffung« beinahe untergehe. Im »Kampf der Ideen« sei er im Nachteil, denn ihm gegenüber stünden »akademisch gebildete, theoretisch sorgfältig geschulte, gut besoldete und wenig Positives leistende ›Ortsgruppenleiter‹ anderer Weltanschauungen [Ley bezog sich dabei besonders auf geistliche Würdenträger], die ohne annähernd so große private wie dienstliche Belastungen in der Lage sind, alle Kraft und Kenntnisse nur nach außen einzusetzen, um ihre Mitmenschen im Banne vergangener Jahrhunderte zu halten«.[54]

Von der 1938 beschlossenen Verkleinerung der Ortsgruppen, die nun nicht mehr als 1500 Haushaltungen umfassen sollten, versprach sich die NSDAP unter anderem eine Entlastung der Ortsgruppenleiter und eine daraus resultierende effektivere Parteiarbeit. Man hatte festgestellt, dass die Leiter besonders großer Ortsgruppen »neben Beruf, Familie, eigener Weiterbildung«[55] kaum fähig waren, ihren »Ausrichtungs- und Erziehungsaufgaben« in zufriedenstellendem Maße nachzukommen. Die Arbeit eines Ortsgruppenleiters, »der (bei rund 1500 Haushaltungen) seine 25 bis 30 Blockleiter« regelmäßig zusammenrief und ihnen immer wieder »Aug' in Aug' […] seinen Impuls vermittelt[e]«, war eher von Erfolg gekrönt, als die eines Ortsgruppenleiters, »der seine Anordnungen und Intentionen nur durch Mittelsmänner, die Zellenleiter, weitergeben« musste, und dessen Anweisungen auf diese Art »im besten Falle in verwässerter, abgeschwächter Form« die Blockleiter erreichten«.[56]

Die Kreisleiter

In der pyramidenförmig aufgebauten Organisation der NSDAP nahmen die Kreisleiter eine mittlere Position ein. Der Kreisleiter unterstand unmittelbar dem Gauleiter. Die Ernennung erfolgte auf Vorschlag des Gauleiters durch »den Führer«. Disziplinär unterstanden dem Kreisleiter neben sämtlichen Politischen Leitern der Kreisleitung die Ortsgruppenleiter des Kreises. Von den 827 im Jahre 1935 aktiven Kreisleitern hatten über 70 Prozent ihren Parteieintritt vor dem 14. September 1930 vollzogen und galten somit als »parteiältere Politische Leiter«. Die meisten Kreisleiter waren hauptberuflich als Angestellte tätig. Den hohen Angestelltenanteil von mehr als 37 Prozent führte die Reichsorganisationsleitung auf die größere »Beweglichkeit dieser geistig und körperlich gleichermaßen Tätigen« zurück. Die zweitstärkste Berufsgruppe bildeten mit 21,4 Prozent die Beamten und Lehrer. Gemessen an ihrem geringen Anteil in der Bevölkerung waren sie unter den Kreisleitern besonders stark vertreten.[57] In der Alterszusammensetzung dominierten im Jahr 1935 unter den Kreisleitern mit über 50 Prozent die Jahrgänge 1894 bis 1903, also die Gruppe der Einunddreißig- bis Vierzigjährigen.[58] Ein bedeutender Teil gehörte also der »Frontkämpfergeneration« an und hatte seine Prägung in den Schützengräben des Ersten Weltkriegs und den unmittelbar folgenden politischen Wirren der frühen zwanziger Jahre erfahren.[59]

Bei der Kreisleitung handelte es sich um die unterste hauptamtlich geleitete Hoheitsstelle der Partei. Allerdings wurde die Hauptamtlichkeit der Kreisleiter erst Schritt für Schritt durchgesetzt. Ab 1938 bezog die Mehrheit der Kreisleiter – anders als die eine Stufe niedriger angesiedelten und ehrenamtlich tätigen Ortsgruppenleiter – ein Gehalt. Erst die Lockerung der Aufnahmesperre für NSDAP-Neumitglieder hatte der Partei die für die Besoldung aller Kreisleiter notwendigen Mittel beschert.[60] Ein Kreisleiter erhielt nun ab dem Tage seiner Einstellung ein Anfangsgehalt von 400 Reichsmark, das Gehalt erhöhte sich jährlich um fünf Prozent.[61] Bei Versetzung ins »Protektorat Böhmen und Mähren« konnte er sich, wie alle hauptamtlichen Politischen Leiter, über eine »Protektoratszulage« freuen, die zehn Prozent des Grundgehalts betrug.[62] Die Parteiarbeit im Warthegau wurde hauptberuflich Beschäftigten der NSDAP mit einer »Ostzulage« von bis zu 15 Prozent versüßt.[63]

In seinem Hoheitsgebiet war der Kreisleiter für die »weltanschauliche Erziehung und Ausrichtung der Politischen Leiter, der Parteigenossen sowie der Bevölkerung« verantwortlich. Dabei kam es auch vor, dass sich Kreisleiter direkt in die Gestaltung der Schulungsabende in ihrem Hoheitsgebiet einmischten.[64] In einem vom NSDAP-Kreisleiter des Kreises Segeberg im Einvernehmen mit dem Gauschulungsleiter verfassten

Schulungsplan für den Winter 1938/39 hieß es bezüglich der Schulungsabende auf Kreis- und Ortsgruppenebene:»Jede Versammlung muß
peinlich genau vorbereitet und durchgeführt werden, damit sie für jeden
Beteiligten zu einem Erlebnis wird.«

Zudem hatte der Kreisleiter den Auftrag,»öffentliche und nichtöffent-
liche Veranstaltungen und Handlungen« zu unterbinden, die den Zielen
der Partei zuwiderliefen.[65] Dieses Aufsichtsrecht schloss jedoch nicht die
Polizeigewalt ein.[66] In schwerwiegenden Fällen sollte sich der Kreisleiter
»an die zuständigen Dienststellen der Geheimen Staatspolizei« wenden,
um »eventuell notwendig werdende schärfere Maßnahmen« zu erwir-
ken.[67]

Der Betätigungsdrang der Kreisleiter nahm zuweilen groteske Züge
an. Am 10. August 1938 um 10 Uhr vormittags erhielt die Kreisleitung
Olpe (Sauerland) die Nachricht, dass in Meggen ein Kartoffelkäfer ent-
deckt worden sei. Kreisleiter Fischer wusste, was zu tun war; geistes-
gegenwärtig griff er zum Telefon und alarmierte die Gauleitung sowie
die Landesbauernschaft. Nur eine Stunde später erhielten sämtliche Ortsgruppenleiter fernmündlich die Anweisung, sofort »alle Vorbereitungen
für ortsgruppenweisen Großeinsatz der Partei« zu treffen und sofort
kleine Spähtrupps, bestehend aus örtlichen Parteigenossen, zusammen-
zustellen. Am Nachmittag desselben Tages traf der Kreisleiter mitsamt
seinem Stab, dem Landrat und dem Kreisbauernführer am Fundort
des Kartoffelkäfers ein, um weitere Maßnahmen zu beschließen. Man
verständigte sich darauf, den Kreispresseamtsleiter mit der »presse-
propagandistischen Vorbereitung des Großkampftages gegen den Kartoffelkäfer« zu beauftragen. Tags darauf wurde im Rahmen einer vom
Kreisleiter anberaumten »engeren Arbeitstagung« das genaue Vorgehen
erörtert. Das Ergebnis der Arbeitstagung, ein »3½ Schreibmaschinen-
seiten« umfassender »Feldzugsplan«, wurde mit Hilfe von Eilboten an
die Ortsgruppen des Kreises weitergeleitet.

Zur Mittagsstunde des nächsten Tages trat die NSDAP unter Beteiligung der Bevölkerung »ortsweise zum Großkampftag gegen den Kartoffelkäfer« an. Im Verlauf der Aktion der Ortsgruppen wurden neun
Kartoffelkäfer sowie 19 bereits verpuppte Larven eingesammelt, und
durch Vertreter der Partei bei der zuständigen Ortspolizei abgegeben.
Kreisleiter Fischer schwärmte von der reibungslosen Durchführung des
»Großkampftages gegen den Kartoffelkäfer«, der, unter der Führung der

Partei,»in seinem ganzen Verlauf zu einer Gemeinschaftsleistung ersten Ranges wurde«.

Allerdings musste der Kreisleiter beobachten, dass in einigen Ortsgruppen»bürgerlich und bessergestellte« Volksgenossen sich weniger enthusiastisch am Kampf gegen den Kartoffelkäfer beteiligten.[68] Das Gauorgan, die Westfälische Landeszeitung»Rote Erde«, rief am 16. August 1938 unter der Überschrift»Alarm im Kreise Olpe!« noch einmal zum Feldzug gegen den Kartoffelkäfer auf, der in einer»Entscheidungsschlacht« endgültig vernichtet werden sollte:»Neun Kartoffelkäfer bei Kickenbach und weitere Larven bei Meggen gefunden/Die Partei organisiert den Abwehrkampf/Einsatz auf der ganzen Linie/Wer sich ausschließt ist ein Verräter.«[69]

Jährliche»Kreistreffen« beziehungsweise»Kreistage« sollten unter dem Schlagwort»Fühlungnahme« das Zusammengehörigkeitsgefühl innerhalb der nach der»Machergreifung« rapide angewachsenen und unübersichtlich gewordenen Parteiorganisation verbessern. Die feierlich inszenierten Besuche des Gauleiters in den ihm unterstellten Parteikreisen wurden genutzt, um den Bekanntheitsgrad des Gauleiters bei der Bevölkerung zu erhöhen und dem jeweiligen Kreisleiter»die Richtlinien für die Zukunft auszugeben«. Den Abschluss bildeten Auf- und Vorbeimärsche an der Tribüne des Gauleiters, die demonstrieren sollten,»daß der Glaube und Geist der NSDAP allzeit lebendig« sei.[70]

Die Tradition dieser»Heerschau[en] der nationalsozialistischen Bewegung«[71] wurde bis Kriegsbeginn aufrechterhalten. Ab 1940 gab es»aus den verschiedensten Erwägungen« keine Kreistage mehr. Sie wurden im Gau Franken durch weniger aufwendige Appelle»der gesamten Politischen Leiter, Walter und Warte, Führer der Gliederungen und Amtsträger der betreuten Verbände eines Kreises« ersetzt.[72]

Die»allgemeine Lockerung der Mitgliedssperre« im Jahre 1937 stellte hohe Anforderungen an die Mitarbeiter der NSDAP-Kreisleitungen. Die bei den Ortsgruppen und Stützpunkten abgegebenen Aufnahmescheine wurden mitsamt einer Stellungnahme des Ortsgruppenleiters»unter Beifügung abweichender Stellungnahmen von zuständigen Unterführern der Gliederungen oder angeschlossenen Verbände« einem eigens gebildeten Prüfungsausschuss der Kreisleitung vorgelegt. Die Personalamtsleiter waren für die»politische Beurteilung« und die Parteirichter für die»moralische Beurteilung« zuständig. Die Organisationsleiter wurden zur

»Prüfung des Altersdurchschnitts und zur Vermeidung der einseitigen Bevorzugung eines Berufsstandes unter Berücksichtigung der Gesamtstruktur« herangezogen. Dieser Ausschuss bewertete in einer Sitzung »unter Zuziehung des Ortsgruppenleiters und von zwei alten, bewährten Parteigenossen der jeweiligen Ortsgruppe«, ob ein Beitrittswilliger die notwendigen Voraussetzungen zur Aufnahme in die Partei erfüllte. Stimmte der Kreisleiter dem »Aufnahmegesuch eines Volksgenossen« zu, so galt dieser als aufgenommen; das endgültig letzte Wort bei der Aufnahme von Neumitgliedern hatte allerdings der Gauleiter.[73]

Eine weitere Aufgabe des Kreisleiters bestand in der regelmäßigen Beurteilung seiner Untergebenen, wodurch den leitenden Stellen der Partei die Möglichkeit gegeben werden sollte, »ein klares Bild vom Charakter und der dauernden Arbeitsweise ihrer Politischen Leiter zu erhalten«. Die jährlich zu erstellenden Beurteilungen sollten eine »genaue, ausführliche Charakterisierung der unterstellten Politischen Leiter hinsichtlich besonders hervorstechender Eigenschaften wie: übertriebener Ehrgeiz, Geltungsbedürfnis, Neigung zu Stänkereien usw.« enthalten. Ferner hatte der Kreisleiter zu bewerten »ob der Politische Leiter organisatorisch, propagandistisch rednerisch begabt« und wie sein Verhältnis »zu den unterstellten Politischen Leitern« sei.[74] Auch Kreisleiter waren Objekte der Überwachung. Sie wurden nach denselben Kriterien von den Gauleitern beurteilt.

Mit der Ernennung Hitlers zum Reichskanzler hatte die NSDAP am 30. Januar 1933 einen bedeutenden Etappensieg errungen. Um allerdings eine komplette Machtübernahme zu realisieren, bemühten sich die Nationalsozialisten, möglichst alle Schlüsselstellungen im Staatsapparat mit Parteigenossen zu besetzen, vornehmlich mit solchen, deren »Zuverlässigkeit bereits im Kampf um die Macht erprobt war«.[75] Viele Funktionäre der NSDAP übernahmen nun zusätzlich zu ihren Parteiämtern Positionen im Staatapparat. So entstand eine Vielzahl von Personalunionen, die auch von Seiten der Partei durchaus begrüßt wurden. Die Personalunion erschien den Nationalsozialisten als probates Mittel zur Festigung ihrer Macht, da sie die zunächst erwünschte »Verklammerung« von NSDAP und Staat herstellte.

Ab Mitte der dreißiger Jahre war die NSDAP freilich um eine Rückdrängung der wild wuchernden Personalunionen bemüht. Nachdem die

Macht der Nationalsozialisten etabliert und unumstritten war, bestand kein Bedarf mehr, das Regime zusätzlich durch solche Personalunionen abzusichern. Besonders auf der mittleren und unteren Ebene der Parteihierarchie hatte sich die Verbindung von Partei- und Staatsstellen als wenig vorteilhaft erwiesen. Kreisleiter und Ortsgruppenleiter verfügten nicht über ausreichend große Mitarbeiterstäbe, um gleichzeitig Landrats-, Oberbürgermeister- oder Bürgermeisterämter zu schultern und ordnungsgemäß zu führen. Neben der hohen Arbeitsbelastung, die eine Personalunion mit sich brachte, konnte sie einen Parteifunktionär auch in Interessenkonflikte bringen.[76] Ein Kreisleiter sollte »für sein parteidienstliches Tun und Lassen allein seinem Gewissen und seinem Gauleiter verantwortlich sein«. War er aber gleichzeitig als Landrat oder Bürgermeister aktiv, unterstand er »der Befehlsgewalt oder Aufsichtsgewalt staatlicher Mittelbehörden«, woraus sich die Gefahr ergab, dass »diese Abhängigkeit auf seine Kreisleitertätigkeit abfärbt[e]«.[77] Die Reichsorganisationsleitung stellte 1935 fest, dass die Betätigung eines Parteigenossen »als Oberbürgermeister und gleichzeitiger Kreisleiter nicht immer als glücklich bezeichnet werden« konnte.[78] Was mitschwang, war die Angst vor der »Verbeamtung der Bewegung«.[79] Als Konsequenz verbot die NSDAP Personalunionen auf Ebene der Kreisleiter. Kreisleiter, die beispielsweise gleichzeitig Landräte waren, hatten sich bis zum 1. Oktober 1937 für eines der beiden Ämter zu entscheiden.[80]

Im Frühjahr 1945 häuften sich die Meldungen, denen zufolge im Osten des Reichs eingesetzte Kreisleiter, die mit der Leitung der Evakuierungsmaßnahmen beauftragt waren, angesichts der vorrückenden Roten Armee verfrüht die Flucht ergriffen. Im Warthegau beispielsweise nutzte der Kreisleiter von Mogilno seinen Informationsvorsprung gegenüber den einfachen Volksgenossen ausschließlich zur rechtzeitigen Evakuierung seiner selbst: »Am 20. 1. 45 erfolgte die Evakuierung der deutschen Bevölkerung in Abwesenheit des Kreisleiters. Ein großer Teil der deutschen Bevölkerung in der Stadt und auf dem Lande bei Mogilno ist von der Evakuierung nicht benachrichtigt worden […]. Die Erbitterung der Bevölkerung über diese Handlungsweise der Kreisleitung ist umso größer, weil anzunehmen ist, daß ein Teil der deutschen Bevölkerung hierdurch in Feindeshände gefallen ist.«[81]

Die Gauleiter

1925 wurden die Gaue der NSDAP im Rahmen des »Neuaufbaus der Bewegung« gegründet. Sie stellten jeweils den Zusammenschluss mehrer Ortsgruppen dar.[82] Im Oktober 1928 erfolgte eine Neueinteilung der Gaue der NSDAP entsprechend der Reichstagswahlkreise.

Die Gauleiter rekrutierten sich fast ausnahmslos aus dem Kreis der »Alten Kämpfer«, die bereits in der »Kampfphase« ihre Zuverlässigkeit erwiesen hatten. Unter diesen »lokalen Parteifürsten« dominierten zwei Typen. Die kaufmännischen Angestellten wie Albert Forster, Josef Grohé, Carl Röver und die ehemaligen Lehrer bzw. Hilfslehrer wie Franz Maierhofer oder Julius Streicher.[83] Robert Ley und Joseph Goebbels, die zu den wenigen Gauleitern mit einer abgeschlossenen akademischen Ausbildung zählten, legten, um dies zu unterstreichen, stets besonderen Wert darauf, mit Doktortitel angeredet zu werden.

Vor der Machtübernahme erschien den Gauleitern der NSDAP ein Abgeordnetenmandat die einfachste Möglichkeit zur Bestreitung des Lebensunterhalts. So bat im April 1932 der Fürstenzeller Kommerzienrat Ferdinand Erbersdobler den »Führer«, sich für seinen Sohn einzusetzen. Erbersdobler war empört über die Tatsache, dass Sohn Otto[84], trotz langjährigen Engagements für die NSDAP, zuletzt in der Rolle des Leiters des Gaues Niederbayern, nicht für die kommenden Wahlen zum Bayerischen Landtag aufgestellt worden war. Besonders schmerzten Erbersdobler senior die finanziellen Konsequenzen dieser Entscheidung der Partei. Während der Tätigkeit des Sohnes als Gauleiter sei er als Vater für Wohnungsmiete und Lebensunterhalt seines mittlerweile 36-jährigen Sohns aufgekommen und habe ihm sogar eine Art Gehalt gezahlt. Außerdem habe er bereitwillig für einen Kredit über fünftausend Reichsmark zur Einrichtung eines Gaubüros gebürgt; zudem seien des Öfteren Personen- und Lastwagen der väterlichen Firma für Aktionen der NSDAP zur Verfügung gestellt worden. Das an Hitler persönlich gerichtete Schreiben wurde in dessen Kanzlei von Martin Bormann abgefangen und zu »Herrn Straßer [dem damaligen Leiter der Parteiorganisation] mit der Bitte um ev. direkte Beantwortung« weitergeleitet.[85]

Mit der Machtübernahme der Nationalsozialisten veränderte sich die Funktion der Gauleiter. Die lokalen »Parteifürsten« der »Kampfzeit« mussten nun ihre Rolle im System des NS-Staates finden. Welche Bedeutung ein Gauleiter im Dritten Reich genoss, hing zunächst von den Ämtern ab, die er zusätzlich zu bekleiden imstande war. Gauleiter ohne staatliches Amt verfügten über geringere Gestaltungsmöglichkeiten. Ihre Macht beschränkte sich auf den ihnen unterstellten Teil des Parteiapparats, mit dessen Hilfe es nur möglich war, indirekten Einfluss auf die staatliche Verwaltung zu nehmen. Ein mächtiger Gauleiter war Joseph Goebbels, ab 1933 Reichspropagandaminister. Nach Einschätzung der Partei errang Goebbels seine größten Erfolge als Gauleiter von Berlin, als er »beim Kampf um die Hauptstadt« unter anderem durch den Einsatz der SA »systematisch und in Einzelstößen die Bewegung vorangetrieben« hatte.[86] Es ist fraglich ob es Gauleitern wie Goebbels, die durch ihre Arbeit im Staatsapparat ausgelastet waren, überhaupt noch möglich war, ihre Kernaufgaben, nämlich die »politische Ausrichtung« und Führung der Parteigenossen ihres Hoheitsgebiets, zu erfüllen.[87]

Durch alljährliche Treffen, genannt Gautage, sollte der Korpsgeist der im Gau tätigen Politischen Leiter, Hoheitsträger, Walter und Warte gestärkt werden. Franz Schwede-Coburg, Gauleiter von Pommern, beorderte 1938 die ihm unterstellten Parteifunktionäre zu einem dreitägigen Treffen nach Stettin (10.–12. Juni 1938), »um auf Arbeitstagungen die Richtlinien für die Zukunft zu empfangen«.[88] Schwede-Coburg nutzte das Treffen für ein »Friedensangebot«. Gegenüber den Vertretern der SA erklärte er feierlich, nun »endgültig einen Schlußstrich unter die Vorkommnisse vor vier Jahren« ziehen zu wollen, damit »der Weg frei [sei] für eine fruchtbare uneingeschränkte Zusammenarbeit aller Gliederungen der Bewegung«.[89] Mit den »Vorkommnissen vor vier Jahren« umschrieb er die Entmachtung des Gauleiters Wilhelm Karpenstein und die Ende Juni 1934 anläßlich des »Röhm-Putsches« erfolgte Erschießung des Chefs der pommerschen SA, Hans Peter von Heydebreck. Als neuer hitlertreuer Gauleiter in Stettin war damals eine der ersten Amtshandlungen Schwede-Coburgs, die umfassende Säuberung der pommerschen SA und der Parteiorganisation durchzuführen. Die »Gautage 1938« fanden ihren krönenden Abschluss mit einer Massenveranstaltung der pommerschen NSDAP. Unter Anwesenheit Hitlers und angeblich Hunderttausender von Schaulustigen marschierten knapp 50 000 Parteigenossen an der Ehrentribüne vorüber.[90]

Obwohl das Amt des Gauleiters eigentlich dem von den Nationalsozialisten propagierten starken Zentralstaat widersprach, galt es als unantastbar. Besonders Hitler begriff die Gauleiter als Stützen seiner Macht. Er vermittelte ihnen das »Bewußtsein der Immunität ihrer Person und Stellung gegenüber rivalisierenden Kräften des Staates und der Partei«.[91] Der Gauleiter sollte sich nach Ansicht der Organisationsleitung alle acht bis 14 Tage mit seinem Stab zu Führerbesprechungen treffen. Alle drei Monate stand die »Durchführung von kameradschaftlichen Zusammenkünften unter Zuziehung der Führungen, des RAD und NSFK auf dem Plan«, in deren Verlauf »Meinungsverschiedenheiten usw. in gegenseitiger kameradschaftlicher Aussprache bereinigt« werden konnten. Hinzu kamen monatliche Treffen mit den Führern von SA, SS, NSKK, HJ, NSFK und Reichsarbeitsdienst.[92] »Gauleiter sein, sieht sich von außen zuweilen leicht und schön an«, räumte 1934 der Autor einer nationalsozialistischen Propagandaschrift ein. »Wer hätte nicht schon einmal gedacht«, fuhr er fort, »so möchte ich es auch einmal haben! Autofahren, Besichtigungen, Besprechungen, Versammlungen abhalten usw., immer umjubelt, belagert von jung und alt«, um sofort aber klarzustellen, dass »solche Äußerlichkeiten […] nur ein kleinster Teil des großen Ganzen« darstellen würden.[93]

Ihre Arbeitsbelastung ließ den Gauleitern allerdings noch genügend Zeit und Energie für den Kampf um neue Herrschafts- und Einflusssphären im NS-Staat. Der Macht- und Kompetenzzuwachs der Gauleiter verlief freilich keineswegs linear. Er war von Wachstumsschüben, wie von Stagnation und Schrumpfungen gekennzeichnet. In Folge des »Zweiten Gesetzes zur Gleichschaltung der Länder mit dem Reich« vom 7. April 1933 wurden die Gauleiter der NSDAP, mit Ausnahme der Gauleiter in Preußen und Bayern, zu Reichsstatthaltern ernannt. Durch die Einsetzung der Reichsstatthalter, die »mit umfangreichen Gleichschaltungs- und Kontrollkompetenzen«[94] ausgestattet waren, gerieten die Länder in eine verstärkte verfassungspolitische Abhängigkeit vom Reichskanzler und Führer der NSDAP.[95] Nach Ende der als »Gleichschaltung der Länder« bezeichneten verfassungspolitischen Entwicklung, die mit dem »Gesetz über den Neuaufbau des Reiches« vom 30. Januar 1934 und dem ein Jahr später erlassenen »Zweiten Reichsstatthaltergesetz« ihre Vollendung gefunden hatte, wurden die Reichsstatthalter dem Reichsinnenministerium unterstellt und büßten den Großteil ihrer Sonderrechte wieder ein.[96]

Im Zuge der deutschen Kriegsvorbereitungen beauftragte man die preußischen Oberpräsidenten und die Gauleiter mit Reichsstatthaltertitel

Ende 1936 in ihren jeweiligen Hoheitsgebieten mit der Umsetzung des
»Vierjahresplanes«. Dabei verpflichteten sie auch staatliche Amtsträger
und Dienststellen zu Unterstützungsdiensten und weiteten so ihren Machtbereich erneut aus. Eine weitere Aufwertung erfuhr das Amt des Gauleiters zu Beginn des Krieges. Zur »Stärkung der Heimatfront« und um den
Grad der Kontrolle kriegswichtiger Bereiche durch die Partei noch weiter
zu erhöhen, wurde im September 1939 für jeden Wehrkreis des Reiches
ein Reichsverteidigungskommissar ernannt. Jedem Wehrkreisbefehls-
haber der Wehrmacht wurde somit ein mit Kontroll- und Überwachungs-
funktionen ausgestatteter Vertreter der Partei gegenübergestellt, wodurch
die »Befehlsgewalt an der inneren Front« im Grunde an die Partei über-
ging.[97] Die Reichsverteidigungskommissare wurden ausschließlich aus
den Reihen der Gauleiter rekrutiert. Damit sollte ein »innerer Zusammenbruch«, in dem die Nationalsozialisten die ausschließliche Ursache der
deutschen Niederlage von 1918 zu erkennen glaubten, vermieden werden.
Im November 1942 wurden alle Gauleiter zu Reichsverteidigungskommissaren ernannt und die Reichsverteidigungsbezirke den Grenzen der
Gaue angepasst. Wie weit die Kompetenzen eines Reichsverteidigungs-
kommissars im »organisierten Chaos des Führerstaates«[98] reichten, war
nicht unumstritten. Als »Bevollmächtigte für den Arbeitseinsatz« misch-
ten sich die Gauleiter unter anderem beim Einsatz von Zwangsarbeitern
ein. Karl Wahl, Leiter des Gaues Schwaben, befahl im Juli 1943 in seiner
Funktion als Reichsverteidigungskommissar eigenmächtig die Aufstellung einer vornehmlich aus Mitgliedern der Ortsgruppen bestehenden
»Heimatschutztruppe« zur Niederschlagung etwaiger Fremdarbeiterauf-
stände und rief damit prompt den Reichsführer SS auf den Plan. Himmler
reagierte äußerst allergisch und verbot postwendend die Rekrutierung einer »Heimatschutztruppe« in Schwaben, sah er doch die Machtposition
der SS durch die Gründung einer neuen paramilitärischen Organisation
der Partei gefährdet. Wahl zeigte sich wenig beeindruckt und trieb seine
Pläne zunächst weiter voran.[99]

Bei ihrem Einsatz an der Heimatfront fühlten sich die Gauleiter natürlich auch für die Stärkung der Moral der Parteimitglieder verantwortlich.
Bereits im Juli 1941, als Deutschland noch an allen Fronten zu siegen
schien, stellte die Gauleitung Sachsen fest, dass die Einberufung »einer
großen Zahl alter und bewährter führender Parteigenossen in den Ortsgruppen zur Wehrmacht« bei vielen, meist jungen Parteigenossen zu ei-

ner »Gleichgültigkeit und Gedankenlosigkeit« bezüglich der politischen Entwicklungen geführt habe. Um dieser Entwicklung entgegenzuwirken, sollte nun eine »planmäßige, gut vorbereitete, alle der Partei angehörenden Mitglieder erfassende Aufrüttelung« stattfinden. Gauleiter Martin Mutschmann ordnete das Abhalten spezieller Appelle in den Ortsgruppen Sachsens an, an denen alle Mitglieder der NSDAP, die Politischen Leiter, die Führer und Mitglieder der Gliederungen der NSDAP und sämtliche Walter und Warte der angeschlossenen Verbände der NSDAP teilzunehmen verpflichtet waren. In den Appellen, welche sich »grundsätzlich von den an die breite Masse der Volksgenossen gerichteten« Kundgebungen zu unterscheiden hatten, sollte vor allem den »Parteigenossen, die nach 1933 das Abzeichen nur des guten Tones wegen« trugen, deutlich gemacht werden, wie wichtig eine »soldatische innere und äußere Haltung in der Kriegszeit« sei.[100]

Die zehn seit 1938, nach dem Anschluss Österreichs, der Annexion des Sudetenlandes und dem Polenfeldzug, errichteten Reichsgaue unterschieden sich stark von den Gauen im alten Reichsgebiet. Die dortigen Reichstatthalter genossen weiterreichende Gestaltungsmöglichkeiten als die Gauleiter im »Altreich«, was ihnen ein beinahe autonomes Agieren ermöglichte.[101]

Konnte in den dreißiger Jahren noch kaum von einer territorialen Souveränität der Gauleiter die Rede sein, vergrößerten sich ihre Gestaltungs- und Handlungsspielräume nach Ausbruch des Krieges in beträchtlichem Maße. Ihre völlige Abhängigkeit von der Gunst Hitlers, dem sie aus nationalsozialistischem Selbstverständnis heraus zu unbedingter Loyalität verpflichtet waren, verhinderte jedoch, dass der Machtzuwachs dieser regionalen Parteifürsten zu einer Schwächung der Zentralgewalt des NS-Staates führte. Das durchaus heterogene Korps der Gauleiter stellte bis zuletzt einen Eckpfeiler der nationalsozialistischen Herrschaft dar.

Ingo Haar
Zur Sozialstruktur und Mitgliederentwicklung der NSDAP

Die Frage nach der Sozialstruktur und Mitgliederentwicklung der NSDAP steht immer wieder im Mittelpunkt der Forschung: Wie konnte eine Partei, die 1928 gerade einmal über 800 000 Anhänger verfügte, und die damit eine Splitterpartei war, innerhalb von drei Jahren so erfolgreich werden wie die Nationalsozialistische Deutsche Arbeiterpartei (NSDAP)? Bei den Reichstagswahlen von 1932 konnte sie 13 Millionen und 1933 sogar 17 Millionen Wähler für sich gewinnen. Bei der Reichstagswahl von 1928 hatte sie dagegen nur 2,6 Prozent der Stimmen erzielt.[1]

Die Massentheorie, inspiriert durch Le Bons Studie über die Psychologie der Massen, die sich in Elementen bei Hannah Arendt und Emil Lederer wiederfindet, rückte die von der nationalsozialistischen Bewegung geweckten irrationalen, antiintellektuellen und primitiv-triebhaften Ursprünge als Erfolgsmotoren des Aufstiegs der NSDAP in den Mittelpunkt ihrer Reflexionen. Demzufolge sei es der spezifisch deutsche Irrationalismus gewesen, der Hitler an die Macht brachte. Mit dieser Auffassung war eine Kritik an der Moderne verbunden: Die moderne Welt habe das Individuum aus seinen gemeinschaftlichen Ordnungen in die Massengesellschaft gerissen, während es sich nach der vormodernen Gemeinschaftsordnung zurückgesehnt habe. Außerdem habe der Kapitalismus die Krise der Moderne nur verschärft. Er habe die Wähler im Zuge der Niederlage Deutschlands im Ersten Weltkrieg, der folgenden Revolution von 1918/19, der Hyperinflation von 1922/23 und der Weltwirtschaftskrise 1929 den radikalen Parteien zugeführt.[2] Der Nationalsozialismus erscheint aus dieser Perspektive als eine Antwort auf die Moderne, und nicht, wie das heute inzwischen gesehen wird, als Projekt einer negativen beziehungsweise reaktionären Moderne.

Eine andere Theorie, die Mittelschichthypothese, macht für den Aufstieg Hitlers und seiner Partei nur eine soziale Gruppe aus: den Mittelstand. Theodor Geiger und Seymor Martin Lipset vertraten die Position, dass der Faschismus, im Deutschen Reich repräsentiert durch die Nationalsozialisten, als eine Reaktion auf die großen Krisen des ersten Drittels des 20. Jahrhunderts gesehen werden könne. Seine Massenbasis beruhte auf der unteren Mittelklasse. Der Faschismus habe den Einfluss von Gewerkschaften, Großindustrie und Konzernen zurückzudrängen versprochen. Dabei stützte sich die NS-Bewegung auf selbständige Handwerker, Geschäftsinhaber, kleine und mittlere Bauern sowie Angestellte. Diese Theorie verdichtete der Vordenker der Mittelstandsthese, Seymor Martin Lipset, in der Konklusion, dass die »Kleinbürger« durch die Krisen nicht nur erhebliche Verluste hinnehmen mussten; sie hätten als soziale Gruppe auch noch um ihren »Einfluss in der Gesellschaft« kämpfen müssen. Als Mittel, die Krise zu bewältigen, boten sich »Regionalismus, Rassismus, Supranationalismus, Antikosmopolitismus« und »Faschismus« an. Demzufolge profitierte die deutsche Variante des Faschismus, der Nationalsozialismus, auch vom Schwinden des Vertrauens gegenüber den etablierten Parteien im Zuge der Weltwirtschaftskrise von 1929.[3]

Ein dritter Theorieansatz erweitert die Mittelstandstheorie um den Aspekt der konfessionellen Lagerung der NSDAP-Wähler. Während die Arbeiter im sozialdemokratischen Milieu über einen sicheren Rückhalt verfügt und die Katholiken sich unbeirrt am Zentrum orientiert hätten, sei nur das protestantische Milieu anfällig für radikale Ideologien und Parteien von Rechts gewesen, wie sie Hitler und seine NS-Bewegung verkörperten. Diese These impliziert, dass NSDAP-Mitglieder und -Wähler sich in der Regel aus den protestantischen Milieus rekrutierten, zugleich aber auch dem unteren Mittelstand angehörten.[4]

Solche und ähnliche Theorien boten sich der Wahl- und Parteienforschung bis in die achtziger Jahre hinein an, um Mitgliederentwicklung, Wahlverhalten und Sozialstruktur der NS-Aktivisten und ihrer Sympathisanten zu deuten. Doch die empirisch geleitete Sozialforschung begann ab Mitte der achtziger Jahre, die Frage nach der Massenbasis und dem Wählerpotenzial der Nationalsozialisten mit den Methoden der historischen Wahl- und Parteienforschung systematisch, vor allem aber empirisch unterstützt zu entschlüsseln. Dabei wurden bislang keine der drei gängigen Theorien eindeutig bestätigt. Gleichwohl boten sich diese frühen Sondierungsversuche an, um verschiedene Hypothesen zu überprüfen und gegebenenfalls weiterzuentwickeln. Michael H. Kater und

Jürgen W. Falter, Dirk Hänisch und Gerhardt Botz stellten diese drei Theorien für das Deutsche Reich und Österreich erstmals systematisch in Frage oder nutzten sie als Anhaltspunkte für differenziertere Aussagen über die Entwicklung der Mitgliederstruktur, die soziale, regionale und konfessionelle Verortung der NSDAP-Wähler.[5] Alle drei stützen sich mehr oder weniger auf die NS-Mitgliederkartei aus dem ehemaligen Berlin Document Center (BDC) und einigen anderen regionalstatistischen Datengrundlagen.[6]

Mitgliederentwicklung und Wählerstruktur der NSDAP im Deutschen Reich in der historischen Wahl- und Parteienforschung

Offenbar waren im Deutschen Reich vor allem junge Männer für den Nationalsozialismus anfällig. Über 50 Prozent der NSDAP-Mitglieder aus der Zeit vor 1933 waren männlich und jünger als 30 Jahre. Das Durchschnittsalter der damaligen Nationalsozialisten betrug 28,8 Jahre. Überrepräsentiert waren die zwei Altersgruppen der 18–24- und der 25–39-Jährigen. Selbst als die NSDAP-Mitglieder nach den Wahlerfolgen ab 1932 immer älter wurden, lag das Durchschnittsalter noch immer unter 30 Jahren. Der Eintritt war mit 18 Jahren möglich, die überwiegende Zahl der NSDAP-Mitglieder war unverheiratet. Allerdings wich die Zahl der unverheirateten Männer nicht wesentlich von der allgemeinen Bevölkerungsentwicklung ab. Eingerechnet Geschiedener und Verwitweter ergab sich keine große Differenz zur Gesamtgesellschaft. Nach Berufsgruppen unterteilt, gehörten der NSDAP in ihrer Bewegungsphase vor 1933 zu 40 Prozent Arbeiter und zu 53 Prozent Angehörige der oberen, mittleren und unteren Mittelschicht an. Die restlichen 7 Prozent waren aufgrund fehlender Berufsangaben keiner Berufsgruppe zuzuordnen.

Die Rekrutierung der NSDAP war auf dem Land geringfügig erfolgreicher als in den Städten. Die Neuzugänge der Partei kamen zu 41 Prozent aus ländlichen Gemeinden mit weniger als 2000 Einwohnern. Im Verhältnis zur Gesamtbevölkerung machte diese Gruppe 36 Prozent aus. Die NSDAP hatte jedoch auch in den urbanen Zentren Erfolg, nur nicht vorwiegend. Der Anteil der Arbeiter in der NSDAP war mit 40 Prozent aller Neuzugänge zwischen 1925 und 1932 gegenüber den Eintritten aus den Mittelschichten deutlich höher. Es handelte sich dabei vorwiegend um Personen aus handwerklich und industriell geprägten Arbeitswelten. Auch die Verteilung der Partei-Angehörigen, die aus der Mittelschicht kamen, weist kein großes Ungleichgewicht zwischen den neuen (Angestellte im Dienstleistungssektor) und alten (Händler, Stadthandwerker, Bauern) Mittelschichten aus. Ferner waren die Angehörigen aus katholischen Milieus als mögliche Neumitglieder der NSDAP für den Zeitraum von 1925 bis 1933 deutlich weniger anfällig als aus protestantischen.[7]

Nachdem nun in Umrissen geklärt ist, wer vorzugsweise Mitglied werden konnte, stellt sich die Frage, wer durch diese Partei bei den richtungweisenden Wahlen angesprochen wurde. Wer machte diese Partei so groß, dass sie die Machtübertragung annehmen, sich auch politisch durchsetzen konnte? Sicher war die NSDAP bereits seit 1929 als Partei etabliert, doch erst mit den Wahlerfolgen zur Reichstagswahl im September 1930 war ihr Mitgliederstand stetig angewachsen. 4000 bis 5000 Neumitglieder traten bis 1928 der Partei jährlich bei. Doch schon ab 1929 stieg die Anzahl der Eintritte in einem Vierteljahr auf rund 10000 Personen an. Schließlich lag der Neuzugang an NSDAP-Mitgliedern für das erste Quartal von 1930, als die Partei bei der Reichstagswahl überraschend von früher nicht mehr als drei Prozent auf nunmehr 18 Prozent gekommen war, bei 35000 Neumitgliedern.[8]

Offenbar hatte die NSDAP von der Agitation der völkischen, deutschnationalen Radikalopposition der Weimarer Republik profitiert, nicht nur der SPD-Regierung in Preußen, sondern dem republikanischen Verfassungsstaat im Deutschen Reich als solchem den Kampf anzusagen. Schließlich war die NSDAP bei den Reichstagswahlen am 31. Juli 1932 mit 17,7 Millionen Stimmen (37,3 Prozent) und 230 Sitzen zur stärksten Partei geworden. Als es ihr in weiterer Folge nicht gelang, die Regierung zu übernehmen, geriet sie zwar in eine kurze Phase der Depression und des Abschwungs; politisch wurde sie aber immer bedeutender, weil sie sich den bürgerlichen Parteien der Präsidial- und Putschkabinette als Massenbasis für die Errichtung der Diktatur anbot. Schon die Reichstagswahlen vom 6. November 1932 brachten einen deutlichen Rückgang auf 11,7 Millionen Stimmen (33,1 Prozent) und 196 Sitze. Trotzdem blieb sie die stärkste Reichstagsfraktion.

Indessen ist der Aufstieg der NSDAP als Antwort des »kleinen Mannes« auf die Krisenerfahrung der Massenarbeitslosigkeit in der Weltwirtschaftskrise von 1929/30 gedeutet worden. Doch gibt es tatsächlich einen kausalen Nexus zwischen der Massenarbeitslosigkeit von 1930 und der Attraktivität der NSDAP für mittellose beziehungsweise arbeitslose Wähler? Neigten die Arbeitslosen der Weimarer Republik mehr zu radikalen Parteien als andere soziale Gruppen? Wer wählte in den Umbruchsjahren von 1929/30 die Nationalsozialisten als rechte und radikale Alternative zu den bürgerlichen oder sozialistischen Parteien? Zunächst einmal scheinen die Arbeitslosenzahlen im Zusammenhang mit dem Aufstieg der NSDAP für sich zu sprechen. Insgesamt war die Wahlbeteiligung in den Stadt- und Landkreisen umso höher, je größer die Arbeitslosigkeit war. Die Arbeitslosenquote lag bei der Wahl von 1928 bei sechs Prozent, die Wahlbeteiligung bei 75,6 Prozent; 1930 war das Verhältnis zwischen Arbeitslosenquote und Wahlbeteiligung 14,4 und 82 Prozent; 1932 wuchs die Arbeitslosenquote auf 30 Prozent, die Wahlbeteiligung auf 84 Prozent; im November 1933 fiel dagegen die Arbeitslosenquote auf 28,2, die Wahlbeteiligung auf 80,6 Prozent; im März 1933 weist die Arbeitslosenquote 34 Prozent, die Wahlbeteiligung dagegen 88,7 Prozent auf. Jedes Mal, wenn gewählt wurde, richtete sich die Wahlbeteiligung nach dem Ab- und Aufstieg der Arbeitslosenquote.[9]

Doch ebenso wie das Ergebnis überrascht, dass ein Großteil der NSDAP-Parteimitglieder dem Arbeitermilieu angehörte, ist als Ergebnis festzuhalten, dass Arbeitslose doch weniger anfällig für die NS-Propaganda waren als andere soziale Gruppen. Unter den gemeldeten Arbeitslosen lag der Anteil der Arbeiter bei 82 Prozent. Insgesamt kamen Arbeiter auf 74 Prozent unter allen abhängig Erwerbstätigen. Sowohl in Bezug auf die arbeitslosen Arbeiter als auch auf arbeitslose Angestellte bestanden Vorurteile in Hinblick auf die Bewertung ihrer vermeintlichen Nähe zur NSDAP. Erwerbslose Arbeiter wählten im Vergleich zu ihren erwerbstätigen Schichtzugehörigen in der Regel nicht die rechtsradikale Partei Adolf Hitlers, sondern die ebenso radikale Alternative: die Kommunistische Partei Deutschlands (KPD). Umgekehrt wandten sich die erwerbslosen Angestellten, auch hier wieder im Vergleich mit den erwerbstätigen Angestellten, nicht mehrheitlich der NSDAP zu. Lediglich zwischen der Zahl der Erwerbslosen unter den Arbeitern und der KPD-Wählerschaft besteht ein Zusammenhang. Tatsächlich reagierten NSDAP-Wähler auf ganz andere Parameter als auf die Erfahrung der Erwerbslosigkeit und der Abhängigkeit von den Sozialsystemen, die

die Armut rund um die Weltwirtschaftskrise nicht mehr zu bewältigen vermochten. Nur zwischen den Wahlerfolgen der NSDAP und der konfessionellen Wählerschaft bestand ein direkter Zusammenhang.

Die Forschungsgruppe unter Jürgen W. Falter kam – unter Berücksichtigung der Juli-Wahl von 1932 – zu dem Ergebnis, dass die Personen aus Regionen, die einen hohen Anteil an Protestanten aufwiesen, und dort, wo der Grad der Urbanisierung gering war, mehrheitlich für die NSDAP stimmten. In protestantischen Milieus erzielte die NSDAP 1932 doppelt so hohe Stimmenanteile (56,2 gegen 22,8 Prozent) als in katholisch dominierten Regionen. Dabei spielte die Erwerbslosigkeit für die Wähler in Hinblick auf ihre Option für die NSDAP so gut wie gar keine Rolle. Dieses Wahlverhalten blieb offenbar bis zu den Wahlen von 1933 bestehen. In den Regionen, wo der Anteil der Protestanten hoch und der Anteil der Erwerbslosigkeit eher geringer war, wurde eher Hitler gewählt. Die einzige Partei, die von der Arbeitslosigkeit profitierte, war die KPD.[10] Die NSDAP profitierte also nicht von den katholischen und/oder erwerbslosen Wählern, sondern von den protestantischen Wählern, die mit der allgemeinen Wirtschaftslage unzufrieden waren und die deshalb von den Regierungsparteien zur radikalen Rechtsopposition der NSDAP wechselten. Dabei erhielt die NSDAP nicht nur Stimmen von bisherigen Nichtwählern, sondern auch Stimmen von Wechselwählern, die zuvor die SPD oder die Deutschnationale Volkspartei (DNVP) gewählt hatten.[11] Offenbar ließen sich die Wähler der NSDAP von der sozial hoffnungslosen Situation in den Jahren der Depression anstecken. Sie waren jedoch selbst nicht von der Arbeitslosigkeit betroffen. Dies kann als Indiz dafür genommen werden, dass sowohl linkes wie rechtes und protestantisch geprägtes Wählerpotenzial die Sozialdemokratie und die Konservativen abstrafen wollten, weshalb sie zur radikalen Opposition, und damit in das Lager der Republikfeinde übergingen.[12]

Das quantitative Ausmaß der Wählerwanderung vom demokratisch-sozialistischen und konservativen Lager zur NSDAP für die Jahre von 1928 bis 1933 ergibt ein deutliches Ungleichgewicht zwischen den Größenordnungen der Parteiwechsler nach jeweiliger politischer Herkunft. Von den rund 17 Millionen Wählern, die für die NSDAP votierten, wechselten zu ihr aus dem sozialdemokratischen Lager rund 2,5 Millionen Wähler, aus dem bürgerlich-protestantischen Lager 7,4 Millionen und aus dem Lager der Nichtwähler 6 Millionen.[13] Indessen ist von der

NSDAP als der ersten Partei gesprochen worden, welche bereits vor 1933 die Schranken traditioneller Milieus (Arbeiterbewegung, Katholizismus, Protestantismus) überwunden hatte, weil sie Personen aus allen Berufsgruppen als Wähler vereinnahmen konnte. Dabei erzielte sie aber vor 1933 weniger Parteiübertritte oder Wähler aus der traditionellen Arbeiterbewegung und des Katholizismus, also des Zentrums.

Allerdings war die NSDAP in Hinblick auf die Berufsgruppenzugehörigkeit ihrer Wählerschaft unter den Angehörigen des neuen Mittelstandes und der Beamten weniger stark als unter dem alten Mittelstand und den Arbeitern. Ein gänzlich anderes Bild ergibt sich allerdings unter Einbeziehung neuerer Regionalanalysen für die Mitglieder- und Wählerstruktur Österreichs.

Mitglieder- und Wählerstruktur der österreichischen NS-Bewegung

Die Vorgängerpartei der NSDAP in Österreich war die Deutsche Arbeiterpartei (DAP). Sie nahm bereits in der Zeit der Habsburger Monarchie an den Wahlen teil und war zunächst nur in Böhmen und Mähren, also in der späteren Tschechoslowakischen Republik, und in der Steiermark aktiv.[14] In Graz und im Obersteirischen, wo sie in den Gemeinden westlich des Palten-/Liesingtales an der Reichstagswahl von 1911 teilnahm, erzielte sie bereits 5,4 Prozent der Stimmen. In der gesamten Habsburgermonarchie kam sie aber nur auf 0,59 Prozent. Das Potenzial, das die radikalnationalistischen Parteien auf sich vereinigen konnten, musste die DAP sich mit der deutsch-nationalen Deutsch-Freiheitlichen Partei teilen. Es lag bei rund einem Viertel der Wählerschaft.[15] Allerdings bekamen die Deutsch-Freiheitlichen in dieser Region mehr als doppelt so viele Wählerstimmen als später die Deutsche Nationalsozialistische Arbeiterpartei (DNSAP).

Nach dem Ersten Weltkrieg war es die DNSAP, die im Februar 1919 an den Wahlen zur Nationalversammlung teilnahm. Sie vereinte in Österreich zwar nur 0,78 Prozent der gültigen Stimmen auf sich, schnitt aber in der Obersteiermark mit 3,18 Prozent der Stimmen vergleichsweise gut ab. Ab 1920 konnte die DAP bereits einzelne Vertreter in die steirischen Gemeinderäte schleusen. Dies gelang zum Beispiel in den Industriegemeinden Mur-Mürz-Furch. In Bruck und Kapfenberg folgte die DNSAP den Sozialdemokraten als zweitstärkste Partei. Weitere Erfolge erzielte die DNSAP in den Gemeinderatswahlen von 1924 und 1928. In Graz zog die DNSAP mit einem Mandat in den Gemeinderat ein; in der Steiermark gewann sie 3,5 Prozent aller Stimmen (17 426), wobei die Obersteiermark mit 5,8 Prozent der Stimmen an der Spitze lag. Sie war hier also bereits etabliert, bevor die großen Erfolge ab 1932 im Deutschen Reich einsetzten. Allerdings erhielt sie in diesen Regionen Konkurrenz durch den deutsch-nationalen beziehungsweise faschistischen steirischen Heimatschutz.

1931 verfügte die Deutsche Nationalsozialistische Arbeiterpartei in der Obersteiermark über 18 Ortsgruppen; fünf weitere verteilten sich über die ganze Steiermark. 14 dieser Ortsgruppen lagen in Industrieregionen. Allein zur Landtagswahl in Vorarlberg am 6. November 1932 erreichte die NSDAP im Vergleich zu den Wahlen von 1926 die zehnfache Anzahl der Stimmen, schnitt aber im Vergleich zu Wien, Niederösterreich und Salzburg niedriger ab.

Die Milieus, aus denen die Wähler der Nationalsozialisten in der Steiermark kamen, waren zwar agrarisch geprägt, unterschieden sich aber von anderen solcher Regionen stark. Dort, wo große Agrarbetriebe vorhanden waren, wiesen die Mitglieder eine deutlich größere Affinität zu den Nationalsozialisten auf als in Milieus mit deutlich kleinbäuerlichem Charakter. Milieus mit bäuerlichen Betrieben, die über einen höheren Anteil an fremden Arbeitern verfügten, tendierten offenbar eher zur NSDAP als Bauern aus Kleinbetrieben. Offenbar war die Obersteiermark ein Hort der nationalsozialistischen beziehungsweise faschistischen Bewegung: Dort war es sogar einigen in reichsdeutscher Hand befindlichen Industriebetrieben gelungen, mit Hilfe der örtlichen Nationalsozialisten und dem Heimatschutz den Einfluss der Sozialdemokratie in den Betrieben zurückzudrängen. Interessant ist in diesem Zusammenhang die führende Rolle der Betriebsingenieure, die dem Mittelstand angehörten.

Schließlich fusionierten die Nationalsozialisten und die Heimatbewegung in der Obersteiermark im April 1934. Dadurch bekam die NS-Partei einen Zulauf von über 12 000 »Heimatschützern«. Obersteirische NS-Mitglieder und ehemalige Heimatschutz-Leute bildeten denn auch das Reservoir für den abgewehrten Juli-Putsch von 1934 in der Steiermark. Ehemalige Heimatschutz-Aktivisten verantworteten 1933 eine Vielzahl von Terroranschlägen. Wird nach den Trägern oder Aktivisten dieser militant völkisch-nationalistischen Bewegung gefragt, so verweist die aktuelle Forschung sehr stark auf ihre Zugehörigkeit zu den mittelständischen Milieus, womit kleinere Beamte (vornehmlich aus der Staatsbahn), aber auch Angestellte kleinerer und mittlerer Gewerbebetriebe gemeint sind. Es wird vermutet, dass die Milieuanfälligkeit für den Nationalsozialismus mit einer überdurchschnittlichen Anzahl von Protestanten unter den obersteirischen Stadt- und Landbewohnern im überwiegend katholischen Österreich zusammenhing, was aber nicht ausdrücklich belegt wird. Insgesamt machten die Protestanten in Österreich nämlich nur 4,4 Prozent der Gesamtbevölkerung aus.[16]

In Tirol und Vorarlberg hielten sich die NS-Aktivitäten im Gegensatz zur oberen Steiermark vor 1923/24 in Grenzen. Als sich die NS-Bewegung dort auch noch in zwei Gruppen aufteilte, von denen die eine Hitler folgte und die andere einem Außenseiter der Bewegung, galt sie den potenziellen Wählern als sektiererisch. Dieser »Sektencharakter« bestätigt die Zahl von »nur« 112 eingeschriebenen Mitgliedern für Tirol. Aufgrund der geringen Mitgliederzahl wurden die drei Gaue Salzburg, Tirol und Vorarlberg zu einem »Westgau« mit Sitz in Innsbruck vereint. 1928 wies die NS-Bewegung nur 180 Mitglieder auf, wobei die SA aus 300 Männern bestand. Doch bereits bis Anfang 1930 wuchs die NS-Bewegung auf 1372 Mitglieder an. Sie teilten sich wie folgt auf: 841 Parteigenossen in Salzburg, 348 in Tirol und 183 in Vorarlberg. In ganz Österreich gab es 1931 rund 15000 Parteigenossen. Von den drei Gebieten aus dem neuen Westgau erhielt bis Anfang 1932 nur Salzburg nennenswerte Zuwächse, während in Tirol und Vorarlberg die Mitgliederzahlen stagnierten. Indessen wurde der Kreis Salzburg aus dem Westverbund wieder herausgenommen und Tirol und Vorarlberg zu einem Gau gleichen Namens vereint. Allein in Innsbruck bestand die NS-Bewegung nun aus 1000 Mitgliedern. Die gleiche Anzahl verteilte sich in diesem Gau auf die Landesteile.

Ein starker Mitgliederzuwachs erfolgte mit der Machtübertragung auf Hitler im Deutschen Reich bis zum NSDAP-Verbot in Österreich am 19. Juni 1933. Innerhalb eines Jahres stieg der Mitgliederzuwachs in Österreich um das 1,5-Fache von 43000 auf 68400 an, der nun auch die ländlichen Regionen Vorarlbergs und Tirols erreichte. Nur knapp über fünf Prozent der NS-Mitglieder in Vorarlberg gehörten der NS-Partei vor

1930 an. Allein im ersten Halbjahr von 1932 waren der Partei 44 Prozent ihrer Mitglieder beigetreten. Ähnlich sieht es für Tirol aus, wo etwas über sechs Prozent vor 1930, aber fast 48 Prozent erst im ersten Halbjahr 1932 beigetreten waren. Das Mitgliederstandsverzeichnis der NSDAP für Vorarlberg und Tirol ermöglichte erste Hinweise auf die Sozialstruktur ihrer Mitglieder.

Aufgrund verschiedener Datensätze ergab sich folgende Sozialstruktur für die NS-Mitglieder. Das Durchschnittsalter der NS-Aktivisten lag in Österreich bei 33 Jahren, was in Tirol gleichauf lag, jedoch nicht in Vorarlberg: Hier betrug es 32 Jahre. 52 Prozent aller Mitglieder in Österreich waren jünger. Das traf auch auf Vorarlberg mit knapp 53 Prozent zu, jedoch nicht für Tirol mit über 54 Prozent. Somit spielt das Phänomen der »Jugendlichkeit« für die NS-Bewegung insbesondere für diese zwei Regionen eine ebenso starke Rolle wie im Deutschen Reich. Die Partei setzte sich in Österreich hauptsächlich aus Mitgliedern der Geburtsjahrgänge um 1900 zusammen.

Unterrepräsentiert blieb der Anteil der Frauen, der in Gesamtösterreich bei acht Prozent, in Vorarlberg aber nur bei zwei Prozent lag. Somit kommt den Frauen in Österreich bei der Unterstützung der Hitler-Bewegung keine besondere Bedeutung zu. Auch Akademiker fanden in einem nur ganz geringen Ausmaß ihre politische Heimat in der NSDAP. In Innsbruck, der Universitätsstadt und gleichzeitig dem Verwaltungszentrum Tirols, lag ihr Anteil unter den Gesamtmitgliedern bei gut über vier Prozent, in Vorarlberg bei einem Prozent, was bei der starken Orientierung der Akademiker an den Austrofaschismus nicht verwundern sollte.[17]

Insgesamt teilte sich die Mehrzahl der NS-Mitglieder (rund zwei Drittel) dieser Bezirke auf die Berufssparten Industrie und Gewerbe, Handel und Verkehr auf. Dabei übte die Mehrzahl der »Parteigenossen« der österreichischen NS-Bewegung freie Berufe aus, während die Sparten Land- und Forstwirtschaft, der über 47 Prozent der Wohnbevölkerung angehörten, deutlich unterrepräsentiert waren. Offenbar war die NSDAP im Gau Tirol-Vorarlberg für die Berufsgruppen der stark agrarisch strukturierten Region aus der Land- und Forstwirtschaft nicht attraktiv. Die Schichtenzugehörigkeit unter den NS-Mitgliedern ergibt einen Unterschichtenanteil von nahezu sechzig Prozent. Dabei fällt der Anteil an Parteimitgliedern aus der Oberschicht mit circa 7 Prozent für Tirol und vier

Prozent für Vorarlberg eher gering aus; zusammen mit der oberen Mittelschicht ergibt das 22 Prozent. Es überwogen also eindeutig die unteren Einkommensschichten.

Die Berufszugehörigkeit ergibt ein aufschlussreicheres Bild. Um 1932 überwogen unter den NS-Mitgliedern die Handwerker mit circa 27 Prozent, dicht gefolgt von den mittleren Angestellten und Beamten mit 13 Prozent, den unteren Angestellten und Beamten mit 12 Prozent. Die geringste Beteiligung an der NS-Bewegung – in der Reihenfolge der Nennung – ging von mittleren Unternehmern, ungelernten Arbeitern, der Oberschicht, den gehobenen Angestellten und Beamten sowie den Handwerksmeistern und Gastwirten aus. Allerdings ergibt die Position im Beruf ein abweichendes Bild. Somit rangierten unter den NS-Aktiven Gesellen und Meister an erster Stelle, gefolgt von Selbständigen, Arbeitern und Angestellten.

Nach der Phase intensiven NS-Terrors und nach dem niedergeschlagenen NS-Putsch von 1934 in Österreich flüchteten die Kader der Partei in das Deutsche Reich, weshalb die nun für illegal erklärte NS-Bewegung Österreichs bis zum »Anschluss« ohne Führung und damit auch weitgehend handlungsunfähig blieb.[18] Die NSDAP-Mitglieder Österreichs, die sich dort vor dem Parteiverbot von 1934 engagierten, waren beruflich als Verkehrsbedienstete, Handelsangestellte, Beamte und freiberufliche Akademiker tätig.[19] Dieses von Gerhard Botz bereits für Gesamtösterreich und Wien erstellte Ergebnis trifft somit im Wesentlichen auch auf die NS-»Parteigenossen« in Tirol und Vorarlberg zu. Allerdings ist dazu zu bemerken, dass der Anteil der Arbeiter unter den NSDAP-Mitgliedern in einigen Regionen Österreichs offenbar eine weit geringere Rolle spielte als im Deutschen Reich, wo es der NSDAP sehr wohl gelang, wenn auch nur in eher geringem Umfang, die Arbeiter zu gewinnen.

Mitglieder- und Wählerstruktur der NSDAP nach 1933 und die Rolle der Akademiker in Partei und NS-Staat

Dass es in Österreich einen vergleichbaren Aufstieg der NS-Bewegung gegeben hätte wie im Deutschen Reich ab 1933, wäre die Partei nach ihrem Putsch nicht verboten und die anstehenden Nationalratswahlen nicht ausgesetzt worden, wird in der einschlägigen Forschung angenommen. Ein Vergleich der Mitglieder- und Wählerstruktur bleibt indessen ein Desiderat. Nur ging Österreich in den Krisenjahren von 1933/34 den Weg der staatlichen Eigenständigkeit weiter, trotz des auch dort parteiübergreifend sehr populären »Großdeutschen Gedankens«. Auch scheint die faschistische Bewegung in Österreich auf sehr viel mehr differenzierteren Organisationen und bewaffneten Milizen beruht zu haben als im Deutschen Reich.

Bemerkenswert am Erfolg der NSDAP im Deutschen Reich von 1933 war jedenfalls, dass diese Partei nach der Wahl im März jenes Jahres auch sehr attraktiv für das gehobene Bürgertum und die bürgerlichen Funktionseliten wurde, obwohl diese vor der Machtübertragung nicht auf die NSDAP, sondern auf die DVP, die DNVP oder ihre Abspaltung, die Volkskonservative Vereinigung, gesetzt hatten, um die Weimarer Republik, und damit auch den Einfluss der demokratischen beziehungsweise sozialistischen Parteien zu untergraben. Tatsächlich veränderte sich sowohl das Alters- als auch das Berufsprofil der NSDAP nach der Märzwahl von 1933 deutlich zugunsten der Älteren und gehobener Berufsgruppen.

Der Begriff »Märzgefallene« bezeichnet diejenigen Personen, die unmittelbar nach jener Wahl aus Karrieregründen, Opportunismus oder Glücksrittertum der NSDAP beigetreten waren. Allerdings kam es nicht im März, sondern erst im Mai 1933 zu einer Eintrittswelle in die NSDAP. Um die »revolutionäre« Grundausrichtung der Partei nicht zu verlieren beziehungsweise beizubehalten, wurde ab April 1933 ein Aufnahmestopp verhängt. Offenbar waren von den circa 1,6 Millionen Parteimitgliedern, die die NSDAP 1933 zählte, 1,3 Millionen erst nach der Märzwahl eingetreten. Der Weg der NSDAP zur »Staatspartei« der ersten deutschen Diktatur ging dabei mit einer deutlichen Veränderung des Mitgliederprofils einher. Neben dem durchschnittlichen Alter der immer noch vorwiegend männlichen »Parteigenossen« erhöhte sich auch deutlich die Anzahl der Familienväter. Ferner sinkt der Anteil der Arbeiter von 40 Prozent aus der Zeit vor der Machtergreifung auf ein Drittel, während der Anteil der Angestellten und vor allem der Beamten von 20 auf 31 Prozent ansteigt. Obwohl die NSDAP sich als eine sozialrevolutionäre, in erster Linie aber rassistische, imperial expansive und antisemitische Partei begriff, erhöhte sich ihre Attraktivität ab 1933 auch für das gehobene Bürgertum.[20]

Aufgrund des soziologischen Umstands, dass Arbeiter sich tendenziell weniger aktiv in politischen Parteien engagieren, muss die Bedeutung der Akademiker als Mitglieder der NSDAP, aber insbesondere auch als Funktionselite im»NS-Doppelstaat« neu bewertet werden. Insbesondere für die akademisch graduierten Funktionseliten ergibt sich allein schon deshalb eine andere historische Bewertung als bisher, weil ihr Anteil und ihre Verantwortlichkeit an den NS-Verbrechen bislang heruntergespielt wurden. Nach Berechnungen von Jürgen W. Falter waren zwar 7,3 Prozent aller Beschäftigten, jedoch 20 Prozent aller Beamten und 30 Prozent aller Lehrer schon 1933/34 Parteimitglieder. Insofern lief die Mitgliederentwicklung der NSDAP deutlich und unumkehrbar auf ihre»Verbürgerlichung« hinaus. Diese Problematik ist bislang unterschätzt worden, obwohl die Öffnung der Partei im Jahre 1937 den Anteil der Beamten und Akademiker vermutlich noch einmal hochschnellen ließ.[21]

Grundsätzlich lässt sich die immer noch kursierende Annahme von einer ebenso grausamen wie stupid ungebildeten NS-Führung ebenso wenig aufrechterhalten wie die These vom geringen Mobilisierungsgrad von Akademikern in Bezug auf die Verwaltung und Legitimierung des NS-Staates. Im Bereich der Aktivitäten der kommunalen Behörden bei der»Arisierung« des jüdischen Vermögens, das zeigen jedenfalls die Arbeiten von Wolf Gruner und anderen[22], ist das von Hans Mommsen gezeichnete Bild zu modifizieren, der NS-Staat habe die kommunale Selbstverwaltung zerstört.[23] Es ist vielmehr davon auszugehen, dass diese, ähnlich wie die Verwaltung an Universitäten und außeruniversitären Forschungseinrichtungen, durch die bürgerlichen Eliten selbst nazifiziert und im Sinne des NS-Staates ausgerichtet wurde, auch wenn die Akteure dieses Prozesses der»Selbstnazifizierung« vor 1933 nicht nur NSDAP-Wähler oder Sympathisanten dieser Partei waren.

Andererseits sollte auch nicht übersehen werden, dass es den Nationalsozialisten gelang, neben den Akademikern auch die Arbeiterschaft für ihre»Lebensraum«-Pläne im Osten zu gewinnen und zu mobilisieren, denn auch diese soziale Gruppe versprach von der protektionistisch und rassistisch ausgerichteten Wirtschaftspolitik und Autarkieplanung zu profitieren.[24] Indessen darf der aktuellen Wahlforschung zugestimmt werden, wenn es um die Frage der NSDAP als»Volkspartei« geht, dass es vermutlich erstmals diese Partei war, die schichtenübergreifend gewählt wurde, und die damit erheblich dazu beitrug, traditionelle Milieus und Werthaltungen aufzulösen. Dass es dazu aber des wirtschaftlichen Zusammenbruchs des Deutschen Reiches, des Zweiten Weltkriegs und der Vernichtung der europäischen Juden bedurfte, wirft nicht nur ein grelles Licht auf die NSDAP als Partei, sondern auch auf deren Wählerschichten. Aufstieg und Fall der NSDAP und des NS-Staates sind damit auch als Projekt der Moderne und eines Teils der deutschen Gesellschaft anzusehen, auch wenn es ein durch und durch negatives Projekt war.

Juliane Wetzel
Die NSDAP zwischen Öffnung und Mitgliedersperre

Seit dem Erscheinen des »Internationalen Germanistenlexikons 1800–1950«[1] oder Nicolas Bergs Publikation über die Historikerzunft[2] und den daraus folgenden Diskussionen über die NSDAP-Mitgliedschaft bedeutender Vertreter der Zeitgeschichte, die auf dem Historikertag 1998 in Frankfurt am Main angestoßen wurden und teilweise zu heftigen Auseinandersetzungen führten,[3] stellt sich immer wieder die Frage nach den Rahmenbedingungen und dem Wahrheitsgehalt später NSDAP-Mitgliedschaften. In der Öffentlichkeit diskutiert werden Verstrickungen in den Nationalsozialismus insbesondere nach der publikumswirksamen Veröffentlichung der NSDAP-Mitgliedschaft vor allem jener Personen der 1920er Jahrgänge, die die Bundesrepublik intellektuell geprägt haben. Die meisten von ihnen waren Jahrgang 1925 bis 1928 und Mitglieder der Hitler-Jugend, die von den 1933 und 1942 verfügten Aufnahmesperren für neue NSDAP-Mitglieder nicht betroffen waren, weil sie für Angehörige der Jugendorganisationen der NSDAP nicht galten. Wer Jahrgang 1920 war, hätte frühestens 1938 Mitglied der NSDAP werden können, ein Jahr nachdem die seit 1933 geltende Mitgliedersperre gelockert worden war.

Die Lockerung der Mitgliedersperre

Die Flut von Neumitgliedern nach der Machtübernahme hatte die NSDAP-Führung dazu veranlasst, im April 1933 eine Aufnahmesperre zu erlassen, die aber nicht für Angehörige der NSDAP-Jugendverbände galt. Allerdings bedeutete dies, dass auch keine Mitgliedsbeiträge in die Parteikasse flossen. 1936 regte sich in den Gauen Unmut über diese Regelung, und es wurden Stimmen laut, die vorschlugen, den finanziellen

Problemen der Partei durch eine Lockerung der Mitgliedersperre entgegenzuwirken. Im Februar 1936 riet der Gauschatzmeister aus Pommern eine Lockerung zu überdenken, da die bisherigen Mitgliederbeiträge nicht ausreichten, um den Etat zu decken. Zudem gebe es Probleme, die Stellen der Politischen Leiter aus dem Kreis der Mitglieder der Partei neu zu besetzen. Bisher würde der Gau – gemessen an der Einwohnerzahl – nicht einmal drei Prozent Parteigenossen aufweisen. Die geringe Mitgliederzahl wirke sich besonders in einer Agrarprovinz wie Pommern infolge der weiten Entfernungen negativ aus.[4]

Erst ein Jahr später wurde diesem Wunsch schließlich entsprochen. Der für das Mitgliedswesen zuständige Reichsschatzmeister, Franz Xaver Schwarz, hatte mit der Anordnung 3/37 KV vom 26. Januar 1937 eine Lockerung der Mitgliedersperre verfügt, die zunächst nur für Aktivisten der alten Nationalsozialistischen Betriebszellenorganisation (NSBO) und der nationalsozialistischen Handwerks-, Handels- und Gewerbeorganisation (NS-Hago) galt, wenn sie noch Mitglieder der Deutschen Arbeitsfront (DAF) waren. SA-Angehörige, die in diese Kategorie fielen, hatten sich an den zuständigen Ortsobmann der DAF zu wenden, der das Weitere veranlasste. Als letzter Termin für den Aufnahmeantrag wurde der 28. Februar 1937 festgesetzt.[5] Dies war auch der Stichtag für die Altersgrenze. »Volksgenossen« konnten nur aufgenommen werden, wenn sie bis zu diesem Datum das 21. Lebensjahr vollendet hatten, für männliche Bewerber – sofern sie unter 25 Jahre alt waren – galt zudem die Maßgabe, die Wehrpflicht abgeleistet zu haben.[6] Obgleich Schwarz die Veröffentlichung der Lockerung der Mitgliedersperre in seiner Anordnung 3/37 am 23. Januar 1937 ausdrücklich untersagt hatte, erschienen im »Völkischen Beobachter« vom 25. April 1937 die »Bestimmungen für die Aufnahme in die NSDAP« mit dem Vermerk, dass am 1. Mai eine Lockerung der Mitgliedersperre der NSDAP in Kraft trete.[7]

Im Laufe der nächsten Monate zeichneten sich Probleme mit dem Nachweis der absolvierten Wehrpflicht ab. Der Oberste Parteirichter Walter Buch schlug daher vor, die Aufnahmebedingungen dahingehend abzuändern, dass aufgrund der »vorübergehenden technischen Schwierigkeiten für die Militärdienststellen« auf den Nachweis der Wehrpflicht vorübergehend verzichtet werden sollte.[8] Buch reagierte damit auf Beschwerden und die Verzögerungen beim Aufnahmeverfahren für die sich »erfreulicherweise in großer Anzahl zur Partei meldenden jungen

Volksgenossen«, wie ein Mitarbeiter des Reichsschatzmeisteramtes mitteilte.[9]

Bereits am 20. April 1937 war mit der Anordnung 18/37 vom Reichsschatzmeister eine weitere Lockerung der Mitgliedersperre »für diejenigen Volksgenossen verfügt worden, die durch ihre nationalsozialistische Haltung und Betätigung in den Jahren seit der Machtübernahme des Führers sich eine Anwartschaft auf Aufnahme in die NSDAP erworben haben«.[10] Betont wurde, dass kein Volksgenosse Rechtsanspruch auf eine Mitgliedschaft habe, auch dann nicht, wenn er nach der Anordnung 18/37 eine Anwartschaft auf Aufnahme in die NSDAP erworben hatte: »Bei der Aufnahme von Volksgenossen in die NSDAP muß oberster Leitsatz aller mit der Aufnahme befaßten Dienststellen der Partei sein, daß der Führer in der Partei eine verschworene Gemeinschaft politischen Kämpfertums gestaltet wissen will. In die NSDAP sollen nach dem Ausspruch des Führers nur die besten Nationalsozialisten als Mitglieder aufgenommen werden.«[11] Schließlich wurde explizit darauf hingewiesen, dass die Freiwilligkeit eines solchen Aufnahmebegehrens als »eines der wertvollsten und wesentlichsten Merkmale der Bewegung, [...] voll aufrechterhalten werden« muss.[12]

Mit gleichem Wortlaut hatte Rudolf Heß in seiner Anordnung 24/37 vom 9. Februar 1937 den Grundsatz der Freiwilligkeit des Beitritts als unabdingbar betont und die Bevorzugung all jener Volksgenossen, »die bereits in den letzten Jahren durch aktiven Einsatz ihren Willen zur Mitarbeit in der Bewegung zu erkennen gegeben haben«. Er wies ferner darauf hin, dass von der Aufnahme »von Angehörigen des Geistlichen-Standes in die Partei abzusehen« sei.[13] Die Ausführungsbestimmungen zur Anordnung 34/39 vom 31. Juli 1939 nahmen darauf erneut Bezug und wurden dahingehend erweitert, dass Aufnahmeanträge, so Heß, abzulehnen seien, wenn der Ehegatte des Antragstellers »nicht frei von jüdischem oder farbigen [sic] Rasseeinschlag ist« und auch dann, »wenn der Antragsteller einer Freimaurerloge oder logenähnlichen Vereinigung« angehöre.[14] Hingegen nicht abgelehnt werden dürften Personen aufgrund ihres Standes und ihrer Stellung. Die Partei müsse führenden Männern des Staates und der Wirtschaft ebenso offenstehen wie dem Handarbeiter, dem Bauern und schließlich auch »der deutschen Frau«.[15]

Trotz der nach wie vor bestehenden Reglementierungen erlebte die NSDAP nach der Lockerung der Mitgliedersperre 1937 und der Einführung der »Parteianwärterschaft« die größte Eintrittswelle ihrer Geschichte. Von Juni bis Dezember 1937 betrug die Zahl der Parteieintritte 783 466, von Dezember 1937 bis Juni 1938 stieg die Zahl der Aufnahmen mit 1 336 702 Neumitgliedern noch einmal erheblich an, wobei mit 102 949 Personen der höchste Zugang im Gau Sachsen zu verzeichnen war. Es folgten die Kurmark mit 84 818 und Thüringen mit 84 107 Neuzugängen.[16] Allerdings waren viele dieser Beitrittsgesuche aus eigennützigen Gründen erfolgt; überzeugte Nationalsozialisten waren eher in der Minderheit. Die Antragsteller wollten sich vor persönlichen Nachteilen schützen, die sie glaubten erleiden zu müssen, wenn sie nicht dem Druck von außen nachgaben und der Partei beitraten. Intention der Parteiführung hingegen war es, die Kassen zu füllen und Neumitglieder aus der Arbeiterschaft und insbesondere der Jugend zu gewinnen. Zudem hatte Hitler bereits am 30. Januar 1937 veranlasst, dass Kabinettsmitglieder, die bisher noch nicht Parteimitglied waren, dies nun wurden. Im »Völkischen Beobachter« vom 1. Februar 1937 lautete die Meldung: »Mit Rücksicht darauf, daß demnächst die Mitgliedersperre für die Partei aufgehoben werden soll, vollzog der Führer als erste Maßnahme in dieser Hinsicht persönlich den Eintritt der Kabinettsmitglieder in die Partei, die ihr bisher noch nicht angehörten und überreichte ihnen gleichzeitig das Goldene Parteiabzeichen, das höchste Ehrenzeichen der Partei.«[17]

Nur einer widersetzte sich dieser pauschalen Rekrutierung, die der Freiwilligkeit widersprach. Der damalige Post- und Verkehrsminister Peter Paul Freiherr von Eltz-Rübenach schrieb am 30. Januar 1937 an Hitler, seine Treue zum Christentum wäre nicht in Einklang zu bringen mit den »sich ständig verschärfenden Angriffen von Parteistellen gegen die christlichen Konfessionen und diejenigen, die ihren religiösen Überzeugungen treu bleiben wollen«. Sein Gewissen verbiete ihm deshalb, dem Anerbieten, ihn in die Partei aufzunehmen, nachzukommen.[18]

Mit der Anordnung 18/37 wurde gleichzeitig der Status des »Parteianwärters« geschaffen: Ihm oblagen alle Pflichten des Parteigenossen, insbesondere die Melde- und Beitragspflicht, allerdings konnte er nicht alle Rechte eines ordentlichen NSDAP-Mitglieds beanspruchen. Die Anwärterschaft endete mit der Ausgabe der Mitgliedskarte, was innerhalb von drei Monaten erfolgen sollte.[19] Die Aufnahme für die Parteianwärter wurde ohne Berücksichtigung des Antragsdatums einheitlich auf den 1. Mai 1937 festgelegt. Erst als die Mitgliedersperre mit der Anordnung des Reichsschatzmeisters 34/39 vom 10. Mai 1939 rückwirkend zum 1. Mai 1939 vollständig aufgehoben wurde, war die Übergangsregelung der »Parteianwärterschaft« obsolet. Demnach gab es Parteianwärter nur im Zeitraum vom 1. Mai 1937 bis 1. Mai 1939.[20]

Bereits nach Lockerung der Aufnahmesperre zeichnete sich schnell ab, dass die Antragsflut das Personal im Reichschatzmeisteramt überforderte; Reichsschatzmeister Schwarz zog die Notbremse und führte Fristen ein, nach denen sein Amt keine Neuanträge mehr annehmen durfte. So gab er etwa nach mehreren vorausgehenden Sperrfristen Weisung, dass ab 1. Juni 1938 »die Anträge, die dann noch bei der Reichsleitung eingelaufen sind, an die Gaue zurückzugeben sind; ich sah mich zu dieser Maßnahme veranlaßt, da bei weiterer Zulassung von Anträgen die reibungslose Durchführung und der vom Stellvertreter des Führers gewünschte Abschluß der Aufnahmen gemäß Anordnung 18/37 gefährdet waren«.[21]

Stabsleiter Martin Bormann im Büro des Stellvertreters des Führers schrieb am 18. März 1937 an Reichsschatzmeister Schwarz: »Wir sind uns darüber klar, daß eine außerordentliche lange Zeit verstreichen wird, bis die vier Millionen, die nun in die Partei aufgenommen werden sollen, tatsächlich als Mitglieder gelten. Das bedeutet einmal, daß die ersten dieser vier Millionen jetzt, also im März 1937, aufgenommen werden und die letzten vielleicht zu Ende des Jahres 1939, obwohl die ersten wie die letzten an sich sich gleichzeitig um Aufnahme in die Partei beworben haben. So, wie die Dinge liegen, spielt nun das Aufnahmedatum eine sehr wesentliche Rolle; schon heute bedeutet es einen ganz wesentlichen Unterschied, ob jemand im März oder im Mai 1933 eingetreten ist.«[22]

Bormanns Einschätzung, nach der Ende 1939 die Aufnahme derjenigen abgeschlossen sein würde, die entsprechend der Lockerung der Mitgliedersperre als Neumitglieder aufgenommen werden sollten, traf in etwa zu. Trotz der wegen Arbeitsüberlastung erneut am 15. Mai 1939 verhängten Sperrfrist, die zunächst bis Ende August und dann nach Verlängerung bis 1. Oktober andauerte, konnte die Aufnahmeaktion nach der Anordnung 18/37 des Reichsschatzmeisters vom 20. April 1937 im Jahr 1940 »restlos abgeschlossen« werden.[23]

Bis Januar 1940 waren 153 000 Aktivisten der NSBO und der NS-Hago (Anordnung 3/37) rückwirkend zum Aufnahmetag 1. März 1937 aufgenommen worden. Die Lockerung der Mitgliedersperre im April

1937 (Anordnung 18/37) für Volksgenossen, die sich durch ihre nationalsozialistische Haltung eine Anwartschaft auf Aufnahme in die NSDAP
erworben hatten, führte bis zum Januar 1940 zu einer Neuaufnahme von
2 120 000 Mitgliedern. Bis zum Januar 1940 waren außerdem 43 000 Angehörige der Hitler-Jugend und des BDM rückwirkend zum 1. September
1937 Mitglieder der Partei geworden, entsprechend der Anordnung 63/37
vom 2. Oktober 1937, nach der Angehörige der HJ und des BDM aufgenommen werden konnten, wenn sie vor dem 1. September des Jahres
der Aufnahme vier Jahre lang der HJ beziehungsweise dem BDM angehört hatten. Aufgrund der Anordnung 18/37 wurden zum 1. September
1938 97 000 HJ- beziehungsweise BDM-Angehörige aufgenommen und
schließlich 1938 noch einmal 56 000 Neumitglieder »nachgereicht«.[24]
Insgesamt konnte die Partei für das Jahr 1940 130 376 Neumitglieder aus
der Hitler-Jugend und dem BDM vermelden. 426 756 Aufnahmen erfolgten entsprechend der Anordnung 34/39, die nach Verfügung des Führers
den Grundsatz enthielt, dass in jedem Gau das Verhältnis von Partei-Mit-
gliedern zu der Zahl der »Volksgenossen« insgesamt 10 Prozent betragen
sollte.[25]

Die Aufhebung der Mitgliedersperre 1939

Das Amt für Mitgliedschaftswesen (damals noch dem Rechtsamt des
Reichsschatzmeisters unterstellt) stellte in seinem Jahresbericht für das
Jahr 1939 fest: Mit der Aufhebung der Mitgliedersperre fiel die »Festlegung auf bestimmte Gruppen von Volksgenossen, aus denen die neu
aufzunehmenden Parteigenossen ausgewählt werden sollten« weg.
Dennoch habe sich die Aufhebung der Mitgliedersperre nicht »voll aus-
gewirkt«. Aufgrund dieser Regelung seien nur 62 460 Aufnahmen durchgeführt worden. Weit mehr Anträge hätten sich aufgrund der Anordnung
78/38 ergeben, die am 1. Dezember 1938 erlassen worden sei, um die
»Aufnahme von sudetendeutschen Volksgenossen in die NSDAP« zu
regeln: »Insgesamt sind im Berichtjahr nach dieser Anordnung 479 260
Aufnahmen getätigt worden.« Die Bestimmungen über die Aufnahme
von ehemaligen Volksdeutschen in die NSDAP aus dem Protektorat Böhmen und Mähren, die mit der Anordnung 26/39 geregelt worden sei, habe
zu 44 020 Aufnahmen aus dieser Gruppe geführt. Darüber hinaus seien

10 727 memeldeutsche »Volksgenossen« aufgenommen und 171 484 Parteigenossen aus der Ostmark erfasst worden. Insgesamt wurden in der Aufnahme-Abteilung im Berichtsjahr 975 335 Mitgliedskarten erstellt, »d. h. die gleiche Anzahl von Volksgenossen wurde zur Aufnahme in der Reichskartei vorgemerkt«. Insgesamt wurden 1939 231 567 Mitgliedsbücher von der Aufnahme-Abteilung ausgefertigt.[26]

Obwohl auch weiterhin die Freiwilligkeit eines Beitritts oberstes Gebot war, zeigt das Studium der zeitgenössischen Quellen, dass sich die örtlichen Stellen zunehmend unter Druck gesetzt fühlten, den Vorgaben Hitlers zu genügen, nach denen 10 Prozent der Bevölkerung Mitglieder der NSDAP sein sollten. So verlangte der Chef des SS-Rasse- und Siedlungs-Hauptamtes in einem Stabsbefehl am 1. November 1939 von den Mitarbeitern seines Amtes die NSDAP-Mitgliedschaft. Bei Nichtbeachtung drohte der Rauswurf: »Gemäß Anordnung des Reichsschatzmeisters vom 10. 5. 1939 ist die Mitgliedersperre der NSDAP aufgehoben worden. Jeder RuS-Angehörige, der noch nicht Mitglied der NSDAP ist, insbesondere auch diejenigen, deren Aufnahme in die Partei aus irgendwelchen Gründen bei der Lockerung der Mitgliedersperre im Jahre 1937 nicht durchgeführt worden ist,[27] werden darauf hingewiesen, daß sie sich umgehend mit der für sie zuständigen Ortsgruppe der Partei zwecks Aufnahme in Verbindung zu setzen haben. [...] Es wird bei dieser Gelegenheit noch besonders auf den Befehl des Reichsführers-SS aufmerksam gemacht, nach dem SS-Angehörige, die aus Interesselosigkeit versäumen, einen Aufnahmeantrag zu stellen oder angeben, nicht zur Zahlung des Parteibeitrages in der Lage zu sein, nicht länger in der Schutzstaffel verbleiben können.«[28]

Der Gauobmann der »Gauwaltung München-Oberbayern« der Deutschen Arbeitsfront ließ in seinem Schreiben an die Kreisverwaltung Berchtesgaden vom 27. Januar 1941 keinen Zweifel aufkommen: »Im Vollzug der Anordnung des Gauleiters weise ich Sie an, dafür zu sorgen, daß alle in Frage kommenden Mitarbeiter und Mitarbeiterinnen und darüber hinaus all jene Volksgenossen und Volksgenossinnen, die sich entweder als Soldaten oder als Helfer und Helferinnen irgendwo in der Heimat besonders eingesetzt haben, zum Eintritt in die Partei aufgefordert werden. Für jeden Mitarbeiter und jede Mitarbeiterin an besonders verantwortlicher Stelle, vor allem auch für unsere Betriebsobmänner und deren wichtigste Mitarbeiter einschließlich [sic] der Zellenobmänner, betrachte ich die Zugehörigkeit zur Partei als eine selbstverständliche Pflicht, die gern und freudig erfüllt wird. Es muss der Stolz und der Ehrgeiz eines jeden von ihnen sein, der NSDAP als Mitglied angehören zu können. Ich bitte Sie, Ihre Orts- und Betriebsobmänner bei nächster Gelegenheit im Sinne meines heutigen Schreibens persönlich von der jetzt wieder gegebenen Möglichkeit, in die Partei aufgenommen zu werden, zu unterrichten. Auf Grund einer besonderen Anordnung des Gauleiters ist von schriftlichen Anweisungen Abstand zu nehmen.«[29]

Schriftlich sollte also nicht festgehalten werden, dass sehr wohl ein Druck, eine »selbstverständliche Pflicht« bestand, in die Partei einzutreten. Solche Anweisungen, die vermutlich bis zur unteren Ebene durchgereicht wurden, konnten durchaus dazu führen, dass HJ-Führer Gruppenlisten für Parteibeitritte einreichten. Die eigenhändige Unterschrift war aber unerlässlich. Die Quellen lassen vermuten, dass die strikte Einhaltung dieses Verfahrensweges bis zum Ende des Krieges durchgehalten wurde.

In den entsprechenden Akten des Bundesarchivs finden sich mehrere Hinweise, dass Anträge wegen fehlender Unterschrift an den Antragsteller zurückgesandt wurden. Auszuschließen ist es sicherlich dennoch nicht, dass in Einzelfällen von dem durch den Reichschatzmeister angeordneten strengen Verfahren abgewichen wurde. Der Name von Hans-Dietrich Genscher etwa taucht zwar auf einer Sammelliste des Jahres 1945 auf, fehlt aber in der Mitgliedskartei der NSDAP.[30] Der ehemalige Außenminister und FDP-Vorsitzende betonte 1994, er sei ohne sein Wissen auf die Liste geraten. Genscher, im März 1927 geboren, wurde vorgeworfen, 1945 Mitglied der NSDAP geworden zu sein. Hierbei ist es durchaus plausibel, dass sein Name zwar auf der Sammelliste stand, aber kein eigentlicher Parteieintritt mehr erfolgte, da Reichsschatzmeister Schwarz in seiner Anordnung vom Januar 1945 verfügte: »Zur Durchführung meiner Anordnung 24/44 vom 30. September 1944, mit welcher ich in Verfolg des Erlasses des Führers über den totalen Kriegseinsatz vom 25. Juli 1944 die vollständige Einstellung der Aufnahme von Volksgenossen in die NSDAP – mit alleiniger Ausnahme von Kriegsversehrten – verfügt habe, bestimme ich: Aufnahmeanträge aller Art – mit alleiniger Ausnahme der Aufnahmeanträge von Kriegsversehrten – dürfen nach dem 31. Oktober 1944 nicht mehr vorgelegt werden. Aufnahmeanträge, die nach dem Zeitpunkt bei der Reichsleitung eingehen, werden dem Gauschatzmeister unbearbeitet zurückgesandt. Anträge auf Bewilligung von Ausnahmen können somit nach diesem Zeitpunkt nicht mehr berücksichtigt werden. Der mit der Aufnahmesperre verfolgte Zweck kann nur erreicht werden, wenn sie radikal und kompromißlos durchgeführt wird. Der Führer selbst hat wiederholt gewünscht, daß die Aufnahmesperre strengstens eingehalten werde.«[31]

Bis zu dieser endgültigen Aufnahmesperre gab es jedoch durchaus in Kreisen der NSDAP-Führung Unmut über das Verhalten in einzelnen Gauen, deren Führer überengagiert Parteimitglieder warben und dabei möglicherweise auch nicht immer die Verfahrensregeln einhielten. Im Mai 1943 versuchte der Leiter der Partei-Kanzlei Bormann ein allzu starkes Vorpreschen des thüringischen Gauleiters Sauckel einzudämmen: »Der Führer hat in früheren Jahren wiederholt betont, die NSDAP solle nicht mehr als 10 % der erwachsenen Deutschen erfassen. Der vom Führer genannte Prozentsatz stellt also die obere Grenze dar, die in den meisten Gauen nicht erreicht wurde. Wir müssen sogar nach dem Kriege zu einer sehr genauen Siebung der Parteigenossenschaft kommen, denn inzwischen hat sich herausgestellt, daß viele Volksgenossen übereilt in die Partei aufgenommen wurden: Es gibt sehr viele Leute, die lediglich ihres eigenen Nutzens wegen Aufnahme in die NSDAP erstrebten; nach erfolgter Aufnahme fanden sie sich zu keinerlei Einsatz bereit. Im Laufe des Krieges hat der Führer dann mehrfach betont, die NSDAP dürfe sich nur noch aus den Reihen der Jugend und den Reihen der Soldaten ergänzen; andere Volksgenossen sollen nicht mehr aufgenommen werden.«[32]

Aufnahmesperre für die Dauer des Krieges

Alle »Volksgenossen«, die deutsche Staatsangehörige waren, einen guten Leumund und das 21. Lebensjahr vollendet hatten, konnten der Partei nur vom 1. Mai 1939 bis 2. Februar 1942 beitreten, dann erfolgte erneut eine Aufnahmesperre. »Im Einvernehmen mit der Parteikanzlei hat der Reichschatzmeister am 2. Februar 1942 für die Dauer des Krieges eine totale Mitgliedersperre verfügt, sodaß Aufnahmeanträge in dieser Zeit nicht entgegengenommen werden können. Ausgenommen hiervon sind nur HJ-Überweisungen in die NSDAP.«[33] Bereits 1940 und 1941 hatte sich mit mehrfach verhängten Sperrfristen für die Vorlage neuer Anträge abgezeichnet, dass das Mitgliedschaftsamt beim Reichschatzmeister mit der Flut der Anträge gänzlich überfordert war, insbesondere, weil durch den Kriegseinsatz der Personalbestand trotz Neueinstellungen immer wieder auf eine Zahl zusammenschrumpfte, die die Arbeit nicht bewältigen konnte. So blieben etwa die am 29. November 1941 bei den Gauen liegenden 240 102 Anträge liegen und konnten bis Ende 1941 von den Gauleitungen und Ortsgruppen nicht mehr angefordert werden.[34]

Nicht zuletzt deshalb wurde die Aufnahmesperre nachträglich noch verschärft. Die entsprechende Anordnung 3/42 ist nicht überliefert. Deshalb könne man, so Hans Buchheim, keine verbindlichen Aussagen über die Bestimmungen der Aufnahmesperre machen, sie sei aber sicherlich nicht so absolut gewesen wie jene von 1933 bis 1939, die aufgrund einer Anordnung Hitlers erfolgt war und nicht wie jene von 1942, die der Reichsschatzmeister verfügt hatte. Buchheim vermutet, sie habe keine politischen Gründe gehabt, sondern hätte möglicherweise nur der Entlastung der Parteiverwaltung während des Krieges gedient.[35] Die regelmäßig erfolgten Hinweise in den Jahresberichten des Reichsschatzmeisters seit 1939 auf Personalmangel und Arbeitsüberlastung aufgrund der zum Kriegsdienst eingezogenen Mitarbeiter unterstützen diese Vermutung.

Am 12. Februar 1943 versandte Reichsschatzmeister Schwarz an die Gauschatzmeister nur zur persönlichen Kenntnisnahme eine geheime Bekanntmachung folgenden Inhalts: »Der Führer hat befohlen, in Zukunft grundsätzlich nur noch Angehörige der Hitler-Jugend bei Vollendung des 18. Lebensjahres in die Partei aufzunehmen. Die Grundsätze für die zukünftige Regelung der Neuaufnahme sind in der umseitig abgedruckten Führer-Verfügung V 25/42 vom 14. Juli 1942[36] niedergelegt, die erst nach dem Krieg veröffentlicht werden soll. Ich bitte die Gauschatzmeister, von dem Inhalt der Verfügung persönlich und vertraulich Kenntnis zu nehmen. Eine Bekanntgabe an die nachgeordneten Dienststellen darf nicht erfolgen.«[37] Die Mitarbeiter des Reichsschatzmeisters hielten sich offensichtlich strikt an die Anweisung, so ist etwa ein Brief von Reichshauptstellenleiter Eder überliefert, in dem er betont, die Mitgliedersperre dürfe keinesfalls durchbrochen werden. Aus diesem Grund lehne er das Gesuch eines gewissen SS-Unterscharführers Brill um Aufnahme ab.[38]

Neben den Angehörigen der HJ und des BDM konnten auch weiterhin

ehrenvoll entlassene Wehrmachtsangehörige, die sich im Dienst ausgezeichnet hatten, sowie Umsiedler, die besonders aus Südtirol (sofern
sie 1939 für die deutsche Staatsbürgerschaft optiert hatten) und dem Sudetenland ins Reich gekommen waren, einen Aufnahmeantrag stellen.[39]
Auch für Kriegsversehrte waren Sonderregelungen getroffen worden,
allerdings wies der Reichsschatzmeister im zweiten Halbjahr 1942 (Anordnung 23/42) darauf hin, dass Aufnahmeanträge Kriegsversehrter und
von Hinterbliebenen Gefallener während der Kriegsdauer vorerst nicht
bearbeitet werden könnten, obwohl sich gerade in diesem Jahr deren
Anträge so gehäuft hätten: »Im Hinblick auf den Grundsatz des Reichsschatzmeisters, die Aufnahmesperre möglichst vollständig und ausnahmslos durchzuführen, wurden diese Aufnahmeanträge abgelehnt. Aus
dem gleichen Grund wurde auch die Anordnung 36/42 vom 12. Oktober
1942 notwendig. Die Fälle, daß reichsdeutsche Volksgenossen, welche
in den neu zum Großdeutschen Reich hinzugekommenen Gebieten tätig waren, dort Anträge auf Aufnahme in die NSDAP stellten, mehrten
sich zusehends. Der Reichsschatzmeister hat daher in Übereinstimmung
mit dem Leiter der Partei-Kanzlei bestimmt, daß die allgemeine Aufnahmesperre nicht umgangen werden darf. Er hat daher untersagt, daß
reichsdeutsche Volksgenossen in den neu eingegliederten Gebieten aufgenommen werden.«[40]

Seit dem 20. Juli 1944 galt auch für Wehrmachtsangehörige, die ver-
diente Nationalsozialisten waren, eine Ausnahme von der allgemeinen
Mitgliedersperre.[41] Darauf wurde in der Hauptverhandlung des Nürnberger Prozesses am 3. April 1946 gegen den Chef des Oberkommandos
der Wehrmacht Wilhelm Keitel Bezug genommen. Sein Verteidiger Dr.
Nelte fragte ihn, ob er Parteimitglied gewesen sei: »Nein. Ich war nicht
Mitglied, konnte das auch nach dem Wehrgesetz nicht sein und nicht
werden.« Nelte fragte noch einmal dezidiert nach: »Im Jahre 1944 wurde
das Wehrgesetz geändert, so daß auch aktive Soldaten Parteimitglieder
werden konnten. Was haben Sie damals getan?« Keitel bestätigte dies:
»Das ist richtig, daß im Spätsommer 1944 oder Herbst 1944 das Wehrgesetz insoweit geändert wurde, daß auch aktive Soldaten Parteimitglieder sein konnten. Mir ist damals eine Aufforderung zugegangen, meine
Personalien anzugeben für die Partei, für Aufnahme in die Liste der Parteimitglieder. Gleichzeitig wurde ich aufgefordert, eine Geldspende für
die Partei einzusenden. Ich habe damals meine Personalien an die Par-

teiführung eingereicht und habe auch einen Geldbetrag überwiesen. Mitglied bin ich meines Wissens nicht mehr geworden. Eine Mitgliedskarte habe ich nie erhalten.«[42]

Der Druck auf die Hitler-Jugend

Bei einer Besprechung über die »Lockerung der Mitgliedersperre« am 5. April 1937 mit Vertretern des Obersten Parteigerichts, des Stabes des Stellvertreters des Führers, des Reichsschatzmeisters und dem Stabsamt, bemerkte Rechtsanwalt Lingg, Reichsamtsleiter des Rechtsamtes des Reichsschatzmeisters: »Der Führer wünscht, daß zunächst diejenigen Volksgenossen aufgenommen werden, die sich in den Gliederungen als Nationalsozialisten bewährt haben und damit sozusagen eine Anwartschaft erworben haben. Die wesentlichsten Kategorien für die nächste Lockerung sind SA, SS, NSKK, Arbeitsdienst und Berufssoldaten. Wenn die kategoriemäßige Lockerung erledigt ist und die Partei zahlenmäßig aufgefüllt ist, dann kommt der Nachwuchs nur mehr aus der Hitler-Jugend.«[43]

Demzufolge wurde die Lockerung der Mitgliedersperre Ende des Jahres wieder aufgehoben und ab 31. Dezember 1937 konnten nur noch Angehörige der HJ und des BDM Aufnahmeanträge stellen. Offensichtlich hatte sich das Aufnahmeverfahren für die Jugendlichen durch die Lockerung der Mitgliedersperre wieder derart verzögert, dass aus dem Amt des Reichsschatzmeisters die Direktive kam, die partielle Öffnung wieder zurückzunehmen.[44]

Die politischen Ereignisse des Jahres 1938, die Erfolge Hitlers auf internationalem Boden, der »Anschluss« Österreichs, ließen die Vorstellung, die Partei verkörpere eine »Bewegung«, der anzugehören ein besonderes Privileg sei, immer mehr in den Hintergrund treten. Die Reglementierungen nahmen zu und die Freiwilligkeit trug nur noch den äußeren Schein. Die einen fühlten sich gedrängt, der Partei beizutreten, weil sie ihren Besitzstand sichern wollten, die anderen, die parteinahen Organisationen angehörten und noch nicht Mitglieder der Partei waren, bekamen den äußeren Druck zu spüren. Dies galt insbesondere für die Angehörigen der Hitler-Jugend und des BDM, die von den Mitgliedersperren der vergangenen Jahre ausgespart blieben und auch 1942, nach einer erneuten Aufnahmesperre für die Dauer des Krieges, nahezu die Einzigen waren, deren letzte Jahrgänge Parteimitglieder wurden und deren Eintritte »vollkommen gesteuert« waren, wie Gerhard Botz schreibt.[45]

Dieser Druck von außen, dem insbesondere Jugendliche nur schwer widerstehen konnten, und die Steuerung der Eintritte bis hin zur Fehlinterpretation der in den Gauen geführten Sammellisten zur Weitergabe an das Büro des Reichsschatzmeisters als Sammelanmeldungen, mag dazu geführt haben, dass sich bundesrepublikanische Politiker, Schriftsteller und Historiker, die behaupteten, sie seien ohne eigenes Zutun auf die Liste der Mitglieder geraten, nicht mehr an eine solche Aufnahme erinnerten. Die meisten von ihnen waren in der Hitler-Jugend zum Zeitpunkt ihres wirklichen oder vermeintlichen Eintritts in die Partei. Sie waren jung, fast noch Kinder. Dies galt insbesondere für die 1927 Geborenen, die seit Anfang 1944, als das Mitgliedsalter heruntergestuft wurde, bereits mit 17 Jahren in die Partei aufgenommen werden konnten.

Entsprechend informierte der Kreisleiter der NSDAP Rosenheim in seinem Rundschreiben 1/44 seine Ortsgruppenkassenleiter des Kreises Rosenheim der NSDAP am 12. Januar 1944: »Für die Dauer des Krieges wird sowohl für die männlichen als auch für die weiblichen Angehörigen der Hitlerjugend das Aufnahmealter von 18 auf 17 Jahre herabgesetzt. Daraus folgt, daß im Jahre 1944 sowohl die Angehörigen des Geburtsjahrganges 1926, die in diesem Jahre 18 Jahre alt werden, als auch die Angehörigen des Geburtsjahrganges 1927, die das 17. Lebensjahr vollenden, in die Partei aufgenommen werden.« Unter Punkt 2 der Durchführungsbestimmungen war vermerkt: »Für die Aufnahme ist der schriftliche Nachweis (Dienstzeitbescheinigung) einer ununterbrochenen Dienstzeit in der Hitler-Jugend seit dem 1.5.1940 für den Jahrgang 1926 und seit dem 1.5.1941 für den Geburtsjahrgang 1927 zu führen. Die Dienstzeitbescheinigung hat die Versicherung des zuständigen Hitler-Jugendführers zu enthalten, daß der Aufzunehmende freiwillig erklärt hat, der Partei beitreten zu wollen.« Wichtiger noch aber war der nach wie vor geltende Passus, auf den unter Punkt 3 hingewiesen wurde: »Der Aufnahmeantrag ist von den aufzunehmenden Jungen und Mädeln sorgfältig auszufüllen, eigenhändig zu unterschreiben und dem zuständigen Hitler-Jugendführer zu übergeben.«[46]

Schon am 24. September 1937 hatte der Gauschatzmeister der Gauleitung Bayerische Ostmark in seinem Schreiben an den Reichsoberrevisor Pg. Haag darauf verwiesen, dass eine Mitgliedschaft ohne Antrag auf Aufnahme nicht gültig sei: »Der Stellvertreter des Führers, Pg. Rudolf Hess, hat gelegentlich des ›Parteitages der Arbeit‹ 11000 Hitlerjungen in feierlicher Weise in die Partei aufgenommen. Dieser symbolische Akt hat verschiedentlich die irrige Meinung aufkommen lassen, dass die fraglichen Hitlerjungen damit offiziell Pg. geworden sind und dass sich die Einreichung eines ordnungsgemäßen Aufnahmeantrags erübrige.«[47]

Einerseits war das Reichsschatzmeisteramt überlastet und ließ durch die Aufnahmesperre nur noch ausgewählte Gruppen als Neumitglieder zu, andererseits verstärkte sich von Seiten der Partei-Kanzlei der Druck auf die HJ-Angehörigen, der Partei beizutreten. Bereits vor dem vorgeschriebenen Eintrittsalter (damals noch 21 Jahre, seit 1943 18 Jahre) wurden sie auf eine Mitgliedschaft eingeschworen. In der Anordnung A82/42 der Partei-Kanzlei vom 30. November 1942 ordnete Bormann »im Einvernehmen mit dem Reichsjugendführer« an, dass »im Rahmen des allgemeinen Hitler-Jugend-Dienstes [...] vor allem die beiden ältesten Jahrgänge (ab 16. Lebensjahr) von den Hoheitsträgern der Partei und deren Beauftragten durch monatliche Vorträge mit den vielfältigen und umfassenden Aufgaben der Partei und ihrer einzelnen Organisationen vertraut zu machen« sind. »Das Ziel dieser gemeinsamen Arbeit zwischen Partei und HJ muß sein, daß sich die Jugend zur Bewegung hingezogen fühlt und Junge wie Mädel sich der Ehre, Mitglied der Partei zu sein, bewußt sind.«[48]

Die Propagandamaschinerie und die Indoktrinationsversuche scheinen allerdings nicht den gewünschten Erfolg gebracht zu haben. Schon im Jahr 1940 hatten die Gauschatzmeister das angestrebte Kontingent der HJ-Aufnahmeanträge nicht befriedigen können. Ursache waren nicht allein die Kriegsereignisse. Trotz der Verlängerung der Vorlagefrist wurde die festgesetzte Zahl der aufzunehmenden Jungen nicht erreicht. Die der Anordnung A 37/41 der Partei-Kanzlei vom 3. September 1941 entsprechende Anforderung, nach der 30 Prozent des Jahrganges der Jungen in die NSDAP aufgenommen werden sollten, ließ sich nicht durchsetzen. Nach der Volkszählung vom 17. Mai 1939 hätten im Jahre 1941 allein 197337 Jungen des Geburtsjahrganges 1923 aufgenommen werden müssen. Tatsächlich betrug die Zahl der Neuaufnahmen nur 115926 Jungen und Mädel. Damit erreichten die Parteibeitritte nicht einmal 10 Prozent der Jungen und Mädchen des Geburtsjahres 1923.[49]

Für jugendliche Parteiaspiranten hatten der Reichsschatzmeister und der Leiter der Parteikanzlei im Herbst 1942 erneut festgelegt, dass »30 % vom Hundert der Jungen und 7 % vom Hundert der Mädchen« Mitglieder werden können.[50] Beide Vorgaben sind Kann-Bestimmungen, es ist aber davon auszugehen, dass die unteren Chargen der NS-Bürokratie diese als Soll auffassten und entsprechenden Druck ausübten. So schrieb etwa der Gauleiter Hessen-Nassau an die Kreisleiter und Ortsgruppenleiter der NSDAP bereits im Dezember 1940: »Da die Frage des Nachwuchses für die Partei von größter Wichtigkeit ist, bestimme ich, daß in Zukunft die Ortsgruppenleiter für diese Aufnahmeaktionen verantwortlich sind. Die Ortsgruppenleiter haben sich alljährlich von ihrem örtlichen HJ-Führer bzw. der zuständigen BdM[sic]-Führerin die für ihre Ortsgruppe in Frage kommenden HJ- bzw. BdM-Angehörigen vorstellen zu lassen und zusammen mit dem örtlichen HJ-Führer bzw. der BdM-Führerin zu bestimmen, wer von den Betreffenden in die Partei aufzunehmen ist und wer nicht.«[51]

Aus der Partei-Kanzlei kam im Spätherbst 1942 noch einmal in gebetsmühlenartiger Wiederholung propagandistischer Slogans eine Direktive (Anordnung A 82/42) für den »Nachwuchs der Partei«: »Die Auslese und Förderung geeigneten Nachwuchses aus der deutschen Jugend für die NSDAP ist für die Zukunft der Bewegung und damit für das deutsche Volk von ausschlaggebender Bedeutung. Die Wichtigkeit und Tragweite dieser Aufgabe muß sich jeder Hoheitsträger immer wieder vor Augen halten. Fortbestand und Schlagkraft der Bewegung hängen entscheidend davon ab, inwieweit jeder Hoheitsträger diese Aufgabe erkennt und sie anfaßt; er muß alles daran setzen, die charakterlich und weltanschaulich Besten aus der Jugend seines Hoheitsgebiets zu ermitteln, zu fördern und für die Bewegung zu gewinnen. Diese wichtige Aufgabe ist nicht durch schriftliche Anordnungen zu lösen, sondern durch den persönlichen Einsatz eines jeden Hoheitsträgers.« Erfahrungsberichte über die Ergebnisse der Rekrutierungen, die vor allem auch durch einen »engen kameradschaftlichen Umgang« positiv beeinflusst werden sollten, erbat sich Bormann bis Ende März 1943.[52]

1942 wurden 136 119 Jugendliche in die Partei aufgenommen.[53] Nun waren aber auch Angehörige des Jahrgangs 1923 zugelassen, die bereits

Soldaten waren: »In den Vertraulichen Informationen Folge 66/42 vom 9. Oktober 1942, Beitrag 877, hat der Leiter der Partei-Kanzlei im Einvernehmen mit mir eine Reihe von Bestimmungen über die Aufnahme von Angehörigen der Jahrgänge 1923/24 der Hitler-Jugend getroffen. In Ziffer I des Beitrags 877 ist als wesentliche Neuerung bestimmt worden, daß Angehörige des Jahrganges 1923 auch als Soldaten ihre Aufnahme in die Partei beantragen können. Der Leiter der Partei-Kanzlei hat mit dem Oberkommando der Wehrmacht die gleiche Regelung auch für die Jahrgänge 1924 und 1925 vereinbart.«[54] Geändert hat sich auch der Tag der Aufnahme; die Jugendlichen wurden nun nicht mehr wie bisher am 1. September aufgenommen, sondern aus »kriegsbedingten Gründen« an Führers Geburtstag, dem 20. April 1943.[55]

Offensichtlich reichten die Aufnahmegesuche aus den Kreisen der HJ und des BDM jedoch nicht aus, die durch die Kriegsereignisse entstandenen Lücken in der Partei zu schließen. Anfang 1944 erfolgte daher erneut eine Herabsetzung des Eintrittsalters für HJ- und BDM-Angehörige: »Für die Dauer des Krieges wird sowohl für die männlichen als auch für die weiblichen Angehörigen der Hitlerjugend das Aufnahmealter von 18 auf 17 Jahre herabgesetzt. Daraus folgt, daß im Jahre 1944 sowohl die Angehörigen des Geburtsjahrganges 1926, die in diesem Jahre 18 Jahre alt werden, als auch die Angehörigen des Geburtsjahrganges 1927, die das 17. Lebensjahr vollenden, in die Partei aufgenommen werden.«[56] Zugelassen wurden nun auch Angehörige der Jahrgänge 1926 und 1927, die bereits beim Arbeitsdienst, bei der Wehrmacht oder der Waffen-SS waren: »Für diese ist sinngemäß nach der Anordnung des Reichsschatzmeisters 3/43 vom 24.2.43 zu verfahren. Diese lautet: ›Der Ortsgruppenleiter schreibt den Angehörigen der Jahrgänge 1926 und 1927, die nach seiner eindeutigen Überzeugung für eine Aufnahme in die Partei besonders berufen sind, daß sie einen Antrag zur Aufnahme in die Partei stellen können, obgleich sie zur Zeit Soldaten sind. Die Abgabe einer entsprechenden Willenserklärung kann durch Unterzeichnung des Aufnahmeantragsscheines erfolgen. Der Ortsgruppenleiter hat die Wahl, den Aufnahmeantragsschein des Soldaten mit der Bitte um Unterzeichnung und baldige Rückgabe zu übersenden oder den Soldaten anheimzugeben, einen Aufnahmeantrag beim nächsten Urlaub zu unterzeichnen. In beiden Fällen können jedoch Anträge, die nach dem 31. Mai 1944 unterzeichnet werden, nicht berücksichtigt werden.‹«[57]

Auch 1944 wurde noch auf die Freiwilligkeit Wert gelegt und auf die ordnungsgemäße eigenhändige Unterschrift, sodass es eigentlich nicht möglich war, ohne eigenes Wissen in die Partei aufgenommen zu werden. Vielleicht gab es tatsächlich einzelne Fälle, in denen Personen ohne eigenes Zutun Parteimitglieder geworden waren, weil gegen die Richtlinien verstoßen wurde.

Auffällig ist jedoch, dass dies offensichtlich in ganz unterschiedlichen Regionen des Reiches gerade bei jenen Persönlichkeiten der Fall gewesen sein soll, die intellektuell die Bundesrepublik mitgeprägt und sich bei Bekanntwerden ihrer NSDAP-Mitgliedschaft auf solche Verfahrensfehler berufen haben. Vielleicht erinnerten sie sich tatsächlich nicht mehr daran, einen Antrag ausgefüllt und unterschrieben zu haben. Einen Beweis für ihre Mitgliedschaft hatten sie möglicherweise nie erhalten. Die meisten von ihnen konnten frühestens 1943/44 einen Antrag auf Mitgliedschaft gestellt haben. Die Verzögerungen bei der Antragsbearbeitung hatten dazu geführt, dass Mitgliedskarten häufig erst sehr viel später ausgegeben werden konnten. Häufig waren die Antragsteller dann schon bei der Wehrmacht, und ihre Mitgliedskarten blieben bei der Gauleitung, wo sie bis zu ihrer Rückkehr aus dem Krieg aufbewahrt werden sollten.

Das mag dazu geführt haben, dass die Unterschrift unter den Aufnahmeantrag in Vergessenheit geraten ist. Martin Walser (geb. 24. März 1927) etwa gab zu bedenken: »Stellen Sie sich vor, als 16-jähriger würde ich in Wasserburg in die NSDAP eintreten. Das ist absurd.«[58] Wenn es stimmt, dass er am 30. Januar 1944 die Aufnahme beantragt hat,[59] dann war er zum Zeitpunkt der Aufnahme, die generell für das Jahr 1944 am 20. April 1944 erfolgte, 17 Jahre alt, und das entsprach den Aufnahmestatuten. In jedem Fall trifft es nicht zu, dass Jugendliche in Sammelverfahren aufgenommen wurden, wie Walser und mit ihm noch andere unterstellen.

Björn Weigel
»Märzgefallene« und Aufnahmestopp im Frühjahr 1933
Eine Studie über den Opportunismus

Mit dem Machtantritt der Nationalsozialisten am 30. Januar 1933 und vor allem nach dem »Wahlsieg« am 5. März stiegen die Anträge auf eine Aufnahme in die NSDAP in astronomische Höhen. Ein Mitgliedersturm unerwarteten Ausmaßes kam auf die Parteiorganisation zu – formal gab es zu diesem Zeitpunkt keinerlei flächendeckende Verpflichtung oder Notwendigkeit, der NSDAP beizutreten, um nicht ungebührliche Nachteile hinnehmen zu müssen.

Dieser Befund ist allein natürlich nicht hinreichend, um allen Antragstellern puren Opportunismus – also das bedenkenlose Ausnutzen eines Trends zur Förderung eigener Interessen – als Beweggrund unterstellen zu können. Denkbar ist ja ebenfalls, dass die Sorge um die zukünftigen Veränderungen in Staat und Gesellschaft, der Wunsch, möglichst unverdächtig zu erscheinen, oder auch ein gewisser Gruppenzwang eine Rolle gespielt haben mögen.

Parteiintern herrschte jedoch die Furcht vor dem Ansturm von Opportunisten: Der sich daraus ergebende Generalverdacht gegen die neuen Mitglieder war eines der wesentlichen Kennzeichen im Umgang der Partei mit den »Märzgefallenen«. Es wird daher der Opportunismus in seinen verschiedenen Spielarten als Beweggrund für den NSDAP-Eintritt zu charakterisieren sein und zu zeigen sein, wie die NSDAP-Führung praktisch und ideologisch mit der gewandelten Mitgliederstruktur der Partei umging. Dabei wird zunächst die Mitgliedersperre vom 1. Mai 1933 dargestellt werden, um anschließend den Mitgliederzustrom im Spiegel der – noch nicht vollends gleichgeschalteten – Presse und die Hintergründe des politischen Opportunismus zu beleuchten. Daneben soll auch auf den wirtschaftlichen Opportunismus eingegangen werden: Dieser hat mit dem Anwachsen der Zahl der Parteimitglieder insofern zu tun, als dass er eine Konjunktur von NS-Produkten hervorrief, womit Fir-

men die Möglichkeit nutzten, sich dem NS-Staat anzudienen. Schließlich
wird der NSDAP-interne Umgang mit den neuen Mitgliedern behandelt.
In einem letzten Schritt werden auch die von der NSDAP trotz der bestehenden Mitgliedersperre lancierten Identifikations- und Beitrittsangebote
an (Noch-)Nicht-Parteigenossen in Film und Werbung analysiert.

Ansturm und Mitgliedersperre

Der Zustrom neuer Mitglieder zur NSDAP – der sogenannten »Märzgefallenen«, wie sie im Parteijargon hießen – war nach dem 30. Januar 1933
so groß, dass die Partei zum 1. Mai 1933 eine Mitgliedersperre verhängte: »Der Andrang in die N.S.D.A.P. ist nach der Machtergreifung durch
die Bewegung so ungeheuer geworden, daß sich die Reichsleitung im
Einvernehmen mit dem Führer veranlaßt sieht, mit Wirkung vom 1. Mai
1933 bis auf weiteres neuerdings eine Mitgliedersperre zu verfügen.«[1]
    Es durften keine neuen Anträge mehr positiv beschieden werden, Aus-
nahmen gab es lediglich für Mitglieder der Hitlerjugend (HJ), die das
18. Lebensjahr vollendet hatten, Angehörige der Nationalsozialistischen
Betriebszellenorganisation (NSBO) und für »all jene, welche Dienst in
der S.A. oder S.S. leisten«.[2] Diese Gruppen hatten mit der Aufnahme-
erklärung ihre HJ- oder NSBO-Mitgliedskarte beziehungsweise einen
Nachweis der betreffenden SA-/SS-Dienststelle beizubringen. Die Gaue
konnten schließlich bis zum 15. Mai die vor dem 1. Mai eingegangenen
Neuanmeldungen der Reichsleitung übermitteln.
    Die Zahl der ausgegebenen Parteimitgliedskarten war zwischen Sep-
tember 1930 und Mai 1933 von 293 000 auf 3 262 698 gestiegen. Dabei
ist jedoch einzuschränken, dass die Mitgliedsnummern seit 1925 fortlaufend vergeben wurden und mehrere Zahlenblöcke von vornherein frei
blieben. Durch Tod, Ausschluss oder Austritt erloschene Mitgliedernummern wurden nicht neu vergeben. Und die Mitgliederfluktuation vor dem
Machtantritt war hoch: So zählte die NSDAP am 14. September 1930
129 563 tatsächliche Parteimitglieder (bei 293 000 Mitgliedsnummern)
und Ende 1932 bereits 719 446 (bei 1 414 975 Mitgliedsnummern).[3] Im
Mai 1933 dürften also etwa 2,5 Millionen Deutsche tatsächlich Mitglieder der NSDAP gewesen sein.
    Damit waren die Kapazitäten der Parteiorganisation erschöpft: Bis un-

ter die Decke stapelten sich die unerledigten Anmeldescheine, von denen jeder einzeln überprüft und nummeriert werden musste.

Dem selbstgesteckten Vorsatz der Partei, eine »Bewegung« zu sein, konnte der alles lähmende Andrang nach dem 30. Januar nur hinderlich sein. Die Frage musste gestellt werden, ob die NSDAP künftig eine »Kader- und Elitepartei des Regimes oder eine mehr repräsentative, entpolitisierte Massenorganisation«[4] sein sollte; die Mitgliedersperre war die Antwort zugunsten des Ersteren. Als Reichsschatzmeister Franz Xaver Schwarz die Verfügung über die Mitgliedersperre am 19. April 1933 herausgab, stand der größte Ansturm jedoch noch bevor.

Die »Märzgefallenen« in Presse und Öffentlichkeit

Doch nicht nur die erschöpften Kapazitäten der Parteiorganisation führten zur Mitgliedersperre. Vor allem hatte man Angst vor Konjunkturrittern, die mit dem Aufstieg des Nationalsozialismus in die Regierungsgewalt ihren eigenen Aufstieg zu verknüpfen versuchten. Beispiele dafür gab es in allen Bereichen: So versuchte der erfolglose – und darüber hinaus als unbegabt angesehene – Regisseur Carl Ludwig Duisberg-Achaz, der dank seiner großen finanziellen Möglichkeiten das angeschlagene Deutsche Theater in Berlin von seinem Eigentümer Max Reinhardt gepachtet hatte, sich mit unerträglichen Propaganda-Inszenierungen den neuen Herren anzudienen.[5] Noch im Februar 1933 würdigte er Schillers »Wilhelm Tell« zu einem Lobgesang auf die »neue Zeit« herab und brachte im April ein NS-konformes Machwerk namens »Ewiges Volk« auf die Bühne[6], wodurch jedoch weder Joseph Goebbels noch andere Theateroffizielle des »Dritten Reiches« überzeugte Anhänger seines Theaters wurden. Sie ließen ihn 1934 fallen, sobald sich die Möglichkeit bot. Doch Achaz' Opportunismus ist unübersehbar: Noch Jahre später versuchte er, die Leitung eines anderen Theaters zu übernehmen, wobei er sich stets auf die von Goebbels gelobte »Tell«-Inszenierung berief.[7] Ein anderer Fall ist der des Kölner Architekten Clemens Klotz, der – obwohl auch in der NS-Zeit stets privater Unternehmer – bald zum Hauptbaumeister der Deutschen Arbeitsfront (DAF) avancierte. Schon 1930 hatte ihn die NSDAP nach ihrem Wahlerfolg in Thüringen für die Stelle des Direktors der Hochschule für Baukunst in Weimar vorgeschlagen. Klotz trat noch eben rechtzeitig zum 1. Mai 1933 der NSDAP bei.[8] Sein Opportunismus zahlte sich aus: Er durfte in der Folgezeit etliche »Ordensburgen« und ab 1935 das KdF-Seebad Prora auf Rügen bauen.

In den Akten zur Mitgliedersperre ist von der Angst der NSDAP vor Opportunisten und Konjunkturrittern selbstverständlich keine Rede. Doch schon die späte Bekanntgabe des Aufnahmestopps am 21. beziehungsweise 22. April 1933[9] lässt Rückschlüsse darauf zu. Zudem musste die Presse die Mitgliedersperre ja nicht nur rechtfertigen, sondern auch darauf eingehen, dass die Bevölkerung natürlich erkannte, wo die wahren Beweggründe lagen. So veröffentlichte der *Völkische Beobachter* am 30. April 1933 – also einen Tag vor Inkrafttreten der Sperre – auf den hinteren Seiten einen Artikel unter dem Titel »Der Ansturm der Gesinnungstüchtigen« zu genau diesem Zweck.[10] Hier hieß es, ein »Wettrennen« habe begonnen, um noch in den »letzten Tagen vor Torschluß« Parteimitglied zu werden. Es folgte eine Aufzählung derer, denen »man das späte Kommen« nicht übel nehmen könne: Beamte, die unter der gemutmaßten Vorherrschaft sozialdemokratischer Vorgesetzter ihre Gesinnung nicht offen hatten zeigen dürfen, oder Geschäftsleute in kleinen Orten, die auf ihre »überwiegend jüdische Kundschaft« Rücksicht zu nehmen hatten. Dann kam der Autor zum Kern der Sache: »Aber auch neben solchen – genau zu untersuchenden – Fällen gibt es viele Volksgenossen, die eine Abweisung ihres späten Gesuchs rücksichtslos verdienen.«[11] Alle, die in der Partei einen »Geselligkeitsverein«, einen »Sportverein«, einen »Klub zukünftiger Staatsmänner« oder eine »Standesorganisation« sähen, sollten ferngehalten werden. Ferner verwies der Artikel deutlich auf diejenigen, die unter dem Deckmantel des Spruchs »Wir Nationalsozialisten sind der Ansicht …« ihre Privatmeinung kundtaten – Opportunisten also.

Zwischen dem 30. Januar 1933 und dem Aufnahmestopp hatte allerdings schon eine beträchtliche Zahl der Angesprochenen in der NSDAP Aufnahme gefunden. Rund 1,6 Millionen Menschen waren zwischen 1. Januar und 1. Mai 1933 NSDAP-Mitglieder geworden – die »Märzgefallenen« stellten also 61,6 % des gesamten Mitgliederbestandes.[12] Und mehr noch: Von diesen 1,6 Millionen waren 1,3 Millionen zum letztmöglichen Termin – nämlich am 1. Mai – beigetreten, weitere knapp 204 000 Personen im April.[13] Der Ausdruck »Märzgefallene«, der sich bewusst auf die revolutionären Demonstranten bezog, die am 18. März 1848 vor dem Berliner Schloss ums Leben kamen, ist daher irreführend.

Wer den Begriff geprägt hat, ist nicht mehr festzustellen; jedenfalls wurde er im Parteijargon verwendet, um zu zeigen, dass diese Menschen erst nach dem Wahlerfolg der NSDAP am 5. März in die Partei eingetreten waren.

Der Wahlerfolg – auch wenn er bei weitem bescheidener ausfiel, als Hitler ihn sich gewünscht hatte – festigte die Macht der NSDAP. Ihre Entwicklung zu einer Massenorganisation war daher unschwer vorherzusehen gewesen. Der Kommunistischen Partei der Sowjetunion aber auch dem italienischen Faschismus war nach ihrem Machterhalt Ähnliches widerfahren. Adolf Hitler hatte in »Mein Kampf« bereits geschrieben, dass zu hohe Mitgliederzahlen die Kraft einer Partei nur schwächen würden. Daher komme es nur einer kleinen Minderheit zu, wirklich als Mitglied der Partei bezeichnet zu werden – alle anderen seien lediglich Anhänger.[14] Diese Minderheit bezifferte Hitler auf 600 000–800 000 Menschen. Damit nannte er schon 1925 – als die NSDAP weiter von diesen Zahlen entfernt war als jemals sonst – ziemlich genau den Mitgliederbestand seiner Partei am Vorabend der »Machtergreifung«.[15] Nachdem man jedoch die Macht in Händen hielte, so Hitler weiter, würde »das große Wandern« einsetzen, und neue Mitglieder würden scharenweise eintreten. Er propagierte deshalb eine sofortige Mitgliedersperre nach der Machtübernahme und das konsequente Säubern der Partei von »der opportunistischen Bagage«. Die Angst vor einer Verbürgerlichung der Partei und vor dem Hereinströmen von Opportunisten war durchaus berechtigt. Doch andererseits warb die Partei ja auch aggressiv um Mitglieder, während unmittelbar nach ihrer »Machtergreifung« der Terror gegen Andersdenkende in bisher völlig ungekanntem Maße verschärft wurde. Wie sollten da Konjunkturritter von denen unterschieden werden, die Angst vor Terror hatten, sich um ihre Zukunft sorgten oder einfach unverdächtig erscheinen wollten und sich deshalb auf die Seite der vermeintlichen Sieger schlugen? Und es war ja auch den Nationalsozialisten selbst völlig klar, dass man eine breite Massenbasis brauchte, um regieren zu können. Die Wahlen am 5. März 1933 hatten gezeigt, dass zwar mehr Wähler für die NSDAP als für jede andere Partei gestimmt hatten, dennoch hatte man bei weitem nicht einmal die Hälfte aller Wählerstimmen gewinnen können und war darauf angewiesen, dass sich der Reichstag mit der Annahme des »Ermächtigungsgesetzes« selbst entmachtete. Dass hier auf den – mit Ausnahme der SPD – parteienübergreifenden Opportunismus der Reichstagsabgeordneten gezählt werden konnte, täuschte niemanden darüber hinweg, dass eine Massenbasis trotzdem notwendig war.

Den Nationalsozialisten war die Mitgliedersperre daher selbst unangenehm. Dies wird in einem Punkt besonders deutlich: Die Verlautbarung des Reichsschatzmeisters Schwarz, in der er die Mitgliedersperre verkündete, brachte der *Völkische Beobachter* am 22. April 1933 kleingedruckt auf der vorletzten Seite in der Rubrik »Am schwarzen Brett«. Das Berliner Gaublatt *Der Angriff* veröffentlichte denselben Text – ebenfalls weit hinten und kleingedruckt in der 2. Beilage – am 21. April.[16] Der in Nürnberg erscheinende *Stürmer* brachte überhaupt keine Meldung über die Mitgliedersperre. Die *Vossische Zeitung* hingegen meldete den Aufnahmestopp ebenso wie der *Angriff* bereits am 21. April – auf der Titelseite, fettgedruckt und direkt unter dem Leitartikel.[17] Der Wortlaut war natürlich – wenn auch leicht gekürzt – auch hier derselbe.

Das Unbehagen seitens der Partei war hoch und schon das Wort »Wettrennen« in dem Artikel des *Völkischen Beobachters* vom 30. April verriet einiges über den Zudrang, den die NSDAP noch in den kurzen acht Tagen zwischen der Ankündigung und dem Aufnahmestopp zu verkraften hatte. Der Artikel mahnte daher die Pflichten eines jeden Nationalsozialisten an, den sich der Autor als »Kämpfer« vorstellte: Ein »konsequenter Revolutionär des Geistes« sollte er – von Frauen war selbstverständlich keine Rede – sein, »ohne Überschwang und Prinzipienreiterei, aber mit Logik und echtem Geist.«[18] Unter diesen unbestimmten und weit in alle Richtungen dehnbaren Charakteristika konnte nun ziemlich jeder Parteigenosse ein gutes Gewissen haben. Den eklatanten Gegensatz zwischen Anspruch und Realität verrieten diese Zeilen allemal. Schon die Tatsache, dass bis 1937 weit mehr als die Hälfte aller Parteigenossen aus »Märzgefallenen« bestand, macht die Vorstellung vom »Kämpfer« absurd, da diese Menschen ja – sei es nun aus Opportunismus oder aus anderen Gründen – erst zu einem Zeitpunkt zur NSDAP gefunden hatten, als dafür höchstens noch ein Kampf mit dem eigenen Gewissen nötig war.

Politischer Opportunismus

Die letzte Chance zum Eintritt in die NSDAP spülte nicht nur vorgeblich unpolitische Opportunisten wie Clemens Klotz in die Partei: Am 21. April verkündete beispielsweise die Landesleitung des Sächsischen Mittelstandes – die vormalige Reichspartei des deutschen Mittelstandes Wahlkreisverband Sachsen – die Einstellung ihrer politischen Tätigkeit am Tag der Auflösung des Sächsischen Landtags. Den Parteiangehörigen wurde empfohlen, »innerhalb der mittelständischen Kampfgruppe der NSDAP. am nationalen Wiederaufbau weiterzuarbeiten«.[19]

Am 25. April 1933 nutzte der Deutschnationale Landesverband Braunschweig die Gunst der Stunde und trat geschlossen der NSDAP bei.[20] Gründe hierfür gab man nicht an, doch wurde gleichzeitig – und nicht zu Unrecht – erwartet, dass auch die deutschnationalen Landtagsabgeordneten denselben Schritt gingen: Damit war der Landtag bereits wenige Tage später rein nationalsozialistisch besetzt.

Am 26. April fand Franz Seldte, Gründer und 1. Vorsitzender des Stahlhelm sowie seit 30. Januar 1933 Reichsarbeitsminister, seinen Weg in die NSDAP.[21] Mit ihm zog ein großer Teil des Stahlhelm, wobei es hier gerade auf den Führungsebenen zu einigen Personalwechseln kam.[22] Einen Tag zuvor hatte Seldte noch seinen Stellvertreter Theodor Duesterberg – den erfolglosen deutschnationalen Kandidaten für die Reichspräsidentenwahl 1932 – abgesetzt, der nicht nur offenbar weniger opportunistisch gesinnt war als er, sondern auch einen jüdischen Vorfahren hatte. Seldte sollte es jedenfalls von Nutzen sein: Er blieb bis zum Ende des »Dritten Reiches« – gleichwohl völlig ohne Einfluss – Arbeitsminister.

Am 29. April folgten die Stahlhelm-Gaue Magdeburg und Hamburg dem Beispiel Seldtes und traten ebenfalls in die NSDAP ein.[23] Da eine Doppelmitgliedschaft in NSDAP und Stahlhelm jedoch weiterhin unzulässig war, musste ein Kompromiss gefunden werden. So kam Rudolf Heß, dem Hitler kurz zuvor die Leitung der Parteigeschäfte übertragen hatte, auf eine Formel, die den Stahlhelm faktisch entmachtete: Lediglich Stahlhelm-Führer Seldte sollte zugleich Mitglied der NSDAP sein. Durch seine Person unterstünde nun der gesamte Stahlhelm Adolf Hitler, womit eine Doppelmitgliedschaft anderer Stahlhelm-Angehöriger »überflüssig« würde.[24] Nun standen die bereits zur NSDAP übergetretenen Stahlhelm-

Mitglieder vor der Wahl, in welcher der beiden Organisationen sie zu verbleiben wünschten.

In der DNVP ahnte man wohl spätestens jetzt, was die Stunde geschlagen hatte: Um nicht ebenso entmachtet zu werden wie der Stahlhelm, ging die DNVP auf »Oppositionskurs«, forderte Seldte zum Verzicht auf sein Reichstagsmandat auf und gedachte der »opferwilligen politischen Arbeit« des abservierten Theodor Duesterberg per Glückwunschtelegramm.[25]

Puren Opportunismus legte dagegen der Bayrische Bauern- und Mittelstandsbund an den Tag: Am 29. April 1933 schlossen sich die drei bayerischen Landtagsabgeordneten des Bauernbundes, Scheifele, Mang und Wartner, der nationalsozialistischen Landtagsfraktion an. Der Bauernbund hatte kurz zuvor beschlossen, seine politische Tätigkeit einzustellen, und seinen Parteimitgliedern den Eintritt in die NSDAP empfohlen.[26]

Noch pünktlich zum 1. Mai trat auch der Oberbürgermeister der Stadt Frankfurt (Oder), Dr. Kinne, mit sämtlichen besoldeten Mitgliedern seines Magistrats zur NSDAP über, womit der gesamte Magistrat der Stadt – auch die unbesoldeten Mitglieder – mit Ausnahme eines Deutschnationalen und einiger unbestätigter SPD-Stadträte aus NSDAP-Mitgliedern bestand.[27]

Wie nützlich solcher Opportunismus sein konnte, zeigte sich daran, dass selbst Deutschnationale schlechte Karten haben konnten, wenn sie nicht in die NSDAP eingetreten waren: So veröffentlichte DNVP-Chef Alfred Hugenberg, gleichzeitig Reichsminister für Wirtschaft und Ernährung, Ende April 1933 mehrere Aufrufe, in denen er sich gegen »unberechtigte Eingriffe in wirtschaftliche Unternehmungen und Organisationen«[28] wandte. Der politische Druck selbst auf Deutschnationale, zumindest aber die Bereitschaft von DNVP-Mitgliedern, ihrer Partei zugunsten der NSDAP den Rücken zu kehren, war offenbar so hoch, dass sich Hugenberg – wohl inzwischen in der Einsicht, dass nicht er es war, der Hitler zum Werkzeug seiner Ziele gemacht hatte, sondern umgekehrt – veranlasst sah, eine Erklärung abzugeben, in der es u. a. hieß: »Auch die auf dem Boden unserer Bewegung stehenden Beamten haben nach dem Willen der Regierung keinen politischen Druck zu fürchten. Im Einvernehmen mit dem Herrn Reichskanzler Hitler kann ich erklären, daß kein Beamter wegen seiner Zugehörigkeit zur deutschnationalen Bewegung oder wegen seines Eintretens für sie irgendeine Benachteiligung in seiner Stellung in Zukunft zu besorgen braucht. Auch er genießt den Schutz der nationalen Regierung.«[29]

Bis in das Vokabular hinein – Hugenberg sprach von der »deutschnationalen Bewegung«, nicht von »Partei« – hatte er sich Hitler bereits untergeordnet.

Dass irgendein Nicht-Nationalsozialist den »Schutz der nationalen Regierung« genieße, versuchte auch die Zentrumspartei sich und ihren Mitgliedern einzureden. Es gäbe eine Zusicherung, »wonach die Zugehörigkeit eines Beamten oder Angestellten zur Zentrumspartei allein nicht Grund zu seiner Schlechterstellung ist«.[30] Schließlich wurde noch festgestellt, dass das Zentrum in seiner »praktischen Haltung und Betätigung an der nationalen Erneuerung positiv mitarbeitet«.[31] Der die Zentrumspartei schon während der Weimarer Republik kennzeichnende Opportunismus sprach auch aus diesen Zeilen. Denn offenbar war nicht nur die Schlechterstellung von Beamten, die dem Zentrum angehörten, bereits Realität, die Partei war außerdem gezwungen, dem Opportunismus ihrer zur NSDAP strömenden Mitglieder den Wind aus den Segeln zu nehmen, sonst hätte man sich derart erniedrigende Verlautbarungen sparen können.

Trotz alledem wurde seitens der NSDAP die Fiktion aufrechterhalten, nach der »[d]ie Zugehörigkeit zur Partei [...] ihren Angehörigen nicht größere persönliche Rechte« gäbe, sondern »ihnen vielmehr in jeder Beziehung größere Pflichten gegenüber Führer und Volk« auferlege, als sie »jeder andere Volksgenosse zu erfüllen hat.«[32] Die Angst vor Opportunisten beziehungsweise die Gewissheit darüber, dass es im täglichen (Arbeits-)Leben natürlich zahllose Vorteile mit sich bringen konnte, in der NSDAP zu sein, veranlassten den »Stellvertreter des Führers« und andere hohe Parteiinstitutionen immer wieder zu ähnlichen Stellungnahmen.

Dies führt zu der Frage, wen die NSDAP in den letzten Tagen vor der Mitgliedersperre noch aufnahm, da ja schließlich auch Anträge abgelehnt wurden. Eine umfassend befriedigende Antwort hierauf zu finden ist beinahe unmöglich, da keine einheitliche Regelung existierte, nach der die Anträge behandelt wurden. Folgt man der Studie von William Sheridan Allen[33], der den Ansturm auf die NSDAP-Mitgliedschaft für die Kleinstadt Northeim am Harz (alias »Thalburg«) untersucht hat, lehnte die Partei einige Antragsteller explizit wegen allzu offensichtlichem Opportunismus ab.[34] Eine wie auch immer geartete Gegnerschaft zur NSDAP während der Weimarer Zeit oder die persönliche Gegnerschaft zum örtlichen Parteimachthaber (Ortsgruppen- oder Kreisleiter) waren weitere Ablehnungsgründe. In Bezug auf die Opportunisten – und so viel lässt sich mit Sicherheit erkennen – kam es ganz auf deren Nützlichkeit an: Einen Irgendjemand aus einer Kleinstadt konnte man bedenkenlos ablehnen, eine geschlossene DNVP-Landtagsfraktion – auch wenn deren Opportunismus nicht weniger offensichtlich war – fand dagegen problemlos Aufnahme. Ihre politische Nützlichkeit war in zweierlei Hinsicht ebenso offenkundig wie ihr Opportunismus: Erstens war mit der Aufnahme der DNVP-Fraktion im Sinne der Gleichschaltung endgültig jede Möglichkeit der Opposition im Landtag ausgeschaltet, und zweitens ließ sich ihr Übertritt propagandistisch sehr gut nutzen, da er einerseits die Mär vom einheitlichen Volkswillen unterstrich und andererseits das deutschnationale Lager demoralisierte und seiner politischen Basis beraubte.

Wirtschaftlicher Opportunismus

Zahlreiche Firmen trachteten danach, mit dem Verkauf verschiedenster »NS-Artikel« Gewinn zu machen. Dieser wirtschaftliche Opportunismus, beziehungsweise dieses NSDAP-Merchandising und seine Einträglichkeit für die jeweiligen Anbieter, sind nicht an exakten Zahlen festzumachen. Einen Hinweis auf ihr Ausmaß und ihre Erscheinungsformen bietet jedoch die zeitgenössische Werbung.

Die Deutsche Grammophon-AG, gegründet 1898 von Emil Berliner, dem Erfinder des Grammophons und der Schallplatte, warb nach der Reichstagswahl vom 5. März 1933 mit einer Schallplatte, auf der »Märsche und Lieder der NSDAP« zu hören waren, die ein SS-Sturmbann eingespielt hatte.[35] Kurz darauf erweiterte man das Angebot um weitere »Märsche und Lieder der Nationalen Erhebung«, an deren Einspielung ein weiterer Sturm beteiligt gewesen war.[36] Eine andere Firma versuchte die nationalsozialistischen Musikliebhaber von der Deutschen Grammophon wegzulocken, denn »Nationalsozialisten kaufen selbstverständlich nur NS.-Schallplatten für 1,50 mit dem Hakenkreuz«.[37] Das renommierte

Schuhwarenhaus Stiller warb derweil mit »SA-SS marschiert mit Stiller« für Marsch-Stiefel und Reitstiefel[38], und das Nürnberger Textilhaus Weigel rühmte sich, »Vertragslieferant für SA- und SS-Uniformstoffe« zu sein, was als Qualitätssiegel gemeint war.[39]

Noch weiter ging die Firma Cords: Sie schaltete im Berliner Gaublatt *Der Angriff* Anzeigen, in denen zu lesen war, Cords würde schon seit 1930 in dieser Zeitung inserieren. Großflächig und fettgedruckt bemerkte die Reklame, Cords sei das erste deutsche Spezialgeschäft gewesen, das im *Angriff* inserierte. Unter der Abbildung aller vier Anzeigen (November 1930 bis Januar 1931) erfuhr man dann, dass es sich um ein Haus für Textil- und Bekleidungsstoffe handelte, welches in einer »Spezial-Abteilung: Braunhemdenstoffe u. Uniformstoffe« führen würde.[40] Cords wollte sich also deutlich von Konjunkturrittern wie den oben genannten absetzen, indem die Firma darauf hinwies, man habe schon Verbundenheit mit der NS-»Bewegung« gezeigt, als diese noch nicht die Regierungsgewalt ausübte. Dass auch Cords erst nach dem ersten großen Wahlerfolg der NSDAP (bei den Reichstagswahlen im September 1930 hatte die Partei ihren Stimmenanteil auf 18,3 % gegenüber 2,6 % bei den Wahlen von 1928 steigern können) im *Angriff* inserierte und damit lediglich früher als andere Unternehmen auf den opportunistischen Zug aufgesprungen war, thematisierte die Anzeige natürlich nicht.

Es ist an sich nicht verwunderlich, dass sich alle hier exemplarisch genannten Anzeigen direkt an ein nationalsozialistisches Publikum wandten, dem man mehr oder weniger rein nationalsozialistische Produkte zu verkaufen gedachte. Die Firmen erhofften sich einen großen nationalsozialistischen Markt und inserierten in den entsprechenden Blättern. Dies lässt Rückschlüsse darauf zu, dass sie sich bereits im März 1933 einer breiten Nachfrage nach Produkten wie NS-Musik und Braunhemden gegenübersahen. Dabei ist es verblüffend, wie schnell sich die Unternehmen auf die neue Käuferschicht einstellten, denn es ist sicher, dass weder Cords noch Stiller noch die Deutsche Grammophon vor dem 30. Januar 1933 mit NSDAP-Liedern, Marschstiefeln und Braunhemden ein einträgliches Geschäft gemacht haben, falls sie – besonders im Fall der Deutschen Grammophon – solche Produkte vorher überhaupt im Angebot hatten. Es fehlen leider Untersuchungen darüber, in welchem Maße Firmen in finanzieller und ideeller Hinsicht (eventuelle Bevorzugung bei der Vergabe von Parteiaufträgen o. ä.) vom Handel mit NS-Produkten profitierten. In jedem Fall werden jedoch ihre opportunistischen Intentionen deutlich.

In einigen Fällen war derartiger Opportunismus allerdings mit erschreckender politischer Kurzsichtigkeit gepaart: Die Varietés Scala und Plaza, deren Anteilseigner mehrheitlich jüdisch waren,[41] warben ebenfalls – und schon vor der »Machtergreifung« – im Berliner Gaublatt *Der Angriff* für ihre Veranstaltungen.[42] Daran wird dreierlei deutlich: Erstens war es offenbar vielen Nationalsozialisten (und nur solche haben den *Angriff* gelesen) völlig egal, ob die für ihre glanzvollen Attraktionen bekannten Varieté-Theater Scala und Plaza von Juden geführt wurden oder nicht. Denn wären sie nicht Teil des Publikums gewesen, hätten Scala und Plaza wohl kaum im *Angriff* inseriert. Zweitens muss es der Schriftleitung des *Angriff* – also vor allem Joseph Goebbels als Herausgeber – gleichgültig gewesen sein, von wem man Geld für Anzeigenschaltungen bekam. Und drittens hatten die jüdischen Anteilseigner von Scala und Plaza überhaupt keine Skrupel, in einem NS-Blatt zu werben, das sich in seitenlangen Hasstiraden über »jüdische Parasiten« und »Geschäftemacher« ausließ.[43] Sie sollten teuer für ihre Kurzsichtigkeit bezahlen: Noch 1933 begannen die Deutsche Arbeitsfront und die Dresdner Bank damit, dieses jüdische Eigentum in Besitz zu nehmen.[44]

Anderen von den Nationalsozialisten als jüdisch eingestuften Unternehmen[45] gelang es noch 1938, vereinzelt Aufträge für Lieferungen an Parteidienststellen zu bekommen.[46] Dies entsprang jedoch nicht ihrem Opportunismus sondern dem schlichten Kampf um das wirtschaftliche Überleben, da die jüdische Gewerbetätigkeit zu dieser Zeit bereits drastisch eingeschränkt war.[47]

Der interne Umgang der NSDAP mit den »Märzgefallenen«

Aufgrund einer Führerverordnung vom 29. März 1935 war mit sofortiger Wirkung der Reichsschatzmeister der NSDAP für die zentrale Vergabe der Mitgliedsnummern zuständig. Um sich nicht denjenigen zu versperren, die tatsächlich aus Überzeugung der Partei beitreten wollten, verfügte er einige Lockerungen der Sperre, die jedoch nur wenig über das eingangs beschriebene Maß hinausgingen: Noch 1935 bot sich Angehörigen der

HJ und des Bundes Deutscher Mädel (BDM) eine Aufnahmemöglich-
keit. Laut einer Anordnung[48] vom 25. Oktober 1935 war die Aufnahme
in die NSDAP unter der Voraussetzung möglich, dass mindestens vier
Jahre ununterbrochener Tätigkeit bei derzeitiger Zugehörigkeit zu einer
dieser Organisationen nachgewiesen werden konnten. Ebenfalls durften
nun ehemalige Parteimitglieder wieder beitreten, die »vor Inkrafttreten
der Bestimmungen über ruhende Mitgliedschaft in die Wehrmacht eintraten« und aufgrund der damals geltenden Bestimmungen ihren Austritt
aus der NSDAP erklärt hatten. Diese Personengruppe war auch die einzige, deren Austritte nach dem 1. Januar 1932 noch zurückgenommen
werden konnten. Ganz gleich, aus welchem Grund man ansonsten nach
diesem Datum aus der NSDAP ausgetreten war: Ein Wiedereintritt war
nicht möglich.[49] War allerdings ein Parteigenosse fälschlicherweise ausgeschlossen worden, so konnte die betreffende Gauleitung ihn wieder
aufnehmen.[50]

Diese relativ rigiden Bestimmungen zeigen, welche (berechtigte) Angst
man vor Karrieristen und Opportunisten hatte, die eine NSDAP-Mitgliedschaft als Karrieresprungbrett benutzen wollten. Diese Tatsachen sind in
den offiziellen Dokumenten nicht explizit erwähnt, doch Hinweise darauf
gibt es zahlreich. So erstellte das Gauschatzamt Berlin ein 18 Seiten lan-
ges Dossier mit Richtlinien über die Mitgliedschaft und das Karteiwesen
in 26 Punkten.[51] Unter Punkt IV ging es um die »Schwarzführung von
Volksgenossen als Mitglieder d. N.S.D.A.P.«: Hier hieß es, »eine grosse
Anzahl von Volksgenossen« würde »als sogenannte schwarze Mitglieder
von Ortsgruppen und Stützpunkten« geführt werden, ohne aber tatsächlich Mitglied der Partei zu sein, da ihnen niemals eine Mitgliedskarte
ausgestellt worden sei.[52] Das Ausstellen der Mitgliedskarte unterstand
der Reichsleitung der NSDAP, die Anträge auf Mitgliedschaft wurden
jedoch in den jeweiligen Ortsgruppen gestellt, nicht bei der Reichsleitung. An die Ortsgruppen wurde auch der Mitgliedsbeitrag entrichtet und
»die besagten Volksgenossen erbringen in allen Fällen den Nachweis,
dass sie Mitgliedsbeiträge zahlen, in dem guten Glauben Mitglieder der
N.S.D.A.P. zu sein.«[53]

Dies zeigt nun zweierlei: Erstens war die Korruption innerhalb der
NSDAP bereits so weit gediehen, dass sich Ortsgruppen(-leiter) an Beitragszahlungen von Leuten bereicherten, denen sie eine imaginäre Parteimitgliedschaft verkauft hatten, während offiziell die Mitgliedersper-

re galt. »Auf keinen Fall sind Beiträge, vor Klärung der Mitgliedschaft durch die Gaukartei, entgegenzunehmen.«, vermerkten die Richtlinien – unterstrichen! – an anderer Stelle.[54]

Zweitens war jedoch die Bereitschaft der »Volksgenossen«, in die NSDAP einzutreten, so groß gewesen, dass ihre in den Taschen der Ortsgruppen(-leiter) versandeten Mitgliedsbeiträge eine lohnende Einnahmequelle darstellten, die zur Korruption verführte. Dass es die Mitgliedersperre gab, war kein Geheimnis – genauso wenig wie die Tatsache, dass man als wirkliches NSDAP-Mitglied natürlich eine Mitgliedskarte hätte bekommen müssen. Opportunismus wird man also – wenn es auch im Einzelfall zu prüfen wäre – als wesentliches Handlungsmotiv für den (versuchten) NSDAP-Beitritt in Betracht ziehen müssen.

Der Bericht nannte weder die Zahl »schwarzer Mitglieder« noch Ortsgruppen, in denen dies vielleicht gehäuft auftrat; da er jedoch ausdrücklich auf ein Rundschreiben des Reichsschatzmeisters verwies (Rundschreiben Nr. 36/35, 13. 3. 1935) und das Problem bereits sehr weit vorn in den Richtlinien behandelte, kann davon ausgegangen werden, dass die »schwarze Mitgliedschaft« reichsweit einen beachtlichen Missstand darstellte. Der Beitrag belief sich schließlich auf nur eine bis fünf Mark pro Monat[55]; man kann schon hieran leicht ersehen, in welchen Größenordnungen »schwarze Mitglieder« geführt worden sein müssen, damit dies für die jeweilige Ortsgruppe einträglich war.

Gleichzeitig nutzte die NSDAP jedoch auch legale Mitglieder aus, um ihre Kassen zu füllen: Ab 1. Januar 1935 hatten Berufstätige, die nach dem 30. April 1933 in die NSDAP eingetreten waren, einen monatlichen Beitrag von zwei bis fünf Mark (statt 1,50 Mark) zu entrichten – gestaffelt nach Einkommen.[56]

Es gab jedoch genug Mitglieder, deren Zahlungsmoral zu wünschen übrigließ. Das Oberste Parteigericht stellte in diesem Zusammenhang fest: »Vor der Machtübernahme war der Begriff der Zahlungsverweigerung innerhalb der NSDAP unbekannt. Wer vor dem 30. 1. 1933 zu uns kam, war willens für die Bewegung zu opfern.«[57] Das war zwar gelogen, wie zahlreiche Zahlungsaufforderungen und Parteiausschlüsse aus der Zeit vorher belegen[58], doch war der finanzielle Verlust aufgrund der gestiegenen Mitgliederzahl und ihrer Ungleichbehandlung bei den Beitragszahlungen sehr viel höher. Zum Sündenbock machte das Oberste Parteigericht freilich die »Märzgefallenen« – und ging dabei explizit auf

deren Opportunismus ein: »Jetzt kamen nicht mehr nur Menschen, die
für die Ziele des Führers kämpfen wollten, es ließen sich auch Leute aufnehmen, die nun an der und durch die Bewegung verdienen wollten.«[59]
Eine durchaus richtige Beobachtung, die noch einmal verdeutlicht, dass
der Opportunismus der »Märzgefallenen«, den man in öffentlichen Verlautbarungen nicht benannte, ein gravierendes Problem für die Partei darstellte. Dazu gehörte auch, dass der Opportunismus innerhalb der Partei
florierte: Verschiedene Parteidienststellen stellten zahlreichen NSDAP-
Mitgliedern Bescheinigungen aus, die diese »bei anderen Dienststellen
der Partei und bei Behörden zur Erlangung persönlicher Vorteile miß-
brauchen«[60] würden. Der Kampf gegen Opportunisten war also nicht
mehr nur eine Frage danach, wen man in die NSDAP aufnahm, sondern
auch danach, wie man innerhalb der Partei die ständig propagierte »Op-
ferwilligkeit« aufrechterhalten beziehungsweise überhaupt herstellen
konnte.

Identifikationsangebote der Partei

Der offizielle Aufnahmestopp hinderte die nationalsozialistische Propaganda nicht daran, weiterhin Identifikationsangebote an (Noch-)Nicht-
Nationalsozialisten zu machen. Das offenste und publikumswirksamste
Angebot machte der Film »Hitlerjunge Quex – Ein Film vom Opfergang
der deutschen Jugend«, den der Regisseur Hans Steinhoff am 11. September 1933 im Beisein Adolf Hitlers zur Uraufführung brachte. Der
Film erzählt die Geschichte eines KPD-Sympathisanten, der sich nach
und nach der Hitlerjugend zuwendet und schließlich in einem Berliner
Kommunistenviertel ermordet wird. Die letzte Szene des Films bietet dennoch einen Schulterschluss an: Sie zeigt einen Mann, dessen zum kommunistischen Gruß geballte Faust sich zum Hitlergruß wandelt. Um dem
Ganzen Glaubwürdigkeit zu verleihen, besetzte Steinhoff die Hauptrolle
mit Heinrich George, der nicht nur zur Crème der deutschen Film- und
Theaterschauspieler gehörte, sondern dies bisher vor allem in linksgerich-
teten Produktionen (z. B. in Bertolt Brechts »Trommeln in der Nacht« am
Deutschen Theater 1922/23 oder in den Filmen »Metropolis«, 1926/27,
und »Berlin Alexanderplatz«, 1931) gezeigt hatte. Das Identifikations-
angebot an linke NS-Gegner und Kommunisten war also unübersehbar.

Die NS-Presse beschäftigte sich ebenfalls mit dem Anwerben von Kommunisten: Das von Joseph Goebbels in Berlin herausgegebene Gaublatt *Der Angriff* brachte noch nach der »Machtergreifung« Artikel, die angebliche ehemalige Kommunisten nach ihrem Beitritt zur NSDAP geschrieben hatten. Neben »enthüllenden« Interna über die KPD oder ihr nahestehende Verbände und Organisationen sollten diese Artikel zum Eintritt in die NSDAP ermuntern. Dies war durch die Mitgliedersperre jedoch gar nicht möglich: Hier offenbarte sich abermals, dass die Partei-propaganda keinerlei Interesse daran haben konnte, den Aufnahmestopp besonders groß herauszustreichen, denn es war dem Propagandaminister – und sicher nicht nur diesem – völlig klar, dass man zwar keine neuen Mitglieder brauchte, wohl aber auf Sympathisanten in allen Bevölke-rungskreisen angewiesen war.

Die NSDAP hatte vor ihrer »Machtergreifung« kräftig die Wer-betrommel gerührt. Nicht nur die martialischen Aufmärsche der SA und der tägliche Straßenterror sollten die Kraft der Partei und der national-sozialistischen Ideologie demonstrieren, sondern man schaltete auch Werbeanzeigen. Im *Stürmer* stand immer wieder der Aufruf »Herein in die Hitlerpartei!«[61] zu lesen. Bis Ende März 1933 – also auch nach der Reichstagswahl – wurde dieser Aufruf jede Woche wiederholt.[62] Man kann davon ausgehen, dass die Leserschaft des *Stürmer* fast ausschließ-lich aus Nationalsozialisten bestanden hat, doch dürften gerade diese ei-nigermaßen erstaunt gewesen sein, als in der 19. Nummer des Jahres, im Mai 1933, erneut die Anzeige »Hinein in die Hitlerpartei!« erschien.[63] Und noch im November 1933 kam die Aufforderung: »Sei ein Deutscher! Komme zu Hitler! Denke an Deine Kinder!«[64] Man warb also auch hier um Mitglieder, trotz des Aufnahmestopps.

Dass die NSDAP jedoch auch erkannte, auf die Masse der Bevölkerung angewiesen zu sein, belegt eine Bestimmung Adolf Hitlers, der zufolge alle Haushalte im Reichsgebiet zu Zellen und Blocks zusammenzufassen waren. Die jeweiligen Zellen- und Blockleiter hatten sich um »die Ver-tiefung und Verbreitung des nationalsozialistischen Gedankenguts, die Werbung für HJ, BdM, DAF usw. und die Beratung der Volksgenossen in allen sie berührenden Fragen«[65] zu kümmern. Rudolf Heß, der »Stellver-treter des Führers« in der Partei, ergänzte in einer Verfügung[66], »niemals« dürften »die Zellen- und Blockleiter bei der Betreuung der letzten Volks-genossen und ihrer Familien aufdringlich werden, niemals auch darf die

Betreuung in ein Beschnüffeln oder Bespitzeln ausarten«, denn dadurch würde »nicht Vertrauen, sondern Mißtrauen geweckt werden.«

Diesen Bestimmungen lag ganz klar die Absicht zugrunde, ähnlich der propagierten Verschmelzung von Partei und Staat den »Volksgenossen« gleichsam mit dem Parteigenossen zu vereinigen. Die umfassende Kontrolle auch von Nicht-Parteimitgliedern, die auch nicht in einer der zahlreichen anderen NS-Gliederungen (z. B. der Volkswohlfahrt) erfasst wurden, war somit gewährleistet, ohne noch weitere Personen in die Partei aufnehmen zu müssen. Gleichzeitig konnten Opportunisten ferngehalten werden, ohne der Kontrolle durch die Partei zu entgehen. Heß bemerkte in einem nicht zur Veröffentlichung bestimmten Rundschreiben[67], dass eine »künstliche Aufblähung« der Partei und ihrer Gliederungen »eine gleichzeitige Schwächung der Spannkraft und eine Herabsetzung des Einsatzwertes bewirken« müsste, »die in gar keinem Verhältnis zu dem erreichten Zuwachs an Mitgliederbeiträgen stünde«.

Ziel und Nutzen der Mitgliedersperre

Was also wollte die Parteiführung für die NSDAP? Der Gedanke daran, die Elite des Regimes zu sein, wurde im Anspruch nicht aufgegeben, wie die Mitgliedersperre zeigt. Gleichzeitig war jedoch den Verantwortlichen in der Partei – und im Propagandaministerium – klar, dass man die breite Massenbasis brauchte, um das Regime zu stabilisieren. Der von Hitler in »Mein Kampf« propagierte »kontrollierte Zuwachs« an Mitgliedern machte jedoch die Trennung zwischen »Alten Kämpfern« und den Neuzugängen notwendig. Diese drückte sich nicht nur in der finanziellen Mehrbelastung für die überwiegende Mehrheit der »Märzgefallenen« aus, sondern auch darin, dass man die früher zur NSDAP gestoßenen Parteigenossen mit zahllosen Ritualen, Orden und Abzeichen ehrte. Dazu gehörten zum Beispiel das »Ehrenzeichen für die Mitglieder mit der Mitgliedsnummer unter 100 000«, das »Nürnberger Partei-Abzeichen 1929«, der »Blutorden vom 9. November 1923« und auch das »Ehrenbuch der Alten Garde«, das Rudolf Heß »als Zeugnis und Denkmal der Treue zum Führer«[68] 1936 initiierte.

Unübersehbar war dabei das Ideal des »Alten Kämpfers« ein Identifikationsmoment vor allem für die in Amt und Würden aufgerückte

Führungsriege der NSDAP, die sich von den Opportunisten und allen anderen später Hinzugekommenen absetzen wollte.[69] Dieses Ansinnen wurde durch die massenhaften Neuzugänge – auf die man ja andererseits nicht zuletzt in finanzieller Hinsicht angewiesen war – gleichsam entwertet und daher mit einer stark ideologisch geprägten Bestimmung der Zugehörigkeit kompensiert, die sich einzig über eine langjährige Mitgliedschaft definierte. Dies schloss den Generalverdacht gegen die neuen Mitglieder, Opportunisten zu sein, mit ein.

Das Aufrechterhalten der Unterscheidung zwischen alten und neuen Mitgliedern der Partei war also notwendig, um sich einen ideologischen Anspruch bewahren zu können, ohne dabei die Augen vor der (auch ökonomischen) Realität verschließen zu müssen. Nur dadurch war es der NSDAP möglich, weiterhin die Werbetrommel für eine Parteimitgliedschaft rühren zu können und auf den für Partei und Staat notwendigen Opportunismus der »Volksgenossen« zu zählen, ohne den »revolutionären« Anspruch aufgeben zu müssen und damit das Ideal der »alten Kämpfer« verraten zu müssen. Denn trotz aller Neuzugänge waren es bis zum Ende des »Dritten Reiches« hauptsächlich diese »alten Kämpfer«, die den Ton in der Partei und im deutschen Staat angaben.

Die Geldsorgen, welche die NSDAP 1937 veranlassten, die Mitgliedersperre aufzuheben (Anordnung 18/37, 20.04.1937) – was einen Ansturm auslöste, gegen den derjenige der »Märzgefallenen« noch harmlos war – konnten somit ganz unideologisch als gegebene Realität akzeptiert werden, ohne dass die »alten Kämpfer« um ihren Einfluss und ihre Stellung zu fürchten brauchten. »Ein Zwang oder Druck, der Partei beizutreten, darf unter keinen Umständen ausgeübt werden [...]«, gab Rudolf Heß in einer Anordnung[70] zu verstehen. Der war auch gar nicht nötig, denn auf den Opportunismus der Massen konnte sich die NSDAP im Frühjahr 1937 wie eh und je seit ihrem Machtantritt verlassen. Doch auch hier bediente Heß den Mythos vom opferwilligen Parteigenossen, der aus innerster Überzeugung seiner Aufnahme in die NSDAP entgegensah.

Die gefestigte Stellung der Partei im Staat – besser gesagt: Ihre bis zur Unauflösbarkeit fortgeschrittene Verflechtung mit dem Staat – hat in jedem Fall dazu beigetragen, den neuen Mitgliederansturm nach 1937 besser zu verkraften. Letztendlich war es der Zweite Weltkrieg, der die Partei vor allem aufgrund von gravierenden organisatorischen Problemen endgültig zwang, eine definitive Mitgliedersperre zu verhängen: Der Reichsschatzmeister verkündete sie »im Einvernehmen mit der Partei-Kanzlei« am 2. Februar 1942. Für die Dauer des Krieges wurden keine neuen Aufnahmeanträge mehr entgegengenommen, einzige Ausnahme bildeten HJ-Überweisungen in die NSDAP.[71]

Peter Widmann
Willkür und Gehorsam
Strukturen der NSDAP

Man kann die NSDAP in Parteitypologien einordnen, um sie als organisatorisches Phänomen zu fassen. Mit am Ende über acht Millionen Mitgliedern war sie eine Massenpartei, der Sozialstruktur nach eine Volkspartei, ideologisch zunächst eine rechtsextreme Antisystempartei und schließlich Staatspartei in der Diktatur. Besonderheiten des Herrschaftsalltags und der Parteistrukturen erfassen Typologien allerdings kaum. Für eine Charakterisierung der NSDAP ist auch wenig gewonnen, wenn man sie zum Typus faschistischer Parteien rechnet, etwa zusammen mit denen Mussolinis und Francos, oder wenn man sie mit staatssozialistischen Parteien unter die Kategorie totalitärer Organisationen fasst. Das Sortieren nach äußeren Merkmalen führt schon deshalb in die Irre, weil in der NSDAP formale Struktur und tatsächliche Herrschaftsverhältnisse auseinanderklafften.

Wiewohl die Partei ihre Macht unbarmherzig gebrauchte, war oft schwer zu lokalisieren, wo in ihrem Gefüge sich die Befehlsgewalt konzentrierte und wer Entscheidungen fällte. Geregelte Meinungsbildung über grundsätzliche Fragen in zuständigen Gremien kannte die NSDAP nicht. Anders als kommunistische Parteien entwickelte sie nie eine eigenständige, zentral gesteuerte politische Organisation. Ihrem 1932 ernannten Reichsorganisationsleiter Robert Ley zufolge sollte sie das auch nicht sein – er definierte die Partei als »Instrument des Führers«.[1]

Diktatur als Organisationsform

Zeit seines politischen Lebens hintertrieb Hitler verbindliche Entscheidungsverfahren. In der Frühzeit der NSDAP, im Juli 1921, ließ er sich per Satzung von jeder Verantwortung gegenüber Parteigremien freistellen.

Um das durchzusetzen, trat er aus der Partei aus und stellte für seinen Wiedereintritt die Bedingung, die Organisation fortan unumschränkt zu beherrschen. Gegenstimmen blieben leise, drohte der NSDAP doch ohne ihren lautesten Propagandisten die Bedeutungslosigkeit. So wählte am 29. Juli 1921 in München eine außerordentliche Mitgliederversammlung Hitler zum Vorsitzenden und beschloss eine Satzung, die Parteigremien allenfalls das Befinden über technische Fragen erlaubte.[2]

Daran änderte auch Hitlers Legalitätskurs nach dem gescheiterten Münchner Putsch im November 1923, nach Verbot und Neugründung der Partei im Februar 1925 nichts. Im Mai 1926 beschloss die Generalmitgliederversammlung der NSDAP eine neue Satzung, die Hitler, »freiesten Spielraum« gewährte, »unabhängig von Majoritätsbeschlüssen«.[3] Gremien der NSDAP-Reichsleitung waren demnach nur ausführende, dem Parteiführer unterstellte Organe. Aufgaben und Rechte der Mitglieder spielten keine Rolle, sieht man von der symbolischen Regelung ab, dass im Notfall eine außerordentliche Mitgliederversammlung den Vorsitzenden am Verlassen des durch Parteiprogramm und Statuten bestimmten Weges hindern konnte. Die Satzung machte Hitler in der Partei nicht nur zum alleinigen Machthaber, sie hinderte auch mögliche Konkurrenten daran, sich durch Mehrheitsbeschluss zu legitimieren. Letzte Reste von Demokratie beseitigte Hitler in den folgenden Jahren. Nachdem etliche Ortsgruppen noch bis in das Jahr 1928 ihre Leiter gewählt hatten, verbot Hitler im Jahr 1929 dieses Verfahren. Fortan sollten Gauleiter die Ortsgruppenführer einsetzen.[4]

Hitler bekämpfte jeden Ansatz, reguläre Kollektivorgane an der Steuerung der Partei zu beteiligen, und lehnte immer wieder Vorschläge ab, politisch handlungsfähige Gremien zu bilden. Ein Beispiel dafür war der mehrmals angekündigte, aber nie eingesetzte oberste Parteisenat. Der Senatssaal, den man im Jahr 1931 im Münchner »Braunen Haus« dafür eingerichtet hatte, blieb zweckloses Denkmal Hitler'scher Gremienfurcht. Seine Ablehnung geregelter kollektiver Willensfindung übertrug Hitler später auch auf staatliche Gremien, wie das Reichskabinett, das ab 1937 keine Rolle mehr spielte.[5]

In »Mein Kampf« begründete Hitler die undemokratische Binnenstruktur der Partei: »Die junge Bewegung ist in ihrem Wesen und ihrer inneren Organisation nach antiparlamentarisch, d. h. sie lehnt im allgemeinen wie in ihrem eigenen inneren Aufbau ein Prinzip der Majoritätsbestimmung ab, in dem der Führer nur zum Vollstrecker des Willens und der Meinung anderer degradiert wird.«[6]

Hitlers Programmschrift zeigt, wie zutreffend Robert Ley mit der Rede von der Partei als »Instrument des Führers« Hitlers Sicht auch schon vor der Machtübernahme beschrieben hatte. Den Parteichef interessierte an seiner Gefolgschaft deren Verwendbarkeit im Kampf gegen die Republik, nicht deren Ideen zur Lösung politischer Probleme. Seine Anhänger bezeichnete er in »Mein Kampf« als »Menschenmaterial« und erklärte, »daß die Stärke einer politischen Partei keineswegs in einer möglichst großen und selbstständigen Geistigkeit der einzelnen Mitglieder liegt, als vielmehr im disziplinierten Gehorsam, mit der ihre Mitglieder der geistigen Führung Gefolgschaft leisten«. Seiner Vorstellung nach konnte nur derjenige Deutschland vor dem Marxismus und dessen jüdischen Hintermännern retten, der über die »diszilinierteste, blindgehorsamste und bestgedrillte Truppe« verfügte.[7] Hitlers Geringschätzung der eigenen Gefolgschaft lässt sich von seiner Verachtung der Bevölkerung als Ganzes ableiten. Wie die Mitgliedschaft der NSDAP betrachtete er auch das Volk in erster Linie als Mittel, und nicht als Zweck der Politik. Es war ihm Objekt, das er für vorbestimmte Zwecke mobilisieren wollte.

Dem Verständnis der NSDAP als Machtinstrument entsprach ihr militärisches Gepräge, das nicht nur SA und SS zur Schau stellten, sondern auch die politische Organisation der Partei. Vom Blockleiter aufwärts trugen Funktionäre die hellbraune Parteiuniform, man hielt »Dienstappelle« ab und imitierte militärische Praxis in Aufmärschen und öffentlichen Vereidigungen. Das parteiamtliche Organisationsbuch proklamierte: »Die Grundhaltung des politischen Leiters ist eine soldatische.«[8] Von den NSDAP-Kreisleitern eingesetzte Parteistreifen sollten darüber wachen, dass die Funktionäre den Eindruck militärischer Disziplin nach außen wahrten, dass etwa Politische Leiter den Dienstanzug vorschriftsgemäß trugen und in Gaststätten nach Mitternacht nicht in Uniform saßen.

Hitlers Ablehnung jeder Form von Bindung betraf Verpflichtungen aller Art. Geregelte Amtsführung interessierte ihn nicht, in seinem Parteibüro fand man ihn selten. Er mied programmatische Festlegungen und Diskussionen über politische Ziele. Das 25-Punkte-Programm der NSDAP vom Februar 1920 etwa blieb eine Liste der in völkischen Kreisen gängigen

Bekenntnisse. Dass er es für unveränderlich erklärte, drückte keine Wertschätzung des Inhalts aus, sondern die Furcht, durch programmatische Diskussionen überhaupt in der Partei die Frage nach politischen Zielen aufkommen zu lassen. Selbst wenn man bessere Formulierungen finden würde, schrieb er in »Mein Kampf«, müssten die 25 Punkte unantastbar bleiben: »Denn damit wird etwas, das unerschütterlich fest sein sollte, der Diskussion anheimgegeben«, und das werde zu »endlosen Debatten und einer allgemeinen Wirrnis« führen.[9] So blieb das Programm eine papierne Phrasensammlung, auf die man sich bei Gelegenheit rhetorisch ohne weitere Folgen berufen konnte. Das Meiden jeder organisatorischen wie programmatischen Bindung erlaubte es Hitler, jedem Publikum die Erfüllung der jeweiligen Wünsche zu versprechen.

Auch Gregor Straßer, der 1928 das Amt des Reichsorganisationsleiters übernahm, vermochte durch seine Parteireformen keine zentrale, rationalen Prinzipien folgende Willensbildung durchzusetzen. Straßer hatte erkannt, dass die NSDAP mit ihren seit 1925 entstandenen Strukturen weder die steigende Mitgliederzahl integrieren noch im Falle der Macht-übernahme eine programmatisch konsistente Regierungspolitik verfolgen konnte. Die Organisationseinheiten der Partei hatten sich seit der Wiedergründung sehr unterschiedlich entwickelt. Der Aufbau der Ortsgruppen variierte von Gau zu Gau; die Organisationsstrukturen richteten sich nach den Vorstellungen der örtlichen Funktionäre. 1928 setzte Straßer in einer ersten Reform eine Neuordnung regionaler Parteigliederungen durch. Im Juli 1932 erging eine Dienstvorschrift für die Politische Organisation der NSDAP an die Gaue, um den Parteiaufbau reichsweit zu standardisieren. Ortsgruppen sollten systematisch in Blöcke und Zellen untergliedert werden. In ländlichen Ortschaften, in denen es nicht genügend Mitglieder zur Bildung von Ortsgruppen gab, sollten die Funktionäre Stützpunkte errichten.[10]

Straßer wollte die Reichsleitung der Partei als Steuerungsinstanz zwischen Hitler und den Gauleitern etablieren. Er gliederte die Reichsleitung neu und bestimmte den Oberstleutnant a. D. Paul Schulz und Robert Ley als Reichsinspekteure, die dazu beitragen sollten, die zentrale Kontrolle über die Parteiorganisation zu vergrößern. Die Reformen brachen im Dezember 1932 mit dem Rücktritt Straßers ab, der sich mit Hitler und führenden Parteifunktionären überworfen hatte. Hitler, der

Straßer eine Verschwörung unterstellte, ließ die Schritte zur Zentralisierung rückgängig machen und garantierte so den starken Gauleitern ihren Spielraum.[11]

Der Parteichef übernahm nach dem Bruch mit Straßer selbst die oberste Leitung der Politischen Organisation und ernannte Robert Ley zum Reichsorganisationsleiter. Unter Ley blieb die Reichsleitung ein Organ, dem nur so viel Kompetenz zufiel, wie zur technischen Verwaltung der Partei unbedingt nötig war. Weil ihre Mitglieder sich nie kollektiv berieten, blieb die Reichsleitung eine Ansammlung von Funktionären, die außer dem Titel des Reichsleiters wenig miteinander verband.[12] Unter anderem gehörten im Jahr 1936 zur Reichsleitung der Reichsführer SS, der Stabschef der SA, der Reichsorganisationsleiter, der Reichsschatzmeister, der Reichsjugendführer, der Reichspressechef, der Reichspropagandaleiter, der Reichsleiter für die Presse, das Außenpolitische Amt und das Oberste Parteigericht. Dazu kamen eine Reihe weiterer Ämter und Spitzenfunktionäre. Diejenigen Reichsleiter, die Einfluss hatten, etwa Himmler als Reichsführer SS oder Goebbels als Reichspropagandaleiter, hatten ihn durch Hitlers Gunst und andere wichtige Funktionen, aber nicht durch ihre Zugehörigkeit zur Reichsleitung. Über besondere Kompetenzen verfügte allenfalls der Reichsschatzmeister Franz Xaver Schwarz, dem Hitler 1931 eine Generalvollmacht zur Verwaltung der Parteifinanzen erteilt hatte.[13]

Rudolf Heß' Ernennung zum Stellvertreter des Führers im April 1933 war ein weiterer Schritt, mit dem Hitler eine von ihm selbst unabhängige Machtkonzentration auf Reichsebene zu verhindern suchte, denn der Hitler loyal ergebene Heß hatte keine eigene Gefolgschaft. Er stand auf gleicher Höhe mit den Reichsleitern – eine der charakteristischen Nebenordnungen im Gefüge nationalsozialistischer Herrschaft, die ständig Kompetenzkonflikte verursachten.[14] Nachdem Heß am 11. Mai 1941 nach England geflogen war, ließ Hitler am folgenden Tag dessen Dienststelle in »Partei-Kanzlei« umbenennen und setzte Heß' Stabschef Martin Bormann als ihm persönlich unterstellten Leiter ein. Zwar erweiterte Bormann den Einfluss der Dienststelle geschickt, eine geregelte Zentralsteuerung der Partei entstand aber auch daraus nicht – die Partei blieb ein polykratisches Gebilde.[15]

Persönliche Gefolgschaft als Herrschaftsform

Die NSDAP proklamierte das »Führerprinzip« als Gegenmodell zur Willensbildung in Gremien. Danach bildete Adolf Hitler die Spitze einer Befehlspyramide, darunter staffelten sich die Hierarchieebenen des Reiches, der Gaue, Kreise, Ortsgruppen, Zellen und Blocks. Der jeweilige »Hoheitsträger« – der Reichs-, Gau-, Kreis-, Ortsgruppen-, Zellen- oder Blockleiter – sollte die ihm unterstellten Funktionäre nach dem Muster von Befehl und Gehorsam steuern.

So klar das Führerprinzip auf dem Papier schien, so undurchsichtig war das Innenleben der Partei im Alltag. Martin Broszats Analyse zufolge unterschied sich das Herrschaftsgefüge der Partei grundlegend von anderen, auf formalen Regeln und Pflichten fußenden Hierarchien, wie dem Militär oder dem Beamtentum.[16] Statt klarer Kompetenzverteilung beherrschten Klientelverbände die Partei, die sich an persönlicher Gefolgschaftstreue orientierten und miteinander konkurrierten. Informelle Netzwerke und regionale Hausmacht waren im Zweifelsfall wichtiger als Ränge und Zuständigkeiten. Grundsätze rationaler Verwaltung traten dagegen in den Hintergrund. Hans Mommsen beschrieb das als »Feudalisierung der NSDAP«, die eine strenge formale Hierarchie, wie etwa in kommunistischen Staatsparteien, ausschloss.[17] Wo das Führerprinzip in der Theorie Unterordnung vorschrieb, prägte das Nebeneinander die Praxis der Herrschaft.

Am deutlichsten zeichnete sich das Muster in Hitlers Umfeld ab. Schon der junge Parteichef hatte durch persönliche Kontakte verfolgt, was er durch rationale Entscheidungsverfahren nicht durchsetzen konnte oder wollte. Im München der frühen zwanziger Jahre beförderten neben dem demagogischen Talent vor allem informelle Beziehungen seinen Aufstieg. Zu Hitlers Kreis gehörten Verbindungsleute zu Reichswehr und paramilitärischen Verbänden, zum völkischen Milieu und zu wohlhabenden Geldgebern.[18] Hier entschied sich mehr als in den satzungsmäßigen Organen der Partei.

Das persönliche Gefolgschaftswesen wirkte von der Spitze bis auf die lokale Ebene. Wer sich vor Ort oder in einer Region zum Führer aufschwang, etwa indem er eine Ortsgruppe gründete und sich an ihrer Spitze hielt, fand sich im Normalfall von der Parteileitung bestätigt und hatte unabhängig von formalen Regeln einen weiten Handlungsspielraum.

Organisierte man sich als lokale Größe eine Hausmacht, brachte man Geldgeber für die Partei hinter sich, war man alles andere als ein Befehlsempfänger der nächsthöheren Parteiinstanz, wie das Führerprinzip es vorsah.[19]

Das Klientel- und Cliquenwesen wirkte zentrifugal. Weil verbindliche Zuständigkeiten als Integrationsfaktor ausfielen, gewann der Führerkult für den Zusammenhalt eine umso größere Bedeutung. Er fokussierte die Hoffnungen der Parteigenossen auf die Person Hitlers, nicht auf das Amt des Parteichefs. Integrierend wirkte für die Mitglieder außerdem die Verheißung, als Funktionäre der Partei ihren gesellschaftlichen Status zu erhöhen: Wer Teil ihres Herrschaftsgefüges wurde, konnte durch die NSDAP sozial aufsteigen. Nachdem Hitler die Herrschaft übernommen hatte, nahm man schon als ehrenamtlicher Funktionär teil an der Macht – auf unterster Ebene etwa als Blockleiter, der mithalf, die Bevölkerung zu überwachen und zu disziplinieren. Das Führerprinzip verhieß dem, der sich etwas befehlen ließ, auch selbst befehlen zu dürfen. Da die so gewonnene soziale Stellung davon abhing, dass sich das Regime hielt, dienten viele ihm umso treuer.[20]

Das an Cliquenwesen und Gefolgschaftstreue orientierte Herrschaftsgebaren war ein Grund dafür, dass die Partei nach 1933 ihr Verhältnis zum Staat nie klärte. Ob die Partei staatlichen Apparaten über- oder untergeordnet war, wie die Kompetenzen zwischen Partei- und Staatsstellen verteilt waren, blieb häufig dem Spiel konkurrierender Kräfte überlassen. Das Wuchern der Zuständigkeiten und die Tendenz zur Polykratie griff aus der Partei auf den staatlichen Bereich über.[21]

Im Dezember 1933 sollte das »Gesetz zur Sicherung der Einheit von Partei und Staat« das Verhältnis der NSDAP zu den Behörden des Reiches regeln. Paragraph 1 des Gesetzes bestimmte die NSDAP als Körperschaft des öffentlichen Rechts.[22] Dem Begriff nach wäre damit die Partei dem Staat unterstellt gewesen, ist doch eine Körperschaft des öffentlichen Rechts ein Verband zur Wahrnehmung staatlicher Aufgaben unter Staatsaufsicht. Tatsächlich grenzte das Gesetz keine Zuständigkeiten ab, seine Funktion lag vielmehr darin, die Ambitionen der Partei nach der Machtübernahme symbolisch zu befriedigen.[23]

In der Realität herrschte eine ungeregelte Verflechtung zwischen Partei und Staat vor, die sich in vielen Personalunionen manifestierte. Goebbels etwa war sowohl Reichspropagandaleiter der NSDAP als auch

Reichsminister für Volksaufklärung und Propaganda. Heß als nach Hitler oberster Repräsentant der Partei trat als Minister in das Reichskabinett ein. SS-Führer Himmler wurde Chef der Deutschen Polizei, Darré war Reichsbauernführer und Reichsminister für Landwirtschaft. Gauleiter wurden 1933 zu Reichsstatthaltern oder Oberpräsidenten preußischer Provinzen. Diese Personalunionen führten jedoch nicht dazu, dass Staat und Partei eine Einheit wurden.[24]

Organisation als Werkzeug

Zur Funktion der NSDAP als Plattform für den persönlichen Aufstieg und Machtausübung kamen weitere: Nachdem die Partei in den Weimarer Jahren als Kampf- und Propagandaorganisation zur Zerstörung der Republik agiert hatte, wandelte sie sich nach der Machtübernahme zum parastaatlichen Netzwerk, das die Diktatur durch Überwachung und Indoktrination stabilisierte und die Bevölkerung für rassistische Verfolgung und den Krieg mobilisierte. Sie entwickelte darin eine Dynamik und Effizienz, ohne die man das Beharrungsvermögen nationalsozialistischer Herrschaft noch zu Zeiten, als der Zusammenbruch längst absehbar war, kaum erklären kann.

Gaue, Kreise und Ortsgruppen waren die Gehäuse, in denen die NSDAP ihren Zugriff auf die Bevölkerung organisierte. Ihr Herrschaftsanspruch spiegelte sich im Begriff des »Hoheitsträgers«. Damit bezeichnete man im Parteijargon den für eine Organisationseinheit, also ein »Hoheitsgebiet«, verantwortlichen Funktionär. Hoheitsträger waren, neben dem »Führer«, die Gauleiter, Kreisleiter, Ortsgruppenleiter, Stützpunktleiter, Zellenleiter und Blockleiter. Sie spielten eine hervorgehobene Rolle im »Korps der Politischen Leiter«, der Parteifunktionäre. Unterhalb der Reichsleitung arbeiteten über 98 Prozent der Funktionäre ehrenamtlich.[25]

Die Parteigaue waren unterhalb der Reichsebene die höchsten Organisationseinheiten. Hitler ließ sie 1925 nach der Neugründung der NSDAP einrichten, als sich die Partei über Bayern hinaus auszubreiten begann. Die Zahl der Gaue im Reichsgebiet erreichte schließlich 42. Als 43. Gau führte die Partei die NSDAP-Auslandsorganisation, deren Chef den Rang eines Gauleiters innehatte.

Hitler ernannte die Gauleiter selbst, sie unterstanden ihm direkt. Der besondere Einfluss vieler Gauleiter fußte darauf, dass sie als »Alte Kämpfer«, als früh zur NS-Bewegung gestoßene Aktivisten, Hitler besonders nahestanden. Die Diktatur verschaffte ihnen darüber hinaus quasistaatliche Kompetenzen, die in Rechtsstaaten eigentlich Monopol von Polizei und Justiz sind: Den Regularien der Partei zufolge sollten Gauleiter alle Aktivitäten in ihrem »Hoheitsgebiet« unterbinden, die sie als den Parteiinteressen zuwiderlaufend betrachteten. Ihnen oblag nicht nur die weltanschauliche Ausrichtung der Parteifunktionäre und Mitglieder, sondern ausdrücklich auch die der Bevölkerung.[26]

Jeder Gauleiter verfügte über einen Verwaltungsstab. Eine hauptamtliche Besetzung forderte das parteiamtliche Organisationsbuch für die Dienststellen des Gaugeschäftsführers, des Organisationsleiters, des Schulungsleiters, des Propagandaleiters, des Personalamtsleiters und der Gauinspekteure. Die Funktionäre waren disziplinär dem Gauleiter unterstellt, fachlich jedoch der zuständigen Fachdienststelle in der Reichsleitung. Das doppelte Unterstellungsverhältnis, das auch auf den darunterliegenden Ebenen der Kreise und Ortsgruppen galt, war ein Faktor dafür, dass das scheinbar klare Führerprinzip in der Praxis Konflikte auslöste.[27]

Jeder Gau gliederte sich in Parteikreise. Im Dezember 1940 gab es davon 882 im Deutschen Reich.[28] Wie die Gauleiter erhielten die Kreisleiter quasipolizeiliche und -juristische Funktionen. Auch ein Kreisleiter hatte alles zu unterbinden, was Parteiinteressen zuwiderlief, und wenn notwendig Gauleitung, Geheime Staatspolizei oder die Landesstelle für Volksaufklärung und Propaganda zu verständigen.[29] Der Parteikreis bildete die unterste Gliederung, auf der das Leitungspersonal nach und nach in der Regel hauptamtlich arbeitete.[30]

Die Ortsgruppe war die kleinste Parteieinheit mit eigener Verwaltung und umfasste ein Dorf oder einen Stadtteil. In der Weimarer Zeit bestand ihre Aufgabe darin, Mitglieder zu werben und Wahlpropaganda zu organisieren. Nach der Machtübernahme wandelten sich die Ortsgruppen zu Basisinstanzen der Diktatur, zu Organisationseinheiten, die in den Städten und Dörfern die Bevölkerung überwachten und indoktrinierten. Im Jahr 1939 zählte die Partei 28 376 Ortsgruppen.[31] Das Organisationsbuch von 1937 sah für Ortsgruppen eine Mitgliederzahl von 50 bis 500 vor. War ein Ort zu klein, um genügend Mitglieder für eine Ortsgruppe zu stellen, sollte ein »Stützpunkt« die lokale Parteiorganisation bilden, dem zwischen 15 und 50 Mitglieder angehören konnten.[32]

Der Ortsgruppenleiter war gehalten, »durch geeignete Veranstaltungen die Bevölkerung nationalsozialistisch auszurichten«.[33] Dazu verfügte er über einen lokalen Funktionärsstab: Leiter für Organisation, Schulung und Propaganda, einen Kassenleiter und einen Hilfskassenobmann, eine Frauenschaftsleiterin sowie die Leiter der Betriebszellenorganisation und der Volkswohlfahrt.

Dem Ortsgruppenleiter unterstanden auch die Leiter der Blocks und Zellen. Ein Blockleiter sollte für 40 bis 60 Haushalte zuständig sein, ein Zellenleiter für vier bis acht Blocks.[34] Vor allem die Blockleiter sollten die in ihrem Zuständigkeitsbereich wohnenden Menschen betreuen und überwachen. Der Übergang von der Betreuung zur Überwachung war dabei fließend; wo das Hilfsangebot endete und die Bespitzelung anfing, blieb absichtlich unklar. Blockleiter sollten zum einen in Wohngebieten und Ortschaften präsent sein, eventuell in Not geratene Familien beraten und unterstützen. Gleichzeitig hatten sie die Bürger zum Besuch von Kundgebungen und Feierstunden anzuhalten und ihnen den Beitritt zu Parteigliederungen und angeschlossenen Verbänden nahezulegen. »Verbreiter schädigender Gerüchte« sollten sie der Ortsgruppenleitung melden und für regimefreundliche Stimmung sorgen. »Der Blockleiter«, so das Organisationsbuch der Partei, »treibt nationalsozialistische Propaganda von Mund zu Mund. Er wird bei den ewig Unzufriedenen allmählich das Verständnis wecken für oft nur falsch ausgelegte und mißverstandene Maßnahmen und Gesetze der nationalsozialistischen Regierung.«[35]

Der Zellenleiter als übergeordneter Hoheitsträger sollte die Arbeit der Blockleiter seiner Parteizelle überwachen und sich die Stimmungslage in den Blocks schildern lassen, um die Ergebnisse dem Ortsgruppenleiter in Stimmungsberichten zu melden. Bewährte Zellenleiter konnten Propagandaabende veranstalten, wobei jedoch ihr Freiraum gering war. An solchen »Zellenabenden«, hieß es im Organisationsbuch, solle »kein schwungvoller Vortrag gehalten, sondern beispielsweise ein Kapitel aus Adolf Hitlers ›Mein Kampf‹ vorgelesen« werden.[36]

Als Voraussetzung der Überwachung und Indoktrination registrierten die Ortsgruppen die Bewohner parallel zu Einwohnermeldeämtern in »Haushaltungskarteien«. Die Funktionäre hielten in ihren Unterlagen

fest, wer bei Sammlungen Geld spendete, Mitglied in Parteiorganisationen war oder NS-Zeitungen abonnierte. Jene Karteien nutzten die Ortsgruppen auch bei der Verfolgung der Juden.[37] Um die Bürger im Sinne
des Nationalsozialismus effektiv erziehen zu können, schnitt die Partei
durch Neuregelungen in den Jahren 1936 und 1938 ihre lokalen Gliederungen nach der Zahl der Bewohner und Haushalte zu, und nicht mehr
wie zuvor nach der Zahl der Parteimitglieder. So spiegelte die Organisationsstruktur das Streben nach dem Zugriff auf die gesamte Bevölkerung.
Nicht immer jedoch, so zeigen neuere Untersuchungen, realisierten die
Ortsgruppen den totalitären Anspruch ganz. In Großstädten dürfte dafür
die Zahl der Menschen häufig zu hoch gewesen sein, die ein Blockleiter
de facto zu überwachen hatte.[38]

Ab 1939 trat zu Propaganda und Überwachung die Mobilisierung für
den Krieg. Die NSDAP betrachtete sich als eine neben der Wehrmacht
stehende Truppe, die für den Sieg an der »inneren Front« verantwortlich
war. Die Nationalsozialisten hingen der »Dolchstoß«-Legende an, der
zufolge im Ersten Weltkrieg die Sozialisten durch einen »Dolchstoß« das
ansonsten siegreiche deutsche Heer hinterrücks überwältigt hätten. Nun
glaubte man, eine ähnliche Bedrohung abwehren zu müssen.[39]

Während des Krieges übernahmen die lokalen Parteiorganisationen zusätzliche Funktionen: Sie organisierten Luftschutz und Evakuierungen,
übernahmen Aufgaben bei der Überwachung und Unterbringung von
Fremd- und Zwangsarbeitern, führten Sammlungen durch und organisierten in der Endphase den Volkssturm.

Der Stab des Stellvertreters des Führers koordinierte die Aktivitäten
der Partei zur praktischen wie ideologischen Mobilisierung. Seit 1937
gehörte Rudolf Heß dem Reichsverteidigungsausschuss an, der seit dem
Jahr der nationalsozialistischen Machtübernahme Vorbereitungen für den
Krieg in die Wege geleitet hatte. Das Gesetz über die Reichsverteidigung
vom September 1938 beauftragte Hitlers Stellvertreter mit der »politischen Willensbildung des Volkes«. In Heß' Stab war die »Abteilung M«
für die Kriegsvorbereitungen in der Partei zuständig und stand in Kon-
takt mit Mobilmachungsbeauftragten in der Reichsleitung, in Gauen und
Kreisen.[40]

Nach den ersten Bombenangriffen der Alliierten im Mai 1940 auf das
Ruhrgebiet und im Juni auf Berlin ordnete Heß an, dass die Partei Auf-

gaben beim Luftschutz übernehmen sollte. Ortsgruppen und Zellen sollten Streifendienste organisieren, um die Verdunkelung und den Bau von Schutzräumen zu kontrollieren und Bombenopfern zu helfen.[41]

Nachdem Ende Januar/Anfang Februar 1943 in Stalingrad die 6. Armee kapituliert hatte, organisierte die Partei gruppendynamische Veranstaltungen, um ihre Mitglieder auf Kurs zu halten. Im Februar 1943 ordnete Bormann die Wiedereinführung von »Sprechabenden« in Ortsgruppen und Zellen an. Dabei sollte, wie es aus der Partei-Kanzlei hieß, nicht die Aussprache im Mittelpunkt stehen, sondern emotionalisierende Reden, um die Parteigenossen auf den totalen Krieg einzuschwören. Entsprechendes Redematerial verschickte die Reichspropagandaleitung.[42] Damit sollte die Zuversicht in der Bevölkerung verbreitet werden. Großkundgebungen, öffentliche Versammlungen, Betriebsappelle und Dorfgemeinschaftsabende sollten den Durchhaltewillen stärken. Besonders intensiv kümmerten sich die Ortsgruppen dabei um die Familien von Soldaten.[43]

Neben der ideologischen Ausrichtung war die Parteiorganisation für die Zivilverteidigung zuständig. Sie mobilisierte fast 100 000 Menschen für die Heimatflak zur Abwehr von Fliegerangriffen auf das Reichsgebiet und 1,5 Millionen Menschen für den Stellungsbau. Nachdem Hitler im September 1944 die Gründung eines »Volkssturms« aus bis dahin nicht eingezogenen Männern zwischen 16 und 60 Jahren angeordnet hatte, stellten die Ortsgruppenleiter entsprechende Listen zusammen. Die Aufstellung des letzten Aufgebots orientierte sich am organisatorischen Raster der Blocks, Ortsgruppen und Kreise.[44]

Außerdem waren die NSDAP-Ortsgruppenleitungen während des Krieges eingebunden in die Unterbringung und Überwachung von Fremd- und Zwangsarbeitern. So sollten Ortsgruppenleiter etwa geeignete Grundstücke und Gebäude aussuchen, um Zwangsarbeiter einzuquartieren. Ortsgruppenfunktionäre trugen außerdem Verantwortung dafür, dass Kontakte von Fremd- und Zwangsarbeitern zur Bevölkerung so weit wie möglich unterbunden wurden, betrachtete sich doch die Partei als Wächter der »Rassenreinheit«.[45]

Herrschen und Mitwirken

Die NSDAP war einer der wesentlichen Herrschaftsfaktoren der Diktatur. Ihre Macht speiste sich dabei nicht aus einem freien Entscheidungsspielraum, innerhalb dessen die Partei hätte agieren können – dazu fehlten ihr zentrale Instanzen und Steuerungsmittel. Ihre Bedeutung lag vielmehr darin, dass sie unentbehrliches Herrschaftsinstrument war, um jeden Einzelnen zu kontrollieren, um Ausgrenzung, Verfolgung und Ermordung stigmatisierter Menschengruppen zu organisieren, um die Bevölkerung in einen Krieg zu führen, und sie über Jahre hinweg, letztendlich wider alle Vernunft, zur Unterstützung und Akzeptanz der deutschen Eroberungsfeldzüge zu bringen. Eine Quelle ihrer Macht erschloss sie sich durch ein Angebot an jeden Einzelnen: Wer sich in ihr System einfügte, konnte vom Blockleiter aufwärts Macht genießen und gesellschaftlichen Status erringen – selbst wenn die neu gewonnene Geltung auf Angst statt auf Respekt beruhte.

Armin Nolzen
Vom »Jugendgenossen« zum »Parteigenossen«
Die Aufnahme von Angehörigen der
Hitler-Jugend in die NSDAP

Am Jahresende 1934 veröffentlichte Baldur von Schirach, der Reichs-leiter für die Jugenderziehung in der Nationalsozialistischen Deutschen Arbeiterpartei (NSDAP), eine programmatische Schrift, die in den kommenden Jahren einige Neuauflagen erfuhr. Darin erläuterte er Organisationsaufbau und Funktionsweise der von ihm geführten Hitler-Jugend (HJ), der zu diesem Zeitpunkt 3,5 Millionen Jungen und Mädchen im Alter von 10 bis 18 Jahren angehörten.[1] Eine gewisse Bedeutung maß von Schirach auch den Schnittstellen zwischen der Hitler-Jugend und der NSDAP bei, also der einzigen im Deutschen Reich zugelassenen politischen Partei, in die man im Prinzip erst nach Vollendung des 21. Lebensjahres eintreten durfte.[2]

»Die HJ ist ein korporativer Bestandteil der NSDAP. Ihre Aufgabe ist es, darüber zu wachen, daß die neuen Mitglieder der nationalsozialistischen Bewegung in demselben Geist erzogen werden, durch den die Partei groß wurde. Jede Bewegung, die sich im Besitz der politischen Macht befindet, läuft Gefahr, von den Konjunkturmenschen verdorben zu werden. [...] Die NSDAP. schützt sich vor solchen Kreaturen in erster Linie durch ihre Jugendorganisationen. Wer mit 10 oder 12 Jahren in das Deutsche Jungvolk eingetreten ist, und bis zu seinem 18. Lebensjahr der HJ angehörte, hat eine so lange Bewährungsprobe hinter sich, daß die nationalsozialistische Partei sicher ist, in ihm einen zuverlässigen Kämpfer zu erhalten. [...] In dieser Erkenntnis sucht die nationalsozialistische Partei ihre Reihen aus der Jugend heraus zu ergänzen, aus der Masse derer, die wie die alten Kämpfer des Nationalsozialismus aus Glauben und Begeisterung sich schon in jungen Jahren ihrer Fahne verschworen haben. Durch die jahrelange Zugehörigkeit des einzelnen Jugendlichen zur HJ ergibt sich die Möglichkeit einer wirklich gerechten Beurteilung seiner Anlagen und seines Wertes für die Gemeinschaft. Nicht jeder Hitlerjunge wird zwangsläufig Mitglied der nationalsozialistischen Partei, die Zugehörigkeit zur HJ bedeutet kein Anrecht auf eine spätere Zugehörigkeit. [...] Aber wer schon in den Jahren der Jugend unablässig seine Pflicht der Bewegung gegenüber erfüllt hat, kann damit rechnen, daß ihm am Tage der feierlichen Überführung der Jugend in die NSDAP. [...] die Tore der Partei geöffnet werden.«[3]

Folgt man diesen Ausführungen, so sollte die Hitler-Jugend im Wesentlichen als eine Art Filter für die spätere Aufnahme ihrer Angehörigen in die NSDAP dienen. Wichtigste Zugangsvoraussetzung sei eine »jahrelange Zugehörigkeit« zu den NS-Jugendorganisationen. Zusätzlich bleibe zu prüfen, inwieweit der für die Parteiaufnahme vorgesehene Angehörige der Hitler-Jugend seine »Pflicht der Bewegung gegenüber erfüllt« habe und für die »Gemeinschaft« einen »Wert« darstelle. Als zweites Zugangsmerkmal sollte also die individuelle Bewährung des Jugendlichen dienen. Offen blieb, inwieweit diese im Einzelfall überprüft wurde. Richtlinien, nach denen die Aufnahme von Angehörigen der Hitler-Jugend in die NSDAP in Zukunft vonstatten gehen sollte, gab es zu Jahresbeginn 1935 noch nicht.

Im Folgenden geht es um die Frage, ob es sich bei von Schirachs Konzept um die Blaupause für eine solche Regelung handelte. Zu analysieren ist, auf welche Art und Weise »Jugendgenossen«, so die in der NS-Zeit gebräuchliche Bezeichnung für Angehörige der Hitler-Jugend, zu »Parteigenossen« (Pgs.) wurden und wie sich deren Auswahl und Aufnahme in die NSDAP vollzog. Die Quellengrundlage bilden zeitgenössische Akten und das amtliche Schrifttum von NSDAP und Hitler-Jugend. Für das Thema wenig ergiebig sind die Memoiren von Angehörigen des höheren und mittleren Führerkorps der Hitler-Jugend[4] und die meisten Interviewprojekte mit Jugendlichen der betroffenen Generation.[5] In diesen beiden Quellengruppen wird zumeist noch nicht einmal das Verfahren der Parteiaufnahme erwähnt.

Mitgliederentwicklung und Strukturwandel in NSDAP und Hitler-Jugend, 1933/34–1938/39

Von Schirachs Konzept einer jahrelangen Zugehörigkeit zur Hitler-Jugend als Voraussetzung für eine spätere Parteiaufnahme muss auf dem Hintergrund des innerparteilichen Mitgliederwachstums interpretiert werden, das sogleich nach der Ernennung Adolf Hitlers zum Reichskanzler am 30. Januar 1933 eingesetzt hatte. In den darauffolgenden Wochen und Monaten wurden die zuständigen Parteibehörden von Hunderttausenden neuer Aufnahmeanträge überflutet, sodass sich Reichsschatzmeister Franz Xaver Schwarz am 19. April 1933 genötigt sah, zum 1. Mai 1933 eine allgemeine Mitgliedersperre zu verhängen.[6] »Volksgenossen«, die ihre Mitgliedschaft noch vor diesem Stichtag beantragt hatten, wurden in die Partei aufgenommen. Sie galten jedoch gemeinhin als Konjunkturritter, denen man unterstellte, sich durch den Eintritt in die NSDAP materielle Vorteile verschaffen zu wollen. In den ersten beiden Jahren der NS-Herrschaft verdreifachte sich die Zahl der Parteimitglieder von 850 000 auf mehr als 2,5 Millionen Personen.[7] Dazu trugen nicht zuletzt Ausnahmebestimmungen für die Angehörigen der Sturmabteilung (SA), der Schutzstaffeln (SS), der Nationalsozialistischen Frauenschaft (NSF) und des Stahlhelms-Bund der Frontsoldaten bei, die der Partei trotz der Mitgliedersperre weiter beitreten durften.[8] Auch für Angehörige der Hitler-Jugend, »welche das 18. Lebensjahr vollenden«, galt sie nicht. Eine genaue Bestimmung des Personenkreises, auf den dies zutraf, war damit noch nicht verbunden. Dennoch hatte der Reichschatzmeister einen Präzedenzfall geschaffen, denn Angehörige der Hitler-Jugend sollten zukünftig die einzige Personengruppe sein, die der Partei überhaupt vor Vollendung ihres 21. Lebensjahres beitreten durften.

Das Mitgliederwachstum im Frühjahr 1933 veränderte das innere Gefüge der NSDAP grundlegend. Schon während ihres unaufhaltsamen Aufstiegs zu einer Massenbewegung 1929/30 hatten sich in der NSDAP drei vertikale Komplexe ausdifferenziert, deren gegenseitiges Verhältnis immer prekär geblieben war. Dazu zählten erstens die Politische Organisation, also die in München ansässigen Dienststellen der Reichsleitung (RL) der NSDAP sowie die Gau-, Kreis- und Ortsgruppenleitungen als Untereinheiten in den Ländern, Regionen und Gemeinden, zweitens die paramilitärischen Verbände, zu denen SA, SS und Hitler-Jugend ge-

hörten, sowie drittens die Fach- und Berufsorganisationen, die eigens
zu dem Zweck gegründet worden waren, um eine auf berufsständisch
organisierte Gruppen wie etwa Ärzte, Beamte oder Handwerker zu-
geschnittene Wahlpropaganda betreiben zu können. Nach dem 5. März
1933 gingen diese Organisationen plötzlich zur »Gleichschaltung«
sämtlicher im Deutschen Reich bestehender Vereine und Verbände über,
indem sie sich deren Apparate einverleibten und das »Führerprinzip«
und den »Arierparagraphen« in deren Satzungen installierten. Im Unterschied zur Partei, in der Aufnahmestopp bestand, nahmen die paramilitärischen Organisationen und die Fach- und Berufsverbände weiterhin
neue Mitglieder auf. Daraufhin entwickelten sie sich zu riesenhaften,
teils mehrere Millionen Personen umfassenden Gebilden, deren Angehörige nicht mehr Parteimitglied sein mussten, wie es noch vor 1933
der Fall gewesen war. Im nächsten Schritt baute jede paramilitärische
Organisation und jeder Fach- und Berufsverband einen eigenen bürokratischen Apparat auf, um Neumitglieder besser integrieren zu können.
Daraus entstanden neue vertikale Instanzenzüge, die nur auf den jeweiligen Leitungsebenen über Personalunionen in die NSDAP eingebunden
waren.[9] Institutionell blieben diese Organisationen jedoch weitgehend
unabhängig voneinander.

Eine ähnliche Entwicklung nahm auch die Hitler-Jugend, die bis zum
30. Januar 1933 ein relativ unbedeutender Bestandteil der NSDAP mit
kaum mehr als 100 000 Mitgliedern gewesen war. Im Frühjahr 1933
gingen ihre Aktivisten sogleich daran, die kommunistischen, sozialdemokratischen und konservativen Jugendorganisationen zu zerschlagen
beziehungsweise »gleichzuschalten«. Dies begann mit einem Überfall
auf die Berliner Geschäftsstelle des Reichsausschusses der Deutschen
Jugendverbände am 5. April 1933, setzte sich mit der Einverleibung der
im Großdeutschen Bund zusammengeschlossenen Bündischen Jugend im
Herbst 1933 fort und fand mit der Auflösung der evangelischen Jugendverbände im Winter 1933/34 seinen vorläufigen Höhepunkt. Im Zuge
dieser gewaltsamen »Gleichschaltung« (obgleich einige Jugendverbände
sich freiwillig in die Hitler-Jugend einreihten), wuchs deren Mitgliederzahl bis Ende 1933 auf fast 2,3 Millionen Mitglieder an.[10] Sie verteilten
sich auf insgesamt vier Teilorganisationen: das Deutsche Jungvolk (DJV)
und den Jungmädel-Bund (JM), in denen die 10–14-jährigen Jungen und
Mädchen erfasst wurden, sowie die HJ und den Bund Deutscher Mädel

(BDM),[11] denen, getrennt nach Geschlechtern, Jugendliche im Alter von 14 bis 18 Jahren angehörten.[12] Die HJ gliederte sich in Gebiete, Banne, Stämme, Gefolgschaften, Kameradschaften und Scharen, der BDM in Obergaue, Untergaue, Mädelringe, Mädelgruppen, Mädelscharen und Mädelkameradschaften.[13] DJV und JM waren entlang der HJ- und BDM-Einheiten strukturiert. In der Hitler-Jugend herrschte auf allen Ebenen eine institutionalisierte Geschlechtertrennung. Nur die Reichsreferentin des BDM, die alle weiblichen Jugendverbände führte, bildete eine Ausnahme. Sie gehörte der Reichsjugendführung – Zentralbehörde der Hitler-Jugend – an und war deren Stabsleiter direkt unterstellt. So blieb in JM und BDM stets die männliche Hegemonie gewahrt.

Die Reichsjugendführung war als Reichsleitungs-Dienststelle der NSDAP in die komplizierte innerparteiliche Spitzengliederung eingebunden. In den Jahren 1933/34 hatten sich die Dienststelle des Stellvertreters des Führers Rudolf Heß sowie der Reichsschatzmeister als die zentralen Führungsinstanzen der NSDAP etabliert.[14] Heß und seinem Stab oblag die »politische Führung«,[15] Schwarz und seinen Mitarbeitern die »Verwaltung« der NSDAP.[16] Auch Reichsjugendführung und Hitler-Jugend waren diesen beiden Dienststellen nachgeordnet. In der Rechtsstellung der Hitler-Jugend als einer Gliederung der NSDAP, wie dies am 29. März 1935 festgeschrieben wurde, fand dieses Verhältnis seine Entsprechung.[17] Jetzt konnte der Reichsschatzmeister damit beginnen, die Aufnahme von HJ- und BDM-Angehörigen in die NSDAP zu regeln.

In einem Rundschreiben vom 27. Juli 1935 nahm er zunächst einmal alle HJ-Führer und BDM-Führerinnen, die das Mindestalter von 18 Jahren erreicht hatten, von der Mitgliedersperre aus, wenn sie ihre Dienststellungen vor dem 1. Mai 1933 erlangt hatten und zum Zeitpunkt ihres Aufnahmeantrages noch bekleideten.[18] Wenig später dehnte Schwarz den Kreis jener HJ- und BDM-Angehörigen, die für eine Parteiaufnahme in Frage kamen, noch weiter aus. Männliche Jugendliche sollten nach Vollendung ihres 18., weibliche Jugendliche nach Vollendung ihres 21. Lebensjahres in die Partei aufgenommen werden können. Voraussetzung dafür war, dass sie zuvor vier Jahre ununterbrochen der Hitler-Jugend angehört hatten und »durch eifrige Erfüllung ihrer Dienstobliegenheiten und tadellose Führung innerhalb und außerhalb des Dienstes sich in Gesinnung und Charakter als zuverlässige Nationalsozialisten und Nationalsozialistinnen erwiesen haben und die Gewähr bieten, dass sie auch nach Aufnahme in die Partei wertvolle Mitglieder der NSDAP sein werden«.[19] Schwarz übernahm also von Schirachs Modell der Bewährungszeit und setzte diese auf vier Jahre ununterbrochener Zugehörigkeit zur Hitler-Jugend fest. Zusätzlich verschob er die mögliche Parteiaufnahme von BDM-Angehörigen jedoch auf die Zeit nach der Vollendung des 21. Lebensjahres. Der Grund für diese unterschiedliche Behandlung der beiden Geschlechter bleibt unklar. Offenbar sollten weibliche Jugendliche, wenn sie mit 18 Jahren aus dem BDM ausschieden, zuerst einmal der NSF beitreten.[20] Sie mussten bis zu einer möglichen Aufnahme in die Partei drei Jahre länger warten.

Eigentlich hätte die Hitler-Jugend bereits Ende 1935/Anfang 1936 ein stattliches Personalreservoir für die Partei bilden können. Allerdings war es aufgrund der Bewährungszeit und der vergleichsweise späten Regelung des Verfahrens nur zu wenigen Aufnahmen von HJ- und BDM-Angehörigen gekommen. Zudem war die Ausdifferenzierung der Hitler-Jugend aus der Partei mittlerweile stark vorangeschritten. Dies betraf in erster Linie die Gaue, Kreise und Ortsgruppen der NSDAP. Gerade in diesen »Hoheitsbereichen« gelang es den Parteifunktionären immer weniger, die Hitler-Jugend zu kontrollieren, geschweige denn deren Führer an ihre Befehle zu binden.[21] Heß etwa musste die Gau-, Kreis- und Ortsgruppenleiter dazu ermahnen, »im Interesse der Heranziehung eines guten Nachwuchses für die Partei« die Arbeit der Hitler-Jugend stärker zu beachten.[22] Der oberbayerische NSDAP-Gauleiter Adolf Wagner nahm sich dies besonders zu Herzen. In seiner Eigenschaft als Bayerischer Staatsminister des Innern schlug er dem Stellvertreter des Führers am 16. Oktober 1936 vor, den 8./9. November »für alle Zeiten« als denjenigen Feiertag zu institutionalisieren, an dem alle HJ- und BDM-Mitglieder, die für die Aufnahme in der Partei ausgewählt worden waren, vereidigt werden sollten. Außerdem regte er an, diese Jugendlichen geschlossen nach München einzuladen, damit sie »einmal in ihrem Leben, und zwar am Tage ihrer Vereidigung, die ewigen Stätten der Bewegung« sehen könnten, und in diesem Rahmen eine feierliche Zeremonie in der »Hauptstadt der Bewegung« vorzunehmen.[23]

Die von Wagner angeschnittenen Fragen waren zu diesem Zeitpunkt besonders akut geworden, weil in der Hitler-Jugend, die mittlerweile auf fast 5,5 Millionen Mitglieder angewachsen war, zum ersten Mal eine größere Zahl 18-jähriger Jugendlicher das Kriterium der ununterbrochenen vierjährigen Zugehörigkeit erfüllte und somit für die Parteiaufnahme geeignet war. Der Stellvertreter des Führers hielt sich jedoch einstweilen bedeckt, weil der Reichsschatzmeister seit dem Herbst 1936 plante, die Mitgliedersperre zur Partei zu lockern, wovon womöglich auch das Aufnahmeverfahren von HJ- und BDM-Angehörigen hätte betroffen sein können. Den Ausgangspunkt dieser Überlegungen bildete, so hielt es der Reichsminister für Volksaufklärung und Propaganda, Joseph Goebbels, in seinem Tagebuch fest, Hitlers Entscheidung, »die Partei auf 7 Millionen Mitglieder [zu] bringen«.[24] Dies entsprach ziemlich genau zehn Prozent der Gesamtbevölkerung des Deutschen Reiches.

Am 9. Februar 1937 verkündete der Stellvertreter des Führers eine bevorstehende Lockerung der Mitgliedersperre zur Partei. Er betonte den »Grundsatz der Freiwilligkeit als eines der wertvollsten und wesentlichsten Merkmale der Bewegung« und ermahnte die untergeordneten Parteibehörden, keinen Druck auf »Volksgenossen« auszuüben, der Partei beizutreten.[25] Die Aufnahme von Neumitgliedern basierte bei diesem Verfahren jedenfalls formal auf einem Vorschlagsrecht der zuständigen »Hoheitsträger«. Dieses Vorgehen zielte darauf ab, lediglich diejenigen Personen in die NSDAP aufzunehmen, die sich nach dem Aufnahmestopp vom 1. Mai 1933 besonders dafür qualifiziert hatten. Dazu gehörten, wie der Reichsschatzmeister am 20. April 1937 festlegte, unter anderem HJ- und BDM-Angehörige vom Gefolgschafts- und Fähnleinführer und von der Mädel- und Jungmädelführerin aufwärts, falls sie diese Ränge schon seit dem 1. Oktober 1935 bekleidet und der Hitler-Jugend seit dem 1. Mai 1933 ununterbrochen angehört hatten.[26] Zudem konnten ältere »Volksgenossen« vorgeschlagen werden, die nach mindestens vier Jahren Dienst in der Hitler-Jugend aus dieser ausgeschieden und in einer anderen Gliederung der NSDAP tätig waren.[27]

Für beide Personengruppen musste eine Bescheinigung beigebracht werden, die sich, so formulierte es Schwarz, »nicht mit der Frage der Würdigung oder Eignung zur Aufnahme zu befassen« hatte, sondern lediglich Angaben zu Dienststellung und Dienstzeiten enthielt. Ein Rechtsanspruch auf Aufnahme in die Partei ergab sich daraus aber noch nicht.

Dazu mussten die genannten HJ- und BDM-Angehörigen eine weitere Hürde überspringen, die im Rahmen dieser Lockerung der Mitgliedersperre auch für alle anderen antragsberechtigten Personen galt. Jeder potenzielle Kandidat musste, wie bei der Parteiaufnahme generell üblich, einen eigenhändig unterschriebenen Aufnahmeantrag bei der Ortsgruppe an seinem Wohnsitz einreichen.[28] Zusätzlich musste er einen detaillierten Fragebogen ausfüllen, der in erster Linie dazu diente, den zuständigen Parteiinstanzen Ablehnungsgründe bekannt zu machen.[29] Wenn die Überprüfung des Ortsgruppenleiters positiv ausgefallen war, wurden die Unterlagen auf dem Dienstweg ans Amt für Mitgliedschaftswesen beim Reichsschatzmeister weitergegeben. Danach ging das Aufnahmeverfahren den gewohnten Gang.[30]

Die Lockerung der Mitgliedersperre, die am 31. Dezember 1937 wieder endete, bezog sich in HJ und BDM also lediglich auf Führerinnen und Führer sowie auf ehemalige Angehörige. Allerdings konnte in beiden Fällen von der Vollendung des 21. Lebensjahres abgesehen werden. Im Grunde genommen war damit auch der Parteiaufnahme von BDM-Angehörigen, die das 18. Lebensjahr vollendet hatten, der Weg geebnet. Dazu war eine weitere Systematisierung des Verfahrens notwendig. Den Ausgangspunkt bildete eine Entscheidung Hitlers, wonach allen 18-jährigen HJ- und BDM-Angehörigen die Aufnahme in die Partei ermöglicht werden sollte.[31] Welche Voraussetzungen sie dafür erfüllen mussten, legte der Stellvertreter des Führers in einer Anordnung vom 11. August 1937 fest, in der er verkündete, dass »in Zukunft der Nachwuchs für die Partei durch die Hitler-Jugend gestellt wird«.[32] Demnach konnten HJ- und BDM-Angehörige, die das 18. Lebensjahr vollendet hatten, dann in die Partei aufgenommen werden, wenn sie dieser freiwillig beitreten wollten und zuvor mindestens vier Jahre lang ununterbrochen der HJ oder dem BDM angehört hatten. Eine zusätzliche Überprüfung ihrer »Würdigkeit« war zu diesem Zeitpunkt offenbar nicht geplant. Ein eigenhändig unterschriebener Antrag, einzureichen bei der Ortsgruppe am Wohnort, reichte aus.

Darüber hinaus musste ab jenem Zeitpunkt jeder Hitler-Junge nach Vollendung seines 18. Lebensjahres in eine andere Gliederung seiner Wahl eintreten, also entweder in SA, SS, in den Nationalsozialistischen Deutschen Studentenbund (NSDStB) oder in das Nationalsozialistische Kraftfahrkorps (NSKK).[33] Dieses verbindliche Verfahren wurde als »Überführung« aus der HJ in die Gliederungen bezeichnet. Für BDM-Angehörige galt diese Regelung zunächst nicht, denn jene sollten erst mit 21 Jahren in die NSF oder ins Deutsche Frauenwerk (DFW) als deren betreuten Verband eintreten können.[34]

Die Aufnahme der HJ- und BDM-Angehörigen in die Partei und die »Überführung« der 18-jährigen HJ-Jungen in die Gliederungen sollten, so legte es der Stellvertreter des Führers fest, »alljährlich symbolisch auf der Hitler-Jugend-Kundgebung des Reichsparteitages« erfolgen. Einen Monat später wurden anlässlich des Nürnberger Reichsparteitages dann auch sofort 11 500 HJ- und BDM-Mitglieder, die das 18. Lebensjahr vollendet hatten, stellvertretend für den gesamten Jahrgang in die Partei aufgenommen. In Gegenwart Hitlers nahmen 55 000 Angehörige der Hitler-Jugend an dieser Feierlichkeit teil, darunter 5000 Mädchen. Mit der Eidesformel, die Heß vorsprach, schworen die neuen Parteimitglieder, »meinem Führer Adolf Hitler allezeit treu und gehorsam« zu dienen.[35] Die übrigen HJ- und BDM-Angehörigen, die sich zum Parteieintritt entschlossen hatten, wurden in der letzten Septemberwoche aufgenommen. Das geschah bei einer Parteifeier, die die NSDAP-Kreisleiter gemeinsam mit den zuständigen Führerinnen und Führern der Hitler-Jugend abhielten. Bei dieser Gelegenheit vollzog sich auch die »Überführung« der HJ-Jungen in die entsprechenden Gliederungen.

Die Anordnung des Stellvertreters des Führers vom 11. August 1937 brachte ein neues Verfahren zur Aufnahme von HJ- und BDM-Angehörigen in die Partei mit sich. Diese erfolgte jetzt einmal jährlich nach Geburtsjahrgängen. Zu jedem 1. September sollten HJ- und BDM-Angehörige, die zuvor vier Jahre ununterbrochen der Hitler-Jugend angehört und ihr 18. Lebensjahr innerhalb der letzten acht Monate vollendet hatten, in die Partei aufgenommen werden.[36] Voraussetzung dafür war, dass sie freiwillig einen Aufnahmeantrag stellten. Grundlage dieses Verfahrens war also eine Willensbekundung in der Form eines eigenhändig unterschriebenen Aufnahmeantrags. Die Aufnahme von HJ- und BDM-Angehörigen in die Partei erfolgte individuell. Im Unterschied zu dem nach der Lockerung der Mitgliedersperre vom 1. Mai 1937 praktizierten Verfahren wurden sie nicht als Parteianwärter geführt, sondern erlangten sofort eine vollgültige Mitgliedschaft, wenn sie ihre Mitgliedskarte über den Parteidienstweg zugestellt erhielten. Eine darüber hinausgehende Prüfung ihrer »politischen Würdigkeit« fand nicht statt, und ebenso wenig war eine Ablehnung des Beitrittsgesuchs durch den Ortsgruppenleiter statthaft. Außerdem mussten Angehörige von HJ und BDM auch keine Aufnahmegebühr entrichten. Diese Sonderbedingungen scheinen sehr attraktiv gewesen zu sein, denn zum 1. September 1937 traten 43 000, zum 1. September 1938 97 000 und zum 1. September 1939 dann bereits 103 000 Angehörige von HJ und BDM in die Partei ein.[37] Ein Automatismus bestand dabei jedoch nicht, denn ein Jugendlicher konnte sich jederzeit gegen einen Parteieintritt entscheiden.

Dies lässt sich etwa anhand der Erinnerungen Helmut Schmidts, des späteren Bundeskanzlers, zeigen, der im Dezember 1918 geboren worden war und der Hitler-Jugend seit 1933/34 kontinuierlich angehört hatte. Schmidt wurde mit Vollendung seines 18. Lebensjahres aus der NS-Jugendorganisation entlassen, leistete danach seinen sechsmonatigen Arbeitsdienst und wurde im Herbst 1937 »wehrpflichtig«.[38] Dem Ansinnen seines Ortsgruppenleiters, einen Antrag auf Aufnahme in die Partei zu stellen, entzog er sich, indem er auf seinen »aktiven Wehrdienst« verwies. Anhand dieses Falles zeigen sich zwei Probleme, denen sich die Partei bei der Aufnahme männlicher Jugendlicher, die ihr 18. Lebensjahr vollendeten, oft ausgesetzt sah: Deren Einziehung zum Reichsarbeitsdienst (RAD) oder zur Wehrmacht schlossen nahtlos an die Entlassung aus der HJ an und bildeten eine naturgegebene Konkurrenz zum Aufnahmeverfahren in die Partei. Zwar konnten Angehörige des RAD grundsätzlich auch »Parteigenossen« sein,[39] und die Mitgliedschaft zur Partei konnte bis zum Antritt des »aktiven Wehrdienstes« immer noch erworben werden.[40] Das Zeitfenster für einen solchen Eintritt war jedoch sehr schmal. Letztlich blieb es dem betreffenden Jugendlichen vorbehalten, sich, wie Schmidt, auf seine Dienstpflichten zu konzentrieren und die Wünsche der Partei zu ignorieren.

Zwischen 1935/36 und 1938/39 hatten sich in der Hitler-Jugend einige bedeutende Veränderungen ergeben, in deren Verlauf die Gruppe der potenziellen Übernahmekandidaten aus HJ und BDM in die Partei immer größer geworden war. Seit dem »Gesetz über die Hitler-Jugend«, das am 1. Dezember 1936 nach längeren Diskussionen erlassen worden war, sollte »die gesamte deutsche Jugend innerhalb des Reichsgebietes« in der Hitler-Jugend zusammengefasst sein.[41] Damit wurde der Totalitätsanspruch der Reichsjugendführung, die jetzt als Oberste Reichsbehörde den anderen Reichsministerien gleichgestellt war, in Gesetzesform gegossen. Zukünftig sollte die Hitler-Jugend, was die Jugenderziehung betraf, mit Elternhaus und Schule gleichberechtigt sein,[42] und dazu mussten ihr in letzter Konsequenz alle Jugendlichen angehören. Deren Erfassungsgrad in DJV, HJ, JM und BDM war von Ende 1935 bis Anfang 1939 von

48,2 Prozent auf immerhin 87,1 Prozent gestiegen. Zu diesem Zeitpunkt zählte die Hitler-Jugend insgesamt 7728259 Mitglieder,[43] darunter auch die 440789 Mädchen des BDM-Werks »Glaube und Schönheit«, das im Januar 1938 als freiwillige Organisation für 17–21-Jährige gegründet worden war.[44] Am 25. März 1939 wurde der Anspruch der Hitler-Jugend auf totale Erfassung aller deutschen Jugendlichen in der »Jugenddienstpflicht« gesetzlich verankert. Seither waren alle Jungen und Mädchen vom 10. bis zum vollendeten 18. Lebensjahr dazu verpflichtet, in der Hitler-Jugend Dienst zu tun, und zwar ununterbrochen acht Jahre lang.[45] Die »Jugenddienstpflicht« konnte polizeilich erzwungen werden, und den Erziehungsberechtigten und anderen Erwachsenen drohten empfindliche Strafen, sollten sie die ihnen anvertrauten Jugendlichen vom Dienst abhalten. Diese wurde nunmehr endgültig zur Zwangsorganisation, in der alle Jugendlichen im Sinne des Nationalsozialismus erzogen werden sollten. In dieser Eigenschaft besaß sie, wie es in einem Stichpunktmanuskript für eine Rede des Stellvertreters des Führers beim (abgesagten) Nürnberger Reichsparteitag im September 1939 hieß, »kein Vorbild in der Geschichte« und müsse »in allen wesentlichen und grundsätzlichen Fragen neue Wege gehen«. Die Partei jedenfalls werde alles tun, um die Hitler-Jugend darin zu unterstützen.[46]

Das Parteiaufnahmeverfahren für HJ- und BDM-Angehörige im Zweiten Weltkrieg

Mit dem Einmarsch der Wehrmacht in Polen am 1. September 1939 und der britisch-französischen Kriegserklärung zwei Tage später änderten sich die Tätigkeiten der NSDAP an der so genannten Heimatfront zunächst wenig. Ihre soziale Praxis bestand im Wesentlichen aus der inneren Formierung der »Volksgemeinschaft«, und zu diesem Zweck nahm sie immer noch neue Mitglieder in ihre Apparate auf.[47] Durch den Export der Parteiorganisation in die annektierten und besetzten Gebiete – zunächst nach Österreich, dann ins Sudetenland, ins Reichsprotektorat Böhmen und Mähren und ins Memelland – war die Zahl der »Parteigenossen« bis zum 31. März 1939 auf 4935235 Personen angestiegen.[48] Zudem hatte Reichsschatzmeister Schwarz die Mitgliedersperre zum 1. Mai 1939 aufgehoben, um Hitlers Vorgabe, zehn Prozent der Gesamtbevölkerung in der

Partei zu organisieren, auch erfüllen zu können.[49] Seit dem Winter 1939 nahm die Partei dann in den neu gegründeten »Reichsgauen« Danzig-Westpreußen und Wartheland, in Ostoberschlesien, in Eupen-Malmedy, im Elsass und in Lothringen auch noch »volksdeutsche« Bevölkerungsgruppen auf.[50] Im Zuge dieser Entwicklung wuchs ihre Mitgliederzahl bis zum April 1941 auf 6 674 546 Personen, hatte sich also im Vergleich zum 30. Juni 1937 fast verdoppelt. Das in den Jahren 1937, 1938 und 1939 praktizierte Aufnahmeverfahren von HJ- und BDM-Mitgliedern in die Partei wurde gleich nach Kriegsbeginn suspendiert. Dennoch traten auch in den ersten beiden Kriegsjahren Tausende von männlichen und weiblichen Jugendlichen, die ihr 18. Lebensjahr vollendet hatten, in die Partei ein.

Peter Brückner, Jahrgang 1922, der spätere Psychologe und Schriftsteller, war gerade aus der HJ entlassen worden und stand im Januar 1941 wenige Wochen vor seinem Abitur, als er vom Rektor der Schule und vom HJ-Vertrauenslehrer dazu aufgefordert wurde, einen Aufnahmeantrag zu stellen.[51] Obwohl sein Vater dem Widerstand angehörte und seine Mutter, wie sich erst später herausstellen sollte, nach den »Nürnberger Gesetzen« als »Volljüdin« galt, unterschrieb er diesen Antrag. Lore Walb, geboren am 22. Mai 1919, beantragte ihre Aufnahme in die Partei erst am 1. April 1940, nachdem sie gerade erst aus dem RAD für die weibliche Jugend entlassen worden war und sich intensiv auf den BDM-Landdienst im Reichsprotektorat Böhmen und Mähren vorbereitete. Am 1. Juli 1940 wurde sie in die Partei aufgenommen, ihre Mitgliedskarte datierte auf den 1. September 1941.[52] Walb hätte eigentlich zu denjenigen Mädchen gehören können, die im September 1937 in die Partei übernommen worden waren, weil sie schon zu diesem Zeitpunkt die Voraussetzung einer ununterbrochenen vierjährigen BDM-Dienstzeit erfüllt hatte. Offenbar hatte sie sich seinerzeit aber noch nicht dazu entschließen können, diesen Schritt auch zu tun. An mangelnder ideologischer Festigkeit kann dies nicht gelegen haben, war sie seit 1933/34 doch begeistertes BDM-Mitglied gewesen.

Die Dienststelle des Stellvertreters des Führers behielt die Aufnahme von Angehörigen von HJ und BDM in die Partei und das Problem der Schnittstellen zwischen den NS-Jugendorganisationen und dem Parteiapparat auch in den ersten beiden Kriegsjahren stets im Auge. Eine erste Veränderung ergab sich jetzt im Hinblick auf die 21-jährigen BDM-Mädel, die zum 20. April 1940 kollektiv in die NSF oder ins DFW »überführt« wurden. Voraussetzung waren die vierjährige Mitgliedschaft im BDM oder aber eine Führerinnenposition in den letzten eineinhalb Jahren der Zugehörigkeit zum BDM-Werk »Glaube und Schönheit«.[53] Damit war nun auch für 21-jährige BDM-Angehörige eine verbindliche »Überführung« in eine Gliederung der NSDAP vorgesehen. Wenig später wurde auch die Bestimmung, weibliche Jugendliche erst mit 21 Jahren in die NSF aufzunehmen, ad acta gelegt.

Am 25. April 1940 gab Martin Bormann, der Stabsleiter der Dienststelle des Stellvertreters des Führers, eine Vereinbarung der Reichsjugend- mit der Reichsfrauenführung bekannt, der er ausdrücklich zugestimmt hatte und die den Übergang von dem BDM in die NSF neu regelte.[54] Seitdem blieb es BDM-Angehörigen, die das 18. Lebensjahr vollendet hatten, selbst überlassen, ob sie ins Werk »Glaube und Schönheit« eintraten, als Führerin in ihrer Organisation tätig blieben oder zur NSF überwechselten. Für Heß, Bormann und seine Mitarbeiter waren jene Regelungen integraler Bestandteil einer gezielten Reorganisation des Parteiapparates. Die Rekrutierung von Parteiführernachwuchs aus der Hitler-Jugend bildete seit 1940/41 geradezu den Nukleus derartiger Bemühungen. Ihr Interesse an HJ- und BDM-Angehörigen und an deren Aufnahme in die Partei war mittelfristig darauf gerichtet, die Ergänzung des eigenen Führerkorps sicherzustellen.[55] Bedenkt man, dass der Parteiapparat in den ersten beiden Kriegsjahren mehr als die Hälfte seiner haupt- und ehrenamtlichen Funktionäre an die Wehrmacht abgeben musste, wird die Bedeutung dieses Vorgehens ersichtlich.[56] Ein gewisses Ungemach drohte der Partei in diesem Zusammenhang seitens der SS, die seit 1938/39 dazu übergegangen war, männliche HJ-Angehörige aus dem Streifendienst (SRD), einer HJ-Sonderformation mit Polizeiaufgaben, für ihre Zwecke zu rekrutieren. Auch bemühte sich das Ergänzungsamt der Waffen-SS um 17-jährige HJ-Angehörige, deren Musterung anstand, und umwarb sie zum Beitritt zu den SS-Kampfverbänden.[57] Schließlich war auch in der HJ seit Kriegsbeginn ein beispielloser Führermangel eingetreten, den die Reichsjugendführung mit eigenem Nachwuchs zu decken beabsichtigte.[58] Das Ziel, das Parteiführerkorps aus der Hitler-Jugend zu ergänzen, stieß insofern auf vier institutionelle Hindernisse, die sich bald auch auf die Aufnahme von HJ-Angehörigen in die Partei auswirken mussten. Heß und Bormann konkurrierten darin erstens mit der »Wehrpflicht« der 17- bis 18-jährigen HJ-Angehörigen, zweitens mit den Aspirationen der SS, die HJ zu einer eigenen Nachwuchsorganisation zu machen, drittens mit der Hitler-Jugend, die ihr eigenes Personal benötigte, und viertens mit dem RAD, der ähnliche Personalprobleme hatte und ebenfalls um hauptamtliche Führerinnen und Führer buhlte.[59] Diese vier Problembereiche waren ausschlaggebend für Überlegungen, das Aufnahmeverfahren von HJ- und BDM-Angehörigen in die Partei zu reorganisieren.

Nachdem Rudolf Heß, der Stellvertreter des Führers, am 10. Mai 1941 nach Großbritannien geflogen und seine Dienststelle in Partei-Kanzlei (PK) der NSDAP umbenannt worden war,[60] wurde diese Frage bald wieder auf die politische Agenda gesetzt. Treibende Kraft war Bormann, der als neuer Leiter der Partei-Kanzlei der Nachwuchsfrage hohe Priorität einräumte.[61] Als im Zuge des deutschen Angriffs auf die Sowjetunion am 22. Juni 1941 ein weiterer personeller Aderlass sowohl von HJ-Angehörigen als auch von Parteifunktionären erfolgt war, die zahlreich zur Wehrmacht eingezogen wurden, sah sich die Partei-Kanzlei zum Handeln gezwungen. Bei einer Besprechung unter Vorsitz von Hellmuth Friedrichs, dem Leiter der Abteilung II in der Partei-Kanzlei, mit den Mitarbeitern des Reichsschatzmeisters am 20. August 1941 wurde entschieden, das in der Vorkriegszeit praktizierte Verfahren zur Aufnahme von HJ- und BDM-Angehörigen in die Partei wieder einzuführen.[62] Dieser Beschluss wurde sogleich in eine detaillierte Anordnung gegossen, die am 1. September 1941 erging und von Bormann unterzeichnet war. Darin bestimmte der Leiter der Partei-Kanzlei, die HJ- und BDM-Angehörigen des Jahrgangs 1923, die einen entsprechenden Antrag stellten, am 28. September 1941 in die Partei aufzunehmen.[63] Gleichzeitig finde auch deren »Überführung« in die Gliederungen statt.

Erstmals wurden Angehörige des BDM-Werkes »Glaube und Schönheit«, die ihr 21. Lebensjahr vollendet hatten, geschlossen in die NSF überführt, sodass der Eintritt in eine Parteigliederung nunmehr für alle 18-jährigen Hitler-Jungen und alle 21-jährigen Mädel obligatorisch war. Im Gegensatz dazu sollten, so betonte Bormann, die »Meldungen zur Aufnahme in die NSDAP […] wie bisher auf freiwilliger Grundlage erfolgen«, denn »Mitglied der Partei soll nur werden, wer sich in der Hitler-Jugend bewährt hat und nach strenger Auswahl ein wertvoller nationalsozialistischer Kämpfer zu werden verspricht«. Die Aufnahme von HJ- und BDM-Angehörigen in die Partei erforderte also, wie bisher, einen eigenhändig unterschriebenen Aufnahmeantrag und erfolgte im Einzelverfahren. Jedoch legte der Leiter der Partei-Kanzlei jetzt erstmals eine Quote fest: Etwa 30 Prozent der Jungen und etwa fünf Prozent der Mädchen des Jahrgangs 1923 – insgesamt 230000 Personen[64] – sollten in die Partei aufgenommen werden. Die zuständigen »Hoheitsträger« der NSDAP, also die Kreis- oder Ortsgruppenleiter, hatten für eine feierliche Ausgestaltung der Parteiaufnahme beziehungsweise der »Überführung« in die Gliederungen zu sorgen.

Die Durchführung von Bormanns Anordnung scheint vor Ort allerdings auf Schwierigkeiten gestoßen zu sein. So beklagten sich einige Kreisleiter im Gau Schleswig-Holstein darüber, dass die Aufnahmeaktion zu kurzfristig angekündigt worden sei und in vielen ländlichen Ortsgruppen gar keine Feierlichkeiten mehr hätten organisiert werden können.[65] Darüber hinaus waren in vielen Ortsgruppen nur wenige Jugendliche in die Partei aufgenommen worden (was implizit bedeutete, dass Bormanns Quote verfehlt wurde). Im offiziellen Bericht des Stellvertretenden Gauleiters von Schleswig-Holstein an die Partei-Kanzlei wurden solche Klagen zu der Aussage schöngeredet, die Aufnahme der HJ-Angehörigen in die Partei habe »allgemeinen Anklang« gefunden, wenngleich sie oft bei den monatlichen Mitglieder-Versammlungen der Ortsgruppen erfolgt seien, ohne dass man eine separate Feier abgehalten habe.[66] Die »Überführung« in die Gliederungen werde demnächst bei entsprechenden Dienstappellen durchgeführt. Der Bericht schloss mit der Empfehlung, den Jugendlichen bei der Aufnahme in die Partei sofort die rote Mitgliedskarte zu überreichen, denn »dies würde auf den jungen Parteigenossen einen nachhaltigen Eindruck machen und würde den Feiern gleichzeitig einen würdigen Abschluß geben«.

Ähnliche Probleme lassen sich auch einer Denkschrift Carl Rövers entnehmen, des Gauleiters von Weser-Ems, die aus dem Februar 1942 stammte und in der er Hitler umfangreiche Vorschläge für eine Reform der NSDAP unterbreitete. Ausführlich widmete sich Röver der Aufnahme von HJ- und BDM-Angehörigen und kritisierte am bisherigen Verfahren, dass sich die »Hoheitsträger« dabei allzu sehr auf die zuständigen HJ-Führer verlassen müssten.[67] Er habe wiederholt festgestellt, dass vielen für die Parteiaufnahme geeigneten Jugendlichen die HJ-Dienstzeitbescheinigung verweigert worden sei, weil sie mit ihrem HJ-Führer persönliche Differenzen ausfochten oder sich angeblich nicht intensiv genug am HJ-Dienst beteiligt hatten. Offenbar wurde die HJ-Dienstzeitbescheinigung, die ja eigentlich keine Vorentscheidung über die Parteiaufnahme darstellen sollte, von den Führerinnen und Führern der Hitler-Jugend gezielt zur Disziplinierung missliebiger Jugendlicher benutzt. Zudem kritisierte Röver die durch Bormann aufgestellte Quote und forderte, dass sich die Partei bei der Aufnahme von HJ-Angehörigen einzig und allein am Kriterium der Eignung orientieren dürfe. Deshalb schlug er eine Reorganisation des Aufnahmeverfahrens vor, wobei der zuständige Kreisleiter der NSDAP im Einvernehmen mit dem Ortsgruppenleiter sowie den örtlich verantwortlichen Führerinnen und Führern von HJ und BDM bestimmen solle, wer in die Partei aufgenommen werde.[68] Schließlich plädierte Röver dafür, das Aufnahmeverfahren schon viel früher zu starten und den Termin der »Überführung« in die Gliederungen rechtzeitig bekanntzugeben.

Am 2. Februar 1942 verhängte Reichsschatzmeister Schwarz einen sofortigen Mitgliederstopp für die Partei, weil die von Hitler vorgegebene Quote mittlerweile erreicht war.[69] Zu diesem Zeitpunkt gab es exakt 7 099 246 »Parteigenossen«.[70] In Zukunft sollte sich die Partei, so hatte es Hitler entschieden, einzig und allein aus HJ beziehungsweise aus kriegsversehrten Soldaten ergänzen.[71] Aus diesem Grund bereitete die Partei-Kanzlei das Aufnahmeverfahren für HJ- und BDM-Angehörige in die Partei, das zentral für den 1. September 1942 vorgesehen war, diesmal langfristiger vor und beteiligte auch die anderen Reichsleitungs-Dienststellen der NSDAP daran. Bereits am 30. April 1942 wandte sich Karl Cerff, der Leiter des Hauptkulturamtes der NSDAP, in einem Schreiben an Reichsorganisationsleiter Robert Ley und an Alfred Rosenberg, den Beauftragten des Führers für die Überwachung der gesamten geistigen und weltanschaulichen Schulung und Erziehung der NSDAP, um die Feierlichkeiten zur Aufnahme der Jugendlichen, die für den 27. September 1942 anberaumt war, vorzubereiten. Dabei berief er sich auf einen Auftrag der Partei-Kanzlei, wonach »die Parteiaufnahmefeiern […] in Zukunft so gestaltet werden [sollen], daß sie mehr als bisher den jungen Parteigenossen zu einem verpflichtenden Erlebnis werden und tiefer in das Bewußtsein des gesamten Volkes eingehen«.[72]

Bormann legte dann die Präliminarien dieser Aufnahmefeier fest, die diesmal für sämtliche HJ- und BDM-Angehörigen des Jahrganges 1924 galten. Sie sollten im Prinzip nach demselben Verfahren wie im September 1941 in die Partei aufgenommen beziehungsweise in die Gliederungen überführt werden; auch die Quote von 30 Prozent der Jungen und fünf Prozent der Mädchen im Alter von 18 Jahren blieb bestehen.[73] Allerdings gab es zwei Neuerungen: Zum Ersten betonte Bormann, dass der Aufnahmeantrag »von dem aufzunehmenden Jungen und Mädel sorgfältig auszufüllen, eigenhändig zu unterschreiben und dem zuständigen HJ-Führer zu übergeben« sei. Zum Zweiten konnte der Fragebogen, der bislang dem Antrag auf Mitgliedschaft beigelegt werden musste, entfallen. Dies war sinnvoll, waren die diesbezüglichen Angaben doch im HJ-Stammblatt des Antragstellers frei verfügbar und bildeten die Grundlage der Dienstzeitbescheinigung. Zentrale Anlaufstelle für den Antrag war nunmehr also die zuständige Dienststelle der HJ. Daher musste auch der Dienstverkehr zwischen HJ, den Ortsgruppen und dem Amt des Reichsschatzmeisters neu geregelt werden. Seit 1942/43 vollzog sich die Antragstellung 18-jähriger HJ- und BDM-Angehöriger auf Aufnahme in die Partei wie folgt: Die Anträge wurden von den Führerinnen und Führern von BDM und HJ gesammelt und von dort an die Ortsgruppenleiter zur Prüfung weitergereicht. Über die Kreisleitungen gingen die Anträge dann an die Gauschatzmeister, die sie wiederum ans Amt für Mitgliedschaftswesen des Reichsschatzmeisters weitergaben. Dort wurden sie abschließend geprüft, bevor den Gauschatzmeistern dann im Sammelverfahren die Mitgliedskarten übersandt wurden. Die Ortsgruppenleiter schließlich händigten diese endgültig den Antragstellern aus.

Trotz intensiver Vorbereitung traten bei der Aufnahme von HJ- und BDM-Angehörigen in die Partei im September 1942 erneut Probleme auf. In den Kreisen Erkelenz und Geilenkirchen im Gau Köln-Aachen blieb der Umfang der freiwilligen Meldungen zur Partei hinter den Erwartungen zurück. Daraufhin ordneten die Kreisleitungen noch eine zusätzliche Werbemaßnahme an, bei der die Ortsgruppenleiter »die nächsten Wochen nutzen« sollten, um noch mehr Jugendliche »für die Parteiaufnahme zu erfassen«.[75] Dies führte mitunter dazu, wie der Sicherheitsdienst (SD) der SS meldete, dass auch Jugendliche mit starker »konfessioneller Bindung« in die Partei aufgenommen wurden.[76] Nichtsdestotrotz wurde die von Bormann festgelegte Quote deutlich unterschritten. In der Partei-Kanzlei schrillten die Alarmglocken, denn die Rekrutierung des Parteiführernachwuchses aus der HJ stand auf dem Spiel. Am 30.

November 1942 erließ Bormann zwei Anordnungen, mit denen er das Aufnahmeverfahren änderte. Zum einen wies er die »Hoheitsträger« an, die Mädchen und Jungen schon in ihren letzten beiden Dienstjahren bei der HJ »mit den vielfältigen und umfassenden Aufgaben der Partei und ihrer einzelnen Organisationen vertraut zu machen«.[77] Zum anderen legte er die Aufnahme der HJ- und BDM-Angehörigen des Jahrgangs 1925 in die Partei sowie deren »Überführung« in die Gliederungen auf den 20. April 1943 vor.[78] Dabei »können 30 vom Hundert der Jungen und 7 vom Hundert der Mädel des Geburtsjahrganges 1925, mindestens aber alle BDM-Führerinnen, in die Partei aufgenommen werden«. Es blieb also scheinbar bei einer Quotenregelung, die für BDM-Angehörige um zwei Prozent höher war als zuvor.

Allerdings hatte Bormann dies als »Kann-Bestimmung« bezeichnet und zudem noch Bedingungen festgelegt, unter denen eine Überschreitung der Quote statthaft war. Die wichtigste Veränderung bestand jedoch darin, dass die Parteiaufnahme des Jahrgangs 1925 jetzt nicht mehr nach der Vollendung des 18. Lebensjahres erfolgte. Aufgrund des frühen Zeitpunkts konnten jetzt auch 17-jährige HJ- und BDM-Angehörige in die Partei aufgenommen werden. Daher musste der Reichsschatzmeister die Aufnahmebestimmungen, die seit dem September 1937 gegolten hatten, in einigen Punkten ändern.[79] Eine Dienstzeitbescheinigung, mit der eine ununterbrochene Dienstzeit in der HJ seit dem 1. Mai 1939 nachzuweisen war, blieb weiterhin erforderlich. Jetzt musste dieser Bescheinigung die Versicherung der zuständigen BDM-Führerinnen und HJ-Führer beigefügt werden, »dass der Aufzunehmende freiwillig erklärt hat, der Partei beitreten zu wollen«. Ferner mussten sie bestätigen, dass »der Aufzunehmende durch eifrige Erfüllung seiner Dienstobliegenheiten und tadellose Führung sich […] als zuverlässiger Nationalsozialist erwiesen hat und die Gewähr dafür bietet, daß er nach politischer und weltanschaulicher Gesinnung und charakterlicher Haltung den Anforderungen der Partei entspricht«. Die Dienstzeitbescheinigung bildete jetzt eine wichtige Zugangsvoraussetzung zur Partei. Zentral jedoch war immer noch der eigenhändig unterschriebene Aufnahmeantrag, ohne den es keinen Parteieintritt gab.

Das Aufnahmeverfahren der Angehörigen der HJ in die Partei, die zum 20. April 1943 erfolgte, brachte eine weitere Neuerung mit sich, die von der Forschung bislang übersehen worden ist, weil sie in Bormanns Anordnung nicht erwähnt war. Sie betraf rückwirkend alle HJ-Mitglieder der Jahrgänge 1923–1925, die aus dem Dienst entlassen worden und mittlerweile zur Wehrmacht eingerückt waren. Bormann hatte mit dem Oberkommando der Wehrmacht vereinbart, dass diese Jugendlichen bis zum 30. Juni 1943 auch dann einen Partei-Aufnahmeantrag stellen konnten, wenn sie bereits einberufen worden waren, um ihrer Wehrpflicht zu genügen.[80] Diese geheime Vereinbarung widersprach dem § 26 des »Wehrgesetzes«, wonach eine »politische Betätigung« für alle Soldaten während des »aktiven Wehrdienstes« ruhte.[81] Die Partei-Kanzlei und das Oberkommando der Wehrmacht setzten sich über diese Bestimmung hinweg, und Bormann und der Reichsschatzmeister entwickelten eine Prozedur zur nachträglichen Aufnahme der betreffenden Jugendlichen in die Partei.[82] Demnach sollten die Ortsgruppenleiter der NSDAP diese ehemaligen HJ-Angehörigen anschreiben und ihnen mitteilen, dass sie »besonders berufen« seien, in die Partei aufgenommen zu werden. Sie mussten hierzu lediglich einen Aufnahmeantrag unterschreiben, den der Ortsgruppenleiter seinem Brief entweder beilegte oder der beim nächsten Heimaturlaub vom betreffenden Soldaten unterzeichnet werden konnte. Der Ortsgruppenleiter holte auch die erforderliche Dienstzeitbescheinigung beim HJ-Bannführer ein. Der Stichtag für den Aufnahmeantrag war der 30. Juni 1943, und als Tag der Aufnahme in die Partei galt einheitlich der 20. April 1943. Die Beitragszahlung für die auf diese Weise aufgenommenen Jugendlichen ruhte; eine freiwillige Beitragszahlung war jedoch möglich.

Diese Vereinbarung zwischen Partei-Kanzlei und Oberkommando der Wehrmacht war offenbar jenen Problemen geschuldet, die sich für die Partei aus der raschen zeitlichen Aufeinanderfolge von Dienstpflichten für Jugendliche ergaben. Die Dienstpflichtigen des Jahrgangs 1925 wurden etwa vom 22. Juni bis zum 22. Juli 1942 von den polizeilichen Meldebehörden erfasst, zwischen dem 3. August und dem 5. September 1942 gemustert und nach Ableistung der Arbeitsdienstpflicht ab Mai 1943 zum »aktiven Wehrdienst« einberufen.[83] Für Freiwillige, die sich für eine Offiziers- oder Unteroffizierslaufbahn entschieden oder für viereinhalb Jahre zur Waffen-SS gemeldet hatten, entfiel die Arbeitsdienstpflicht generell; für Kriegsfreiwillige jüngerer Jahrgänge galt eine verkürzte Arbeitsdienstpflicht von drei Monaten. Sie wurden also in einem Zeitrahmen, der zwischen dem Oktober 1942 und dem April 1943 lag, zum Wehrdienst herangezogen. In diesen Zeitraum fielen immerhin zwei Termine, bei denen 18-jährige Jugendliche in die Partei aufgenommen wurden.

Das Aufnahmeverfahren am 20. April 1943 sollte wesentlich größer aufgezogen werden als bisher und nach außen propagandistisch wirken. Die Reichsleitungs-Dienststellen der NSDAP bereiteten die Feierlichkeiten, die zentral am Sonntag, dem 18. April stattfanden, intensiv vor.[84] Zum ersten Mal berichtete eine Rundfunksendung über die Aufnahmefeierlichkeiten, die aber, so meldete der SD, »infolge der nur kurzen Vorankündigung keine sehr große Hörerschaft gefunden« habe.[85] Im August 1943 legte der SD einen ausführlichen Bericht über die »Einstellung der Jugend zur Partei« vor, in dem er sich mit der Aufnahme der HJ- und BDM-Angehörigen der Geburtsjahrgänge 1924 und 1925 in die Partei befasste. Die Berichterstatter notierten zwar eine »positive Einstellung der Jugendlichen zur Aufnahme in die Partei«, warnten zugleich jedoch vor vielfach zu beobachtender »Gleichgültigkeit« und »mangelnde[r] innere[r] Bereitschaft« vieler Jugendlicher.[86] Einige blieben der Aufnahmefeier fern, obwohl sie den Aufnahmeantrag unterschrieben hatten, andere wiederum waren von ihren HJ-Führern gar nicht erst zur Feier bestellt worden. Darüber hinaus beobachtete man selbst bei HJ- und BDM-Mitgliedern, die acht Jahre lang in der NS-Jugendorganisation ihren Dienst getan hatten und jetzt von ihren Führerinnen und Führern dazu aufgefordert wurden, einen Aufnahmeantrag auszufüllen, dass sie dies »mit unschönen Bemerkungen« ablehnten. Ein wesentliches Argument war, erst die »Pflicht« an der »Front« erfüllen zu wollen. Insofern war und blieb die Wehrmacht immer noch ein gewichtiger Konkurrent der Partei bei der Rekrutierung männlicher Jugendlicher.

Auch jenes »innere Erlebnis«, das die Partei den neuen »Parteigenossen« bei den Aufnahmefeiern vermitteln wollte, scheint ausgeblieben zu sein. In einem Interview, das Margarete Dörr Anfang der 1990er Jahre mit der 1925 geborenen Gunhild H., der Tochter eines Parteifunktionärs, führte, zeigt sich dies recht deutlich. Gunhild H., die zum 20. April 1943 in die Partei eingetreten war, ärgerte sich noch mehr als ein halbes Jahrhundert später darüber, dass viele ihrer Klassenkameradinnen, wie sie ebenfalls JM-Führerinnen, sich nicht zum Parteieintritt durchringen konnten und stattdessen eine Wanderung machten, an der sie allzu gerne auch teilgenommen hätte. So fand sich Gunhild H. bei der Aufnahmefeier von Unbekannten umgeben und gab lakonisch zu Protokoll, sie habe vorher nicht gedacht, dass die Mitgliedschaft in der Partei »so etwas Besonderes und Seltenes« sei.[87]

Ein Grund für die mangelnde Beteiligung der Jugendlichen an den Aufnahmefeiern könnte eine Terminüberschneidung gewesen sein. Zwischen dem 15. und 17. April 1943 war der Jahrgang 1925 zum RAD einberufen worden, sodass einige Jugendliche nicht an den Feierlichkeiten in ihren Ortsgruppen teilnehmen konnten.[88] Offenbar war die Partei mit ihren Bemühungen, die 17–18-jährigen Jugendlichen für sich zu gewinnen, wieder auf die beiden bekannten institutionellen Grenzen gestoßen: Wehrmacht und RAD.

Mittlerweile hatte die Partei beim Aufnahmeverfahren von HJ- und BDM-Angehörigen allerdings genügend Erfahrungen gesammelt, sodass der Zugriff auf diese Jugendlichen im darauffolgenden Jahr besser gelang als zuvor. Am 8. Januar 1944 erging eine Anordnung Bormanns über die Partei-Aufnahme der HJ- und BDM-Angehörigen der Jahrgänge 1926 und 1927 und deren »Überweisung« in die Gliederungen, die am Sonntag, dem 27. Februar 1944, stattfand.[89] Darin betonte der Leiter der Partei-Kanzlei, der »Führer« habe sich dafür entschieden, »mit Rücksicht auf die frühzeitige Einberufung zum Reichsarbeitsdienst und zur Wehrmacht das Aufnahmealter der Angehörigen der Hitler-Jugend von 18 auf 17 Jahre« herabzusetzen.

Deutlicher hätte die Konkurrenz dieser beiden Institutionen zur Partei bei der Rekrutierung von Jugendlichen kaum hervortreten können. Erstmalig konnten auch Angehörige der Jahrgänge 1926 und 1927, die sich bereits beim RAD oder bei der Wehrmacht befanden, nachträglich in die Partei aufgenommen werden, wenn sie die erforderliche HJ-Dienstzeitbescheinigung nachwiesen. Das 1942 geschlossene Geheimabkommen zwischen Partei-Kanzlei und Oberkommando der Wehrmacht wurde somit sanktioniert und der formal immer noch gültige § 26 des »Wehrgesetzes« einmal mehr gebrochen.[90] Im Zentrum dieser Anordnung Bormanns standen jedoch die HJ- und BDM-Angehörigen der Jahrgänge 1927, die auch nach ihrer Parteiaufnahme zunächst einmal bis zur Vollendung ihres 18. Lebensjahres in der HJ verbleiben und während ihrer restlichen HJ-Dienstzeit systematisch auf ihre späteren Tätigkeiten in der Partei vorbereitet werden sollten. Falls sie nach der Ableistung des HJ-Dienstes zum RAD oder zur Wehrmacht einberufen wurden, sollte der zuständige

»Hoheitsträger« diese Jugendlichen besonders »betreuen«, damit sie nach ihrer Rückkehr endgültig für die Parteiarbeit zur Verfügung stünden. Das Ziel der Partei-Kanzlei, die Hitler-Jugend zur Rekrutierungsinstanz für die Partei umzufunktionieren, kam somit überdeutlich zum Ausdruck.

Im Zuge dieser Bestimmungen war ein anderer Sachverhalt jedoch weit wichtiger: Es wurden jetzt 16- bis 17-jährige Jungen und Mädchen des Jahrganges 1927 als Mitglieder der Partei geführt, obwohl sie dieser formal noch gar nicht angehörten, weil sie noch »jugenddienstpflichtig« waren. Die Aufnahme erfolgte gewissermaßen prophylaktisch, wurde nach den Parteistatuten jedoch nicht rechtskräftig vollzogen, weil man noch keine Mitgliedskarte ausstellte. Dennoch wurden in der zentralen Mitgliederkartei des Reichsschatzmeisters entsprechende Mitgliedsnummern zugeordnet, weil die lokalen Partei-, HJ- und BDM-Dienststellen das Aufnahmeverfahren, das auf dieselbe Art und Weise ablief wie in den Jahren zuvor, konsequent zu Ende führten. Als Aufnahmedatum für diese Jugendlichen galt der 20. April 1944, ihre Beitragspflicht begann mit dem 1. Mai 1944.[91]

Bei den Aufnahmeverfahren von HJ- und BDM-Angehörigen der Jahrgänge 1926 und 1927 in die Partei gingen die zuständigen Dienststellen offenbar weit repressiver vor als in den Jahren zuvor. Obwohl in diesem Verfahren formal keine Quote vorgegeben war, wurden die Richtwerte aus den Jahren 1942 und 1943 in einzelnen HJ-Gebieten und -Bannen offenbar um 50 oder gar 100 Prozent überschritten, wie die Reichsjugendführung in einem offiziellen Dokument zugab.[92] Berücksichtigt man diese Aussage, so wurden in einzelnen regionalen HJ-Bereichen zwischen 45 und 60 Prozent aller männlichen sowie zwischen zehn und 15 Prozent aller weiblichen Jugendlichen in die Partei aufgenommen. Die grundsätzlichen Voraussetzungen, die vierjährige ununterbrochene Dienstzeit in HJ oder BDM und der eigenhändig unterschriebene Aufnahmeantrag, blieben jedoch verbindlich.

In den letzten Jahren ist die Aufnahme der HJ- und BDM-Angehörigen der Jahrgänge 1926/27 in die Partei in der deutschen Öffentlichkeit teils heftig diskutiert worden. Es begann mit der Debatte um die Mitgliedschaft des Historikers Martin Broszat, der unter der Nummer 9 994 096 noch am 20. April 1944 in die Partei aufgenommen worden war,[93] setzte sich mit der Auseinandersetzung um die inhaltliche Ausgestaltung der Einträge im Internationalen Germanistenlexikon fort[94] und fand in der

Diskussion um die Parteimitgliedschaft der Schriftsteller Martin Walser und Siegfried Lenz sowie des Kabarettisten Dieter Hildebrandt ihren vorläufigen Höhepunkt.[95]

Mittlerweile gibt es viele Aussagen von Betroffenen, die sich ihre Parteimitgliedschaft mehr als sechzig Jahre nach den Ereignissen zu erklären versuchen.[96] Der Journalist Reinhard Appel, Jahrgang 1927, befand sich nach eigener Aussage im Herbst 1944 zur Volksschullehrer-Ausbildung in einem Internat in Brandenburg an der Havel. Eines Tages habe der ganze Ausbildungszweig, der samt und sonders aus den Jahrgängen 1926 und 1927 bestand, geschlossen ins Stadtzentrum marschieren müssen, das örtliche Parteibüro betreten und dort vorbereitete Aufnahmeanträge vorgefunden, die man schließlich unterschrieb.[97] Der Schriftsteller Jost Nolte, ebenfalls Jahrgang 1926, weilte zum fraglichen Zeitpunkt als Marinehelfer in Rönne in der Umgebung von Kiel. Zwei Brüder, Admiralssöhne und begeisterte Hitler-Jungen, agitierten in der Gemeinschaftsunterkunft für die Aufnahme in die NSDAP.[98] Zuerst weigerten sich Nolte und ein Freund, dann allerdings unterschrieben sie doch. Dieser »Augenblick der Feigheit«, so Nolte, liege ihm bis heute im Magen, obwohl er niemals ein Parteibuch erhalten habe. Es sei die Art von Entscheidung gewesen, die seine Generation zu treffen hatte.

Für Soldaten bestand immer noch die beste Möglichkeit, sich der Parteiaufnahme zu entziehen. Hans-Jochen Vogel, Jahrgang 1926, nach dem Zweiten Weltkrieg hochrangiger SPD-Politiker, dessen Vater seit 1932 in der NSDAP gewesen war, bekam den Aufnahmeantrag nach Hause geschickt, wo er jedoch liegen blieb, weil er sich inzwischen freiwillig zur Wehrmacht gemeldet hatte.[99] Vogel hatte nie einen Antrag auf Mitgliedschaft gestellt und wurde daher auch nicht in der Mitgliederkartei der NSDAP geführt.

Als die Hitler-Jugend im Herbst 1944 die Erfassung der Jugendlichen der Jahrgänge 1928 und 1929 für die Parteiaufnahme vorbereitete,[100] war unter den Betroffenen, nicht zuletzt aufgrund der hoffnungslosen militärischen Lage, der letzte Enthusiasmus geschwunden. So notierte die Berliner Schülerin Lilo G. Anfang Februar 1945 in ihrem Tagebuch, dass sie eine BDM-Veranstaltung besucht habe. Sie schloss mit den Worten: »Es erging jetzt an uns alle die Aufforderung, in die Partei einzutreten. Ich habe es aber abgelehnt.«[101]

Ergebnisse

Die Aufnahme von Angehörigen der Hitler-Jugend in die Partei, wie sie seit 1936/37 im »Dritten Reich« praktiziert wurde, war auch unmittelbar nach dem Zweiten Weltkrieg noch im Gedächtnis der Zeitgenossen präsent. Bereits die erste Phase der alliierten Entnazifizierung, die Anfang 1946 begann, zielte darauf ab, alle Nationalsozialisten »aus Ämtern und verantwortlichen Stellungen« zu entfernen.[102] Dazu sollten diejenigen Personen zählen, »die zu irgendeiner Zeit hauptamtlich [...] in der NSDAP tätig waren oder zu irgendeinem Zeitpunkt ein Amt oder eine Stellung in der NSDAP bekleidet haben, gleichgültig ob in örtlichen Einheiten oder höheren«. Diesem Postulat lag ein sehr weiter Begriff von NSDAP zugrunde, der sowohl die Partei als auch sämtliche Gliederungen und angeschlossenen Verbände umfasste.

Um die geplante Entnazifizierung voranzutreiben, hatten sich die amerikanischen Militärbehörden ausgiebig mit den Mitgliedschaftsbestimmungen in der Partei befasst. Sie konnten dabei auf die Zentralmitgliederkartei des Reichsschatzmeisters zurückgreifen, die Ende 1945 unzerstört in ihre Hände gefallen war.[103] In einer ausführlichen Broschüre mit dem Titel »Who was a Nazi?« vom Sommer 1947, die vom Berlin Document Center kompiliert worden war, um den amerikanischen Militärbehörden und den deutschen Spruchkammern die Handhabung der NSDAP-Mitgliederkartei zu erleichtern, waren die einschlägigen Bestimmungen zur Aufnahme von HJ- und BDM-Angehörigen ausführlich und zutreffend wiedergegeben. Darin findet sich auch ein bezeichnender Hinweis auf die Position der von der Entnazifizierung betroffenen Deutschen zu dieser Frage. Demnach betonten frühere »Parteigenossen« immer wieder, ihre Organisationen seien automatisch der Partei einverleibt worden und sie hätten ihre Mitgliedschaft letztlich wider Willen erlangt.[104] Niemals, so stellten die amerikanischen Bearbeiter fest, sei irgendeine Organisation auf diese Weise in die NSDAP überführt worden. Dies gelte auch für HJ und BDM, deren Angehörige man weder kollektiv noch automatisch übernommen hätte. Im Gegenteil: Nur eine Minderheit der Jugendlichen sei für die Mitgliedschaft in der Partei vorgeschlagen worden, und jeder Kandidat habe seinen Aufnahmeantrag eigenhändig unterschreiben müssen.

Diesen Feststellungen ist zu entnehmen, dass sich nach dem Zweiten

Weltkrieg als Abwehrreaktion auf die Entnazifizierung bei vielen Deutschen offenbar die fixe Idee festsetzte, es habe eine automatische Übernahme aus HJ und BDM in die Partei gegeben. Die historische Forschung zum NS-Staat, die sich Mitte der 1950er Jahre zeitlich parallel zu den Spruchkammer- und Gerichtsverfahren gegen ehemalige NS-Täter und Mitläufer konstituierte, perpetuierte diese Position noch. Im März 1957 erstellte Hans Buchheim, Politikwissenschaftler und Mitarbeiter des Instituts für Zeitgeschichte in München, im Rahmen seiner dienstlichen Tätigkeiten ein Gutachten, das den Titel »Mitgliedschaft bei der NSDAP« trug. Darin handelte er in insgesamt zehn Punkten das Aufnahmeverfahren nach der Neubegründung der NSDAP im Jahre 1925 ab. Unter Punkt 8) widmete er sich kursorisch der Aufnahme von Mitgliedern der Hitler-Jugend in die Partei, stützte sich jedoch ausschließlich auf Bormanns Anordnung vom 8. Januar 1944. Buchheim kam zu folgendem Ergebnis:

»Im allgemeinen war es also für Angehörige der HJ nicht möglich, ohne Wissen und Willen in die Partei aufgenommen zu werden. Aber abgesehen davon, daß vielfach die Freiwilligkeit mehr als fragwürdig war, ist die Möglichkeit einer automatischen Parteiaufnahme etwa für einen Angehörigen des Geburtsjahrganges 1926 nicht völlig auszuschließen. Denn im Jahre 1944 mußte die HJ befürchten, ihr gesetzliches Soll an Anmeldungen zur Partei nicht zu erreichen, und einzelne HJ-Führer nahmen deshalb eigenmächtig kollektive Anmeldungen vor. Dafür sind allerdings offizielle Belege naturgemäß nicht beizubringen.«[105]

Der generelle Befund schien eindeutig, denn Buchheim stellte zutreffend fest, für Angehörige der Hitler-Jugend sei es nicht möglich gewesen, »ohne Wissen und Willen« in die Partei aufgenommen zu werden. Danach allerdings brachte er vier Einschränkungen vor: Erstens sei die »Freiwilligkeit mehr als fragwürdig« gewesen, zweitens schloss er eine »automatische Parteiaufnahme etwa für einen Angehörigen des Geburtsjahrganges 1926« nicht gänzlich aus und legte mit dem Wörtchen »etwa« nahe, dass dies gleichermaßen auch für andere Jahrgänge der Hitler-Jugend galt; drittens erwähnte er ein »gesetzliches Soll«, und viertens sprach er von einer »Eigenmächtigkeit« von HJ-Führern, die kollektive Anmeldungen vorgenommen hätten.

Diese vier Einschränkungen lassen sich heute, mehr als 50 Jahre später, nicht zuletzt aufgrund der besseren Quellenlage, allesamt widerlegen. Erstens blieb die »Freiwilligkeit« während des gesamten Zeitraums bis

1944/45 formal gewahrt, indem es eines eigenhändig unterschriebenen Aufnahmeantrages eines jeden Einzelnen bedurfte, der in die Partei eintreten wollte. Sicherlich stieg der Druck hierzu kontinuierlich an und erreichte beim Aufnahmeverfahren 1944 seinen Höhepunkt. Dem Einzelnen blieb aber immer die Möglichkeit, sich entweder für oder gegen eine Unterschrift zu entscheiden.

Zweitens gab es für keinen einzigen HJ- und BDM-Jahrgang, dessen Angehörige zwischen 1937 und 1944 in die Partei aufgenommen worden waren, eine automatische Aufnahme. Schon seit der Vorkriegszeit war, neben einem eigenhändig unterschriebenen Aufnahmeantrag, die vierjährige kontinuierliche Dienstzeit in der Hitler-Jugend eine unabdingbare Voraussetzung, um in die Partei aufgenommen werden zu können. Jeder einzelne Fall wurde geprüft und nach diesen beiden Kriterien beurteilt. Wenn überhaupt von einem Automatismus gesprochen werden kann, dann bei der »Überweisung« von HJ- und BDM-Angehörigen in die Gliederungen. Diese erfolgte seit 1937 beziehungsweise seit 1941 automatisch und verbindlich, und zwar für beide Geschlechter.

Buchheims dritte Einschränkung, das »gesetzliche Soll« für die Aufnahmen aus HJ und BDM in die Partei, war pure Fiktion. Es gab lediglich eine Quote, die von der Partei-Kanzlei vorgegeben war, die bis 1943 jedoch offenbar nie erfüllt wurde. Formale Gesetzeskraft kam dieser Quote nicht zu. Kein HJ-Führer und keine BDM-Führerin hatte dienstliche Sanktionen zu befürchten, wenn sie diese Quoten unterschritten.

Für Buchheims vierte Einschränkung, dass HJ-Führer »eigenmächtig« Anmeldungen vornahmen, gibt es bislang keinen einzigen empirischen Beweis. Letztlich ist hierfür nur ein Szenario denkbar: Die zuständigen BDM-Führerinnen und HJ-Führer hätten die Unterschrift fälschen oder sie sich bei anderen Personen, etwa den Eltern oder den Erziehungsberechtigten des betreffenden Jugendlichen, »erschleichen« müssen. Das Risiko, mit dieser Fälschung aufzufallen und eine empfindliche Dienststrafe zu gewärtigen, wäre groß gewesen. Bis heute ist aus keiner Quelle, die vor dem 8. Mai 1945 entstanden ist, eine gefälschte Unterschrift eines HJ-Führers bekannt. Die Aussagen Betroffener nach Kriegsende, etwa im Entnazifizierungsverfahren, stellen keine hinreichenden empirischen Beweise dar; dies diente lediglich der Schuldabwehr.

Die Aufnahme von HJ- und BDM-Angehörigen in die Partei, wie sie sich zwischen 1937 und 1944 entwickelte, wurde von der Dienststelle

des Stellvertreters des Führers/Partei-Kanzlei und vom Reichsschatzmeister immer wieder verändert und an die jeweiligen Gegebenheiten
angepasst. Die Reichsjugendführung war bei diesem Prozess lediglich
ausführende, den beiden innerparteilichen Führungsorganen untergeord-
nete Instanz. Gleichwohl orientierten sich diese an den Vorstellungen, die
von Schirach Ende 1934 festgelegt hatte. Die Hitler-Jugend sollte die Jugendlichen zu zukünftigen »Parteigenossen« mindestens vier Jahre lang
kontinuierlich erziehen und die Elite der HJ- und BDM-Angehörigen, die
das 18. Lebensjahr vollendet hatten, in die Partei aufgenommen werden.
Die weltanschauliche »Festigkeit« der neuen »Parteigenossen« wurde
bei Antragstellung zunächst durch die Ortsgruppen als den generell
für das Parteiaufnahmeverfahren zuständigen Dienststellen überprüft.
Während des Zweiten Weltkrieges verschob sich diese Funktion jedoch
zur Hitler-Jugend. Faktisch entschieden seit 1942/43 die HJ-Bannführer
beziehungsweise die BDM-Untergauführerinnen darüber, wer aus ihren
Organisationen in die Partei überwechseln durfte und wer nicht. Conditio
sine qua non waren jedoch die eigenhändig unterschriebenen Aufnahmeanträge derjenigen 18-jährigen Jugendlichen, die sie für den Parteieintritt
als »würdig« erachteten.

Die Zahl dieser Anträge wuchs ständig. Vor dem Zweiten Weltkrieg
waren es 243 000 Jugendliche, die aus HJ und BDM zur Partei wechselten. Für den Zeitraum von 1941 bis 1944 lassen sich die Parteieintritte nur schätzen: Im September 1941 können es höchstens 230 000
Jugendliche gewesen sein, im September 1942 höchstens 345 000, im
April 1943 höchstens 220 000 und im Jahre 1944 höchstens 300 000.[106]
Insgesamt dürften nur wenig mehr als 1,3 Millionen HJ- und BDM-Angehörige im gesamten Untersuchungszeitraum in die Partei eingetreten
sein. Bei schätzungsweise 18 Millionen Jugendlichen, die seit 1933/34
die Hitler-Jugend durchlaufen hatten, käme dies einer Quote von sieben bis acht Prozent gleich. Die überwiegende Mehrheit der HJ- und
BDM-Angehörigen trat also nicht in die Partei ein. Zudem bestand eine
Geschlechterdifferenz, denn höchstens fünf Prozent der 18-jährigen
Mädchen entschlossen sich zu diesem Schritt, was der generellen Unter-
repräsentanz von Frauen in der Partei entsprach.

Die Aufnahme aus der Hitler-Jugend war nur einer von vielen Wegen,
auf denen man »Parteigenosse« wurde. Für Jugendliche unter 21 Jahren
stellte sie jedoch die einzige Möglichkeit dar. Dazu bedurfte es eines ak-

tiven Einsatzes, zunächst in DJV und HJ oder in JM und BDM, und später in der Form eines eigenhändig unterschriebenen Aufnahmeantrages. Der Zeitpunkt der Unterschriftsleistung konnte auch einen Augenblick der Freiheit bedeuten: zu unterschreiben – oder aber eben auch nicht.

Angelika Königseder
Das Ende der NSDAP
Die Entnazifizierung

»Es ist unser unbeugsamer Wille, den deutschen Militarismus und Nazismus zu vernichten und [...] die Nazi-Partei, die nazistischen Gesetze, Organisationen und Einrichtungen vom Erdboden zu tilgen«, so ließen die Regierungschefs Großbritanniens, der USA und der Sowjetunion ihr erklärtes Kriegsziel im Kommuniqué ihres Zusammentreffens in Jalta im Februar 1945 protokollieren.[1] Auf der Konferenz von Potsdam (17. Juli bis 2. August 1945) bekräftigten Stalin, US-Präsident Truman und der britische Premierminister Churchill bzw. dessen Nachfolger Clement Attlee diese Absicht nachdrücklich: »Die Nationalsozialistische Partei mit ihren angeschlossenen Gliederungen und Unterorganisationen ist zu vernichten; alle nationalsozialistischen Ämter sind aufzulösen; es sind Sicherheiten dafür zu schaffen, daß sie in keiner Form wieder auferstehen können.« Konkret hieß es: »Alle Mitglieder der nazistischen Partei, welche mehr als nominell an ihrer Tätigkeit teilgenommen haben, [...] sind aus den öffentlichen oder halböffentlichen Ämtern und von den verantwortlichen Posten in wichtigen Privatunternehmungen zu entfernen. Diese Personen müssen durch Personen ersetzt werden, welche nach ihren politischen und moralischen Eigenschaften fähig erscheinen, an der Entwicklung wahrhaft demokratischer Einrichtungen in Deutschland mitzuwirken.«[2]

Die Entnazifizierung fiel in die Zuständigkeit des Alliierten Kontrollrats. Das Kontrollratsgesetz Nr. 2 vom 10. Oktober 1945 erklärte dann auch die NSDAP, ihre Gliederungen, die ihr angeschlossenen Verbindungen und von ihr abhängigen Organisationen für abgeschafft und ungesetzlich und verbot jegliche Neubildung.[3] Weitaus schwieriger als die Zerschlagung der Institutionen gestaltete sich jedoch der Umgang mit dem Personal der verbotenen Organisationen – immerhin waren etwa 8,5 Millionen Deutsche in der NSDAP gewesen. Weitgehende Einigkeit unter den Siegermächten bestand hinsichtlich der strafrechtlichen Verfolgung von Kriegsverbrechern, gegen die im Hauptprozess vor dem Internationalen Militärgerichtshof in Nürnberg und den zwölf Nürnberger Nachfolgeprozessen verhandelt wurde. Von Beginn an gab es jedoch Differenzen über Umfang, Ausgestaltung und Prioritätensetzung beim politischen Säuberungsprozess – der Entnazifizierung. Obwohl die nach langen Verhandlungen verabschiedeten Kontrollratsdirektiven Nr. 24 und Nr. 38 Ausdruck des Bemühens vor allem der Amerikaner waren, die Entnazifizierung deutschlandweit nach ähnlichen Richtlinien und Maßstäben durchzuführen, war die Entnazifizierungspraxis in den vier Besatzungszonen unterschiedlich.

Die Kontrollratsdirektive Nr. 24 (Entfernung von Nationalsozialisten und Personen, die den Bestrebungen der Alliierten feindlich gegenüberstehen, aus Ämtern und verantwortlichen Stellungen) vom 12. Januar 1946 präzisierte das auf der Potsdamer Konferenz noch eher allgemein gehaltene Ziel der Entfernung aller NSDAP-Mitglieder aus öffentlichen, halböffentlichen Ämtern und verantwortlichen Stellungen in größeren Privatunternehmen. Sie definierte sowohl den Personenkreis, der der Partei »aktiv und nicht nur nominell angehört« hatte, als auch die Begriffe »öffentliches« beziehungsweise »halböffentliches Amt« und »verantwortliche Stellung in bedeutenden privaten Unternehmen«. »Entfernung« – daran ließ der Wortlaut der Direktive keinen Zweifel – bedeutete, dass »der Betroffene sofort und unbedingt zu entlassen und seinem Einfluß und seiner mittel- oder unmittelbaren Beteiligung an dem Betriebe oder Konzern, mit dem er verbunden war, ein Ende zu setzen« war. Damit erloschen auch alle Ansprüche auf Ruhegehälter. Artikel 10 der Direktive listete im Detail die Entfernungs- und Ausschluss-Kategorien auf: Neben Kriegsverbrechern, hohen Beamten und Mitarbeitern von Reichsbehörden, leitenden Juristen mussten alle ehemaligen NSDAP-Mitglieder, die der Partei vor 1937 beigetreten waren, entlassen werden, alle, die sich mehr als nur nominell an Aktivitäten der NSDAP beteiligt hatten, Personen, die hauptamtlich oder im Offiziersrang in der NSDAP oder in Parteiorganisationen (u. a. Parteikanzlei, Kanzlei des Führers), im Offiziersrang in Gliederungen der NSDAP (u. a. SS, SA, HJ) oder angegliederten Organisationen (z. B. Deutsche Arbeitsfront, NS-Volkswohlfahrt, NS-Deutscher Ärztebund, NS-Lehrerbund, NS-Rechtswahrerbund) tätig waren.[4]

Die Kontrollratsdirektive Nr. 38 (Verhaftung und Bestrafung von Kriegsverbrechern, Nationalsozialisten und Militaristen und Internierung, Kontrolle und Überwachung von möglicherweise gefährlichen Deutschen) vom 12. Oktober 1946 war abermals ein Versuch, ein einheitliches Vorgehen der Alliierten im Umgang mit Kriegsverbrechern und bei der Entnazifizierung zu erreichen. »Zur gerechten Beurteilung der Verantwortlichkeit und zur Heranziehung zu Sühnemaßnahmen« wurden fünf Gruppen gebildet: 1. Hauptschuldige, 2. Belastete (Aktivisten, Militaristen und Nutznießer), 3. Minderbelastete (Bewährungsgruppe), 4. Mitläufer und 5. Entlastete (Personen der vorstehenden Gruppen, die vor einer Spruchkammer nachweisen konnten, dass sie nicht schuldig waren). Artikel 7 bis 13 regelten die Sühnemaßnahmen. Als besonders schmerzhaft für die Betroffenen der Gruppen 1 und 2 erwies sich die mögliche Verhängung einer Internierungshaft von bis zu zehn Jahren, der Verlust von Pensionszahlungen und dass sie nur noch »in gewöhnlicher Arbeit« beschäftigt werden durften.[5]

Beiden Kontrollratsdirektiven lagen im Wesentlichen die Vorstellungen der amerikanischen Besatzungsmacht von der »denazification policy« zugrunde. Zu unterschiedlich waren jedoch die Intentionen der vier Besatzungsmächte, sodass die Ausführungsbestimmungen zu diesen Direktiven erheblich differierten.

Den höchsten Stellenwert besaß das Ziel der Entnazifizierung zweifellos bei den Amerikanern, die sie als unerlässliche Grundlage für eine Demokratisierung Deutschlands betrachteten. In den ersten Wochen nach der Besetzung war das primäre Ziel, den Krieg siegreich zu beenden, die Militärregierung zu etablieren und die chaotischen Verhältnisse in den Griff zu bekommen. In dieser Phase entließen die örtlichen Militärkommandanten unsystematisch lediglich einige Verwaltungsspitzen.[6] Seit dem Erlass der USFET-Direktive (United States Forces European Theatre) am 7. Juli 1945 musste jede Person, die eine Schlüsselposition des öffentlichen Lebens eingenommen hatte beziehungsweise einnehmen wollte, einen 131 Fragen umfassenden Fragebogen ausfüllen und der Special Branch, einer Unterabteilung der Public Safety Division, vorlegen. Ergaben sich Hinweise, dass die betreffende Person mehr als nur nomineller Nationalsozialist gewesen war, musste sie sofort ohne Rücksichtnahme auf dadurch entstehende Vakanzen oder mögliche Rechtsansprüche wie Kündigungsschutz oder Ruhegehalt entlassen werden.

Es gab fünf Einstufungsgruppen: Betroffene der Gruppe eins (»mandatory removal«) waren zu entlassen beziehungsweise nicht einzustellen, ihr Vermögen war zu sperren, ihre Bezüge waren zu stoppen. 125 Einzelmerkmale kategorisierten diese Gruppe der Entlassungspflichtigen. Betroffen waren unter anderem alle vor dem 1. Mai 1937 in die NSDAP Eingetretenen, alle Amtsträger der NSDAP sowie der ihr angeschlossenen Organisationen, alle Offiziere und Unteroffiziere der Waffen-SS, der SA, des NS-Kraftfahrkorps und des NS-Fliegerkorps, alle Mitglieder der SS und alle vor dem 1. April 1933 eingetretenen Mitglieder der SA. Entlassungspflichtig waren auch die Funktionseliten in Regierung und Verwaltung. Bei Gruppe zwei (»discretionary, adverse recommendation«) empfahl die Special Branch die Entlassung, die Entscheidung blieb jedoch dem zuständigen MG-Offizier vorbehalten. Darunter fielen alle Mitglieder der NSDAP. Gruppe drei (»discretionary, no adverse recommendation«) wurde wie Gruppe zwei eingestuft, die Special Branch sprach jedoch keine Empfehlung aus. Bei in Gruppe vier Eingestuften (»no objection« bzw. »no evidence«) bestand kein Einwand gegen Weiterbeschäftigung beziehungsweise Anstellung, und bei Gruppe fünf empfahl die Special Branch gar Weiterbeschäftigung beziehungsweise Anstellung aufgrund von Beweisen oppositioneller Aktivitäten.[7] Das Militärregierungsgesetz Nr. 8 vom 26. September 1945 dehnte die Entnazifizierung auch auf Bereiche der Wirtschaft aus. Alle ehemaligen Mitglieder der NSDAP und ihrer Organisationen mussten aus den qualifizierten Stellungen der privaten Wirtschaft entlassen werden und durften nur noch »gewöhnlicher Arbeit« nachgehen.

De facto richteten sich die Maßnahmen zur Entlassung gegen den öffentlichen Dienst. Ende März 1946 hatte die Special Branch 1,26 von 1,39 Millionen Fragebögen ausgewertet. 24 Prozent aller Beschäftigten im öffentlichen Dienst galten als entlassungspflichtig, bei acht Prozent sprach die Special Branch eine Entlassungsempfehlung aus. Bis zu diesem Zeitpunkt waren 139 996 Angestellte im öffentlichen Dienst und 68 568 Beschäftigte aus Handel, Gewerbe und Industrie in der gesamten US-Zone entlassen worden. 50 464 Bewerbern für den öffentlichen Dienst und 22 888 Bewerbern in der Privatwirtschaft war die Anstellung beziehungsweise Wiederanstellung verweigert worden. Insgesamt waren 336 892 Personen von den Entnazifizierungsmaßnahmen der Amerikaner betroffen.[8]

Das Resultat war zunächst ein erheblicher Personalmangel im Bereich des öffentlichen Dienstes; ein längerfristiger Strukturwandel blieb jedoch aufgrund der relativ bald erfolgenden Wiedereinstellungen aus. Bei Berücksichtigung der Zahl von etwa sechs Millionen NSDAP-Mitgliedern bei Kriegsende[9] wird ersichtlich, dass de facto nur eine Minderheit von Entlassung oder Nichteinstellung betroffen war.

Die erhebliche Kritik an den Entnazifizierungsmaßnahmen der Amerikaner entzündete sich folglich auch weniger an den Zahlen, sondern an den pauschalen Entlassungskriterien, die nach Ansicht von NS-Gegnern eine notwendige differenzierte Bewertung unmöglich machten. Auch die Nichtbeteiligung deutscher NS-Gegner und die ständige Ausweitung des Kreises der zu Entnazifizierenden erregten Unmut.

Einen neuen Abschnitt leitete das am 5. März 1946 verkündete »Gesetz zur Befreiung von Nationalsozialismus und Militarismus«, das sogenannte Befreiungsgesetz, ein. Obwohl die Militärregierung weiterhin auf den Formalbelastungskategorien der Kontrollratsdirektive Nr. 24 bestand, ging die Entnazifizierung mit dem Gesetz in deutsche Hände über. Der wesentliche Unterschied zur bisherigen Vorgehensweise war die nun eingeführte Bewertung der individuellen Schuld, die sich nicht mehr ausschließlich nach formalen Kriterien richtete. Artikel 2 brachte diese Neuerung zum Ausdruck:

»Die Beurteilung des Einzelnen erfolgt in gerechter Abwägung der individuellen Verantwortlichkeit und der tatsächlichen Gesamthaltung; danach wird in wohlerwogener Abstufung das Maß der Sühneleistung und der Ausschaltung aus der Teilnahme am öffentlichen, wirtschaftlichen und kulturellen Leben des Volkes bestimmt. […] Äußere Merkmale wie die Zugehörigkeit zur NSDAP, einer ihrer Gliederungen oder einer sonstigen Organisation sind nach diesem Gesetz für sich allein nicht entscheidend für den Grad der Verantwortlichkeit.«[10]

Alle über 18-jährigen Deutschen mussten bei den neu zu bildenden Spruchkammern einen Fragebogen einreichen, aufgrund dessen sie der öffentliche Kläger vorläufig in fünf Gruppen einstufte: 1. Hauptschuldige, 2. Belastete (Aktivisten, Militaristen, Nutznießer), 3. Minderbelastete, 4. Mitläufer und 5. Entlastete. Als hauptschuldig galt mutmaßlich u. a., »wer sich in einer führenden Stellung der NSDAP, einer ihrer Gliederungen oder eines angeschlossenen Verbandes« betätigt hatte.[11] Wer vor dem

1. Mai 1937 in die NSDAP eingetreten war und »durch seine Stellung oder Tätigkeit die Gewaltherrschaft der NSDAP wesentlich gefördert hat«, galt als belastet.[12] Die Gruppe 3 der Minderbelasteten gehörte nach formalen Kriterien in Gruppe 2 der Belasteten; ihnen wurde jedoch aufgrund besonderer Umstände eine mildere Beurteilung zugesprochen. Mitläufer war, wer nur »nominell am Nationalsozialismus teilgenommen« hatte. Insbesondere fielen darunter Parteimitglieder, die lediglich ihren Mitgliedsbeitrag bezahlt hatten oder nur Anwärter auf NSDAP-Mitgliedschaft waren. Als Entlasteter galt, »wer trotz seiner formellen Mitgliedschaft oder Anwartschaft oder eines anderen äußeren Umstandes, sich nicht nur passiv verhalten, sondern nach dem Maß seiner Kräfte aktiv Widerstand gegen die nationalsozialistische Gewaltherrschaft geleistet und dadurch Nachteile erlitten hat«.[13]

In den Stadt- und Landkreisen wurden mit maßgeblicher Unterstützung der politischen Parteien Spruchkammern aus jeweils einem Vorsitzenden und mindestens zwei Beisitzern gebildet. Als zweite Instanz dienten Berufungskammern. Das Spruchkammerverfahren war eine gerichtsförmige Prozedur, die Spruchkammern waren jedoch kein Organ der Strafrechtspflege. Der Spruchkammervorsitzende *sollte*, der Vorsitzende der Berufungskammer *musste* die Befähigung zum Richteramt oder zum höheren Verwaltungsdienst nachweisen. Der Spruchkammerapparat umfasste schließlich mehr als 20 000 Mitarbeiter.[14]

An die Einstufung in eine der Kategorien waren obligatorisch zu verhängende Sühnemaßnahmen gebunden. So bedeutete die Einreihung als »Hauptschuldiger« mindestens zwei und höchstens zehn Jahre Arbeitslager, Vermögenseinzug, das dauerhafte Verbot, ein öffentliches Amt zu bekleiden, den Verlust von Pension oder Rente aus öffentlichen Mitteln, die Aberkennung der bürgerlichen Rechte und erhebliche Berufseinschränkungen. »Belastete« unterlagen ähnlichen Beschränkungen, die Dauer der Inhaftierung in einem Arbeitslager durfte aber fünf Jahre nicht überschreiten. Die Einstufung in die Kategorie »minderbelastet« bedeutete für die Dauer einer Bewährungsfrist gewisse Berufseinschränkungen und Kürzungen der Gehalts- oder Ruhestandsbezüge. »Mitläufer« mussten Zahlungen an einen Wiedergutmachungsfonds leisten.[15]

Die Auswertung der Fragebögen – in der US-Zone wurden 13 Millionen abgegeben[16] – blockierte monatelang die eigentliche Arbeit der Spruchkammern. Zudem traten Spannungen mit der Militärregierung auf, weil die Spruchkammern zunächst die leichteren Fälle bearbeiten wollten, da dort die Beweislage einfacher schien und vor allem die zahlreichen von den Amerikanern zu Beginn der Besatzung entlassenen Mitläufer auf rasche Wiedereinstellung hofften. Die Fälle der engagierteren Nationalsozialisten wurden zuletzt behandelt. Deutsche und amerikanische Standpunkte unterschieden sich hier diametral: Die Besatzungsmacht sah ihr Ziel einer konsequenten Entnazifizierung von den Deutschen konterkariert, während diese davon überzeugt waren, die vermeintlichen Fehler der amerikanischen Säuberungspolitik, vor allem das automatische Berufsverbot korrigieren zu müssen. Auch die »Persilscheine« (»white wash«) sorgten auf amerikanischer Seite für Unmut. »Persilscheine« wurden Bestätigungen aus dem Bekannten-, Kollegen- oder Nachbarschaftskreis genannt, die die positiven Eigenschaften und die unpolitische Natur der Betroffenen bezeugen sollten.

Die deutsche Bevölkerung kritisierte das Befreiungsgesetz heftig. In Umkehrung zum traditionellen Strafrecht mussten die Betroffenen die gegen sie gerichtete Schuldvermutung widerlegen. Überforderung, mangelnde Kenntnis des Befreiungsgesetzes, häufiger Personalwechsel, gelegentliche Korruption und Verfilzung mehrten die Anerkennung und Achtung der Spruchkammern in der Bevölkerung nicht. Eine häufig auftretende Schwierigkeit schilderte ein Angestellter der Information Control Division in Oberbayern so: »Als wir kürzlich […] erörterten, wer als Ankläger in Frage käme, und ich mir einen Augenblick überlegte, mich selbst hierfür vielleicht anzubieten, verwarf ich den Gedanken sogleich wieder. Niemals mehr in Zukunft hätte […] irgendein Hund einen Knochen von mir genommen, ich und meine Familie, wir wären moralisch für alle Zeiten tot gewesen, kein Handwerker, kein Geschäftsmann hätte mehr für uns gearbeitet und vielleicht hätte irgendein nazistischer Rowdy mich auf meinem nächtlichen Heimweg auch noch ›umgelegt‹.«[17]

In der amerikanischen Besatzungszone hatten bis 31. August 1949 insgesamt 13,41 Millionen Deutsche einen Fragebogen abgegeben; von ihnen waren 3 623 112 Personen vom Befreiungsgesetz betroffen. Die Spruchkammern bearbeiteten 950 126 Fälle, die übrigen stellte der öffentliche Kläger ohne Klageerhebung ein, 2 504 686 mit einem Amnestiebescheid. Die 950 126 verhandelten Verfahren endeten für 1654 Personen mit der Einstufung in Gruppe I (Hauptschuldige), für 22 122

Personen in Gruppe II (Belastete), für 106 422 Personen in Gruppe III (Minderbelastete), für 485 057 Personen in Gruppe IV (Mitläufer) und 18 454 Personen in Gruppe V (Entlastete). 89 772 Verfahren wurden infolge der Ende August 1946 in Kraft getretenen Jugendamnestie eingestellt, 194 738 aufgrund der Weihnachtsamnestie 1946 und 31 907 aus unterschiedlichen Gründen.[18]

Die britische Besatzungsmacht zögerte am längsten, die Verantwortung für die Entnazifizierung deutschen Stellen zu übertragen.[19] Sie richtete ihre Säuberungspolitik weit stärker an pragmatischen Erwägungen aus und verfolgte diese nicht mit der Konsequenz der Amerikaner, orientierte sich aber an den amerikanischen Vorgaben, die weitgehend Eingang in die Kontrollratsdirektiven Nr. 24 und 38 gefunden hatten. Maßgeblich für die Praxis der Entnazifizierung in der britischen Besatzungszone wurde zunächst die lediglich für die Säuberung der deutschen Finanzverwaltung konzipierte Anweisung Nr. 3 der Finanzabteilung der britischen Militärregierung. Da weitere Anweisungen fehlten, wurde sie auf alle Beamten und Angestellten im öffentlichen Dienst angewendet. Wer vor dem 1. Januar 1938 eine höhere Stelle als die eines Büroangestellten hatte, musste einen Fragebogen ausfüllen, der als Grundlage für die Entscheidung der Militärregierung bezüglich der Weiterbeschäftigung beziehungsweise Neueinstellung diente. In der Regel wurde unter anderem allen Deutschen, die bereits vor dem 1. April 1933 der NSDAP beigetreten waren, die Weiterbeschäftigung verwehrt. Bis 31. Dezember 1945 hatte die britische Militärregierung 538 806 Fragebögen ausgewertet: 43 288 Deutsche waren entlassungspflichtig (»compulsory removal«), 28 585 konnten entlassen werden (»discretionary removal«) und 41 486 der insgesamt 419 492 Bewerber auf Neueinstellung wurden abgelehnt.

Eine neue Phase der Entnazifizierungspolitik leitete die Kontrollratsdirektive Nr. 24 vom 12. Januar 1946 ein. Die fünf Tage darauf erlassene Zonen-Instruktion Nr. 3 legte deren praktische Durchführung in der britischen Besatzungszone fest. Die Deutschen richteten auf Regierungs- und Kreisebene »Hauptausschüsse« ein, die wiederum »Unterausschüsse« zur Überprüfung der Verwaltung, größerer Unternehmen und anderer Berufssparten bildeten. Unterausschüsse hörten die zu Entnazifizierenden zu ihren Fragebögen an und ordneten sie drei Gruppen (muss entlassen werden/kann entlassen werden/ist einwandfrei) zu. Sie waren nicht berechtigt, eigene Recherchen vorzunehmen. Ihre Ergebnisse legten sie dem zuständigen Hauptausschuss vor, der sie nach Prüfung an die »Public Safety Branch« der Militärregierung zur Entscheidung weiterleitete. Mit diesem Verfahren war jedoch – im Gegensatz zur US-Zone – keine allgemeine Registrierungspflicht verbunden, was dazu führte, dass viele Nationalsozialisten in freien Berufen untertauchten. Auch Wirtschaftszweige wie der Steinkohlebergbau und die Landwirtschaft, deren Fortbestand für die britische Besatzungspolitik von zentraler Bedeutung war, wurden weitgehend von der Entnazifizierung ausgenommen.

Die Kontrollratsdirektive Nr. 38 vom 12. Oktober 1946, die die Betroffenen in fünf Gruppen kategorisierte, wurde in der britischen Besatzungszone erst ab Februar 1947 angewandt. Eine maßgebliche Beteiligung deutscher Stellen an der Säuberung war erst seit der Verabschiedung der Verordnung Nr. 110 am 1. Oktober 1947 möglich. Weiterhin blieb jedoch die Verfolgung von »Kriegsverbrechern« (Gruppe I) und »NS-Aktivisten« (Gruppe II) in der Kompetenz der Militärregierung.

Von Februar 1947 bis Februar 1950 wurden in der britischen Besatzungszone 2 041 454 Deutsche entnazifiziert. 27 177 Personen wurden als Minderbelastete (Gruppe III) eingestuft, 222 028 als Mitläufer (Gruppe IV) und 1 191 930 als Entlastete (Gruppe V), 512 651 Personen galten als unbelastet und vom Gesetz nicht betroffen und gegen 87 668 Personen wurde das Verfahren aus anderen Gründen eingestellt. Über die von der Militärregierung als Hauptschuldige und schuldig Belastete in die Gruppen I und II Kategorisierten liegen keine statistischen Angaben vor, ebenso wenig über die von der britischen Militärregierung bereits vor Februar 1947 erledigten Verfahren.[20]

Auch die französische Besatzungsmacht[21] verfolgte die Entnazifizierung mit deutlich weniger missionarischem Eifer als die Amerikaner. Die Säuberung war den primären Zielen des Wiederaufbaus Frankreichs mit Hilfe deutscher Reparationen und der Schwächung des »Erbfeindes« Deutschland untergeordnet. Bereits seit Oktober 1945 waren in der französischen Besatzungszone Deutsche am Entnazifizierungsprozess des öffentlichen Dienstes beteiligt. Deutsche Untersuchungsausschüsse überprüften die Fragebögen von Betroffenen und konnten verschiedene Sühnemaßnahmen (Versetzung, Zurückstufung in Dienstalter und Gehaltsklasse, Pensionierung und Entlassung ohne Pension) vorschlagen, die die Militärregierung durch ihre Zustimmung dann in Kraft setzte.[22] Das Verfahren ermöglichte eine stärkere Individualisierung, verlief aber regional nach sehr unterschiedlichen Maßstäben.

Im Frühjahr 1947 wurde auch in der französischen Besatzungszone die Kontrollrats-Direktive Nr. 38 umgesetzt und das Spruchkammerverfahren und die Einteilung in fünf Belastungskategorien nach amerikanischem Vorbild eingeführt. Allerdings fehlten die Institution des öffentlichen Klägers, der Katalog formaler Belastungskriterien und das allgemeine Meldesystem. Die in der US-Zone für heftigen Unmut sorgende Bestimmung, dass alle von der Militärregierung Entlassenen bis zum Abschluss ihres Verfahrens lediglich »gewöhnlicher Arbeit« nachgehen durften, führten die Franzosen ebenfalls nicht ein.[23] Allerdings zog sich die französische Militärregierung erst nach Gründung der Bundesrepublik endgültig von der politischen Säuberungsarbeit zurück.

Insgesamt wurden in der französischen Besatzungszone 669 068 Deutsche entnazifiziert. 13 Personen wurden in Gruppe I (Hauptschuldige) eingestuft, 938 in Gruppe II (schuldig Belastete), 16 826 in Gruppe III (Minderbelastete), 298 789 in Gruppe IV (Mitläufer; davon 48 869 als Mitläufer mit Maßnahmen und 249 920 als Begünstigte im Sinne der Verordnung 133/165) und 3489 in Gruppe V (Entlastete). 71 899 Verfahren wurden infolge der Jugendamnestie vom 2. Mai 1947 eingestellt, 1908 aufgrund der Heimkehreramnestie und 5054 aus anderen Gründen. 270 152 Deutsche galten als unbelastet und als von diesem Gesetz nicht betroffen.[24]

Unter einem anderen Vorzeichen stand die Entnazifizierung in der sowjetischen Besatzungszone.[25] Von Beginn an war sie nicht nur personelle Säuberungspolitik, sondern diente der »antifaschistisch-demokratischen« Neuordnung der Gesellschaft. »Junker« und »Monopolherren« sollten politisch und ökonomisch entmachtet werden und Vertreter der Arbeiterklasse zentrale Positionen besetzen.[26] Bis zur Gründung der Landes- und Provinzialverwaltungen im Juli 1945 erfolgte die Entnazifizierung regional unterschiedlich ohne festgelegte Kriterien. Anders als in der amerikanischen Besatzungszone bediente sich die Sowjetische Militäradministration (SMAD) aber der Unterstützung der Antifaschistischen Ausschüsse und aus der Sowjetunion zurückgekehrter KPD-Funktionäre, bezog die deutsche Seite also ein. Bis Ende 1946 waren dann die Personalabteilungen der Landes- und Provinzialverwaltungen unter Kontrolle der SMAD für die Entnazifizierung zuständig, die in den verschiedenen Ländern mit unterschiedlicher Konsequenz betrieben wurde.

In Thüringen beispielsweise wurden aufgrund des Reinigungsgesetzes vom 23. Juli 1945 alle vor dem 1. April 1933 beigetretenen NSDAP-Mitglieder und alle Politischen Leiter der NSDAP ab dem Range eines Zellenleiters und höher entlassen, nominelle Parteimitglieder aber durften im öffentlichen Dienst verbleiben, falls sie sich von ihrer politischen Vergangenheit distanzierten und am Wiederaufbau des Landes beteiligten. Brandenburg und Mecklenburg hingegen entließen alle ehemaligen Nationalsozialisten. Am konsequentesten wurden die Bereiche Justiz, innere Verwaltung und Erziehung entnazifiziert. Ausnahmegenehmigungen für unentbehrliche Fachkräfte gab es in der sowjetischen Besatzungszone ebenso wie in den Westzonen. Bis zum Jahresende 1946 wurden in der sowjetischen Besatzungszone 390 478 Deutsche entlassen beziehungsweise nicht wieder eingestellt.[27]

Im Dezember 1946 regelte die SMAD die Entnazifizierung neu. Sie richtete Kreiskommissionen und, als oberste Instanz, Landesentnazifizierungskommissionen ein, die alle Beschäftigten erneut überprüften und in 64 578 Fällen die Entlassung beziehungsweise Nichteinstellung verfügten. Der Befehl Nr. 201 der SMAD vom 16. August 1947 ordnete die Errichtung von Sonderstrafkammern bei den Landgerichten für die Aburteilung besonders Belasteter an, verstärkte jedoch gleichzeitig die seit Jahresbeginn vorherrschende Tendenz der Rehabilitierung nur nomineller Nationalsozialisten durch Rückgabe des Wahlrechts und Auflösung der meisten Entnazifizierungskommissionen.

Mit Befehl Nr. 35 vom 27. Februar 1948 ordnete die SMAD als erste Besatzungsmacht die Beendigung der Entnazifizierung an. Die Sowjetunion sah ihr Ziel erreicht: »Den Inspiratoren des deutschen Faschismus und Militarismus – den Magnaten des Finanzkapitals und der Monopole, Junkern und Gutsbesitzern, Kriegsschiebern und prominenten Persönlichkeiten des Hitlerregimes – wurden in der Sowjetischen Besatzungszone alle politischen und wirtschaftlichen Positionen und Vorrechte entzogen. Die Fabriken und Werke, Bergwerke und Kohlengruben, Banken und Kreditanstalten der faschistischen und Kriegsverbrecher gingen in den Besitz des Volkes und der Boden in den Privatbesitz der Bauern über. In der Sowjetischen Besatzungszone Deutschlands wurde eine feste Grundlage einer antifaschistischen demokratischen Ordnung geschaffen.«[28]

Die Einrichtung von Internierungslagern in allen vier Besatzungszonen unmittelbar nach der Übernahme der Regierungsgewalt durch die Alliierten sollte zunächst dem Schutz der Besatzungssoldaten dienen; die Auflösung und Zerschlagung der NSDAP und ihrer Organisationen stand erst an zweiter Stelle. Der stellvertretende britische Militärgouverneur Robertson unterstrich diese Intentionen im Juli 1946: »Die Arrest-Politik, ausgeführt durch die Geheimdienst-Organisation seit der Besetzung Deutschlands, war und ist immer noch geschaffen, um die Sicherheit der Besatzungstruppen, die Auflösung der deutschen Geheimdienste, die Auflösung und Liquidation der Nazi-Partei, ihrer paramilitärischen und angegliederten Organisationen, und die Unterdrückung aller Nazis und Militaristen, die das Wachsen eines demokratischen Deutschlands gefährden könnten, sicherzustellen.«[29] Die Alliierten hatten erwartet, im eroberten »Transsylvanien«[30] – so der Stab des Alliierten Oberkommandos Deutschland im September 1944 – auf aktive Untergrundkämpfer zu stoßen.

Als »gefährliche« Personen galten Parteimitglieder und Inhaber bestimmter Funktionärsränge in der NSDAP oder einer ihrer Gliederungen und Organisationen. Betroffen waren drei Personengruppen: Die »war criminals«, von denen man annahm, dass sie sich Kriegsverbrechen schuldig gemacht hatten. In der US-Zone wurden sie in das Camp 78 in Ludwigsburg oder nach Dachau, später alle nach Dachau auf das Gelände des ehemaligen Konzentrationslagers gebracht. Die zweite Gruppe waren die »security threats«, Personen, die als potenziell gefährlich für die Besatzungsmacht galten. Der mit Abstand größte Personenkreis bestand aus den nach den Bestimmungen des »Arrest Categories Handbook« in »automatischen Arrest« Genommenen. Diese Gruppe umfasste unter anderem ehemalige NSDAP-Funktionäre (Verwaltungsbeamte der NSDAP ab Kreisebene, Ortsgruppenleiter, stellvertretende Ortsgruppenleiter und Amtsleiter auf Ortsgruppenebene, Parteimitglieder ab dem Rang eines Abschnittsleiters, Ausbilder in Ordensburgen und Napolas, NS-Führungsoffiziere), die als Gefahr für die Demokratisierungsbestrebungen angesehen wurden und zunächst einmal aus dem Verkehr gezogen werden sollten. Von den Verhaftungen – den schmerzhaftesten Maßnahmen der Entnazifizierungspolitik – waren insgesamt in allen vier Besatzungszonen etwa 300 000 Menschen betroffen, die in ehemaligen Konzentrations- und vor allem Kriegsgefangenenlagern inhaftiert wurden.

Die amerikanische Besatzungsmacht[31] verhaftete bis Juli 1945 etwa 70 000 Personen,[32] Ende 1945 befanden sich 117 512 Internierte in amerikanischem Gewahrsam.[33] Die ersten Lager entstanden in Dachau, Hersbruck, Garmisch-Partenkirchen, Natternberg, Moosburg, Straubing, Plattling, Stephanskirchen und Altenstadt, das größte befand sich in Darmstadt. Die Zuständigkeit lag anfangs bei den US-Streitkräften, für die innere Verwaltung bedienten diese sich jedoch der Internierten. An der Spitze dieser »Selbstverwaltung« stand ein von den Amerikanern ernannter »Bürgermeister« oder Lagerkommandant. Die personelle Zusammensetzung dieser »Selbstverwaltung« prägte die Atmosphäre im Lager maßgeblich. Bis Herbst 1945 waren die Internierten hermetisch von der Außenwelt abgeschlossen, selbst Postverkehr war nur in Ausnahmefällen erlaubt. Die Anzahl der Verhafteten sowie Nachschubprobleme führten im zweiten Halbjahr 1945 zu Versorgungsengpässen. Die Militärregierung erkannte bereits im Sommer 1945, dass auch ungefährliche Mitläufer den pauschalen Verhaftungsaktionen zum Opfer gefallen waren, und richtete deshalb Überprüfungsausschüsse ein, die bis Januar 1946 etwa 12 000 harmlose »security threats« entließen.[34] Die mit der Direktive vom 15. November 1945 eingerichteten »Security Review Boards« konnten jedoch aufgrund des vorgeschriebenen komplizierten Verfahrens wenig am System der pauschalen Internierung ändern, weil ihnen generell die Entlassung von Mitgliedern der von dem Internationalen Militärtribunal in Nürnberg als »verbrecherisch« eingestuften Organisationen untersagt war.

Am 13. Juli 1946 verfügte die amerikanische Militärregierung die Übergabe der Lager in deutsche Verantwortung, lediglich das Lager Dachau, wo die »war criminals« interniert waren, blieb unter US-Herrschaft. Im Herbst 1946 waren noch etwa 40 000 Personen in Internierungslagern in Bayern inhaftiert.[35] Anfang 1947 nahmen in den Lagern Spruchkammern zur Entnazifizierung der Internierten die Arbeit auf. Eine große Entlassungswelle setzte ein, nachdem sich im Frühjahr 1948 das Ende der Entnazifizierungsbemühungen der Amerikaner angekündigt hatte. Am 1. Mai 1948 saßen nur noch 2630 Personen in den Internierungslagern ein, die folglich aufgelöst werden konnten. Das Interniertenlager Nürnberg-Langwasser indessen blieb noch bis Januar 1949 bestehen.[36]

Insgesamt etwa 90 000 Deutsche befanden sich von 1945 bis 1949 in den neun Internierungslagern in der britischen Besatzungszone.[37] Im Dezember 1945 waren 52 600 Deutsche interniert, bis Mai 1946 insgesamt über 71 000. Zu diesem Zeitpunkt war aber bereits mehr als ein Drittel der Verhafteten wieder entlassen worden. Etwa 65 000 Internierte waren aufgrund der Kriterien des »automatischen Arrests« festgenommen worden. Bis 15. April 1946 verwaltete die britische Armee die Internierungslager, danach die Legal Division der Control Commission for Germany. Im Unterschied zur amerikanischen Besatzungszone gingen die Internierungslager der Briten nicht in deutsche Verantwortung über.[38]

Anders als in der US-Zone, wo Spruchkammern die Internierten in den Lagern entnazifizierten, richtete die britische Besatzungsmacht im Juni 1947 außerhalb der Lager Strafgerichte – sogenannte Spruchgerichte – ein. Die sechs Spruchgerichte – Bergedorf für das Lager Neuengamme, Bielefeld für das Lager Eselheide, Hiddesen für das Lager Staumühle, Benefeld-Bomlitz für das Lager Fallingbostel, Recklinghausen für das Lager Recklinghausen und Stade für das Lager Sandbostel – sollten die höherrangigen Mitglieder der im Nürnberger Prozess als verbrecherisch eingestuften Organisationen aburteilen. Strafbar hatten sich Personen gemacht, die »freiwillig nach dem 1. 9. 1939 Mitglied der Organisation geworden oder geblieben waren in Kenntnis der Tatsache, daß diese Organisationen zu bestimmten Verbrechen mißbraucht worden waren«.[39] Lediglich der Kenntnistatbestand war Gegenstand des Spruchgerichtsverfahrens. Wer darüber hinaus verdächtigt wurde, ein Verbrechen begangen zu haben, musste sich zusätzlich vor einem alliierten oder deutschen Gericht verantworten. Die Spruchgerichte konnten Gefängnisstrafen bis zu zehn Jahren, Vermögenseinzug und Geldstrafen verhängen. Die Zeit der Internierung konnte auf die Gefängnisstrafe angerechnet werden, was häufig geschah.[40] Die Spruchgerichte führten 24 200 Verfahren durch; lediglich 900 Angeklagte mussten über ihre Internierungshaft hinaus eine weitere Freiheitsstrafe im Lager Esterwegen verbüßen. Im Februar 1949 waren nur noch 138 in Spruchgerichtsverfahren Verurteilte in Esterwegen in Haft.[41]

Der ehemalige Gauleiter von Schleswig-Holstein, Hinrich Lohse, musste sich vor dem Spruchgericht Bielefeld verantworten. Lohse war im Frühjahr 1923 der NSDAP beigetreten und seit 1925 Gauleiter in Schleswig-Holstein gewesen. Von November 1941 bis 1944 war er als

Reichskommissar in Riga stationiert. Als Chef der deutschen Zivilverwaltung in den baltischen Ländern und Weißrussland (»Reichskommissariat Ostland«) hatte Lohse Kenntnis vom Massenmord an der jüdischen Bevölkerung im Baltikum. Von den Briten seit 1945 in Internierungslagern inhaftiert, verurteilte ihn das Spruchgericht Bielefeld im Januar 1948 zur Höchststrafe von zehn Jahren Gefängnis; ein Jahr Internierungshaft wurde angerechnet. Im Februar 1951 wurde Lohse aus gesundheitlichen Gründen aus Esterwegen entlassen; er starb 1964 im schleswigholsteinischen Mühlenbarbek.[42]

Nach ihrer Entlassung mussten sich die von Spruchgerichten Verurteilten in ihren Heimatgemeinden vor dem Entnazifizierungsausschuss in eine Belastungskategorie einordnen lassen. Die Zeit im Internierungslager und die Strafe des Spruchgerichts durfte nicht angerechnet werden.[43] Wie die Amerikaner lösten auch die Briten die Internierungslager im Sommer 1948 auf. Lediglich Fallingbostel bestand bis Juni 1949.[44]

Ein härteres Schicksal traf die von der sowjetischen Besatzungsmacht Festgenommenen. Anders als in den westlichen Besatzungszonen[45] internierte der sowjetische Geheimdienst nicht nur NS-Funktionäre und mutmaßliche Kriegsverbrecher, sondern auch tatsächliche oder vermeintliche Kritiker der neuen Gesellschaftsordnung. Offiziellen sowjetischen Angaben zufolge wurden insgesamt 122 671 Personen festgenommen, westliche Schätzungen liegen höher. Nach sowjetischen Statistiken[46] starben fast 42 889 Internierte infolge elender Haftbedingungen, und 12 770 wurden in die Sowjetunion deportiert, wo sie Zwangsarbeit leisten mussten. Westliche Schätzungen gehen von etwa 25 000 Deportierten aus. Acht der elf Speziallager (Frankfurt/Oder, Weesow bei Werneuchen, Berlin-Hohenschönhausen, Jamlitz bei Lieberose, Ketschendorf bei Fürstenwalde, Torgau, Fünfeichen bei Neubrandenburg und Mühlberg bei Riesa) wurden bis Sommer 1948 aufgelöst; Bautzen, Buchenwald und Sachsenhausen existierten bis Januar 1950. Bei der Auflösung wurden 15 038 der 29 632 Internierten entlassen, 10 513 waren bereits durch sowjetische Militärtribunale verurteilt worden und sollten in der DDR ihre Strafe verbüßen; 3432 sollten in der DDR vor Gericht gestellt werden.[47] Die Zuständigkeit für die Speziallager in der sowjetischen Besatzungszone beziehungsweise der DDR hatte ausschließlich in sowjetischer Hand gelegen. Das Thema Speziallager war bis zum Zusammenbruch der DDR tabuisiert.

Nach Gründung der beiden deutschen Staaten wurde die Rehabilitierung allerdings jeweils sehr unterschiedlich gehandhabt. Während in der Bundesrepublik durch eine großzügige Amnestie und Wiedereinstellungen auch in Schlüsselpositionen von Verwaltung, Polizei und Justiz personelle Kontinuität vorherrschte, hatte in der DDR eine umfassende und auf Dauer angelegte Umstrukturierung des politischen Machtapparats stattgefunden.

Wirklich zufrieden mit dem Ergebnis der Entnazifizierung waren letztendlich aber weder die Militärregierungen noch die NS-Gegner, und schon gar nicht die Betroffenen. Den Unmut der NS-Gegner hatten sich vor allem die westlichen Alliierten zugezogen, weil sie die Entnazifizierung anfangs als ausschließliche Angelegenheit der Besatzer definierten. Ausschließlich formale Kriterien zur Beurteilung der Verstrickung in den Nationalsozialismus zugrunde zu legen ging zudem an der Realität vorbei. Die Ausweitung der Entlassungskriterien vor allem der Amerikaner torpedierte die Zustimmung zur Entnazifizierung. Völlig in Misskredit geriet der Entnazifizierungsprozess, als sich die Spruchkammern in der amerikanischen Zone zunächst der harmloseren Fälle annahmen und hierbei härtere Strafen verhängten, als sie dies später bei den überzeugten Nationalsozialisten taten. In Anbetracht der tiefen Verstrickung nahezu des gesamten deutschen Volkes in den Nationalsozialismus war die Arbeit der Spruchkammern und Entnazifizierungsausschüsse per se kompliziert; ein Übriges tat das soziale Geflecht, in dem Gegner, Mitläufer und Anhänger des Nationalsozialismus auch nach der Entnazifizierung verbunden blieben.

Sven Felix Kellerhoff
Die Erfindung des Karteimitglieds
Rhetorik des Herauswindens: Wie heute die
NSDAP-Mitgliedschaft kleingeredet wird

In Deutschlands wahrscheinlich brisantestes Archiv gelangt man durch
eine breite Toreinfahrt. Doch kaum einem Besucher des Bundesarchivs
Berlin fällt auf, dass die Torpfosten eine Besonderheit aufweisen: Die
jeweils vordere Hälfte der massiven Pfeiler besteht aus einem anderen,
dunkleren und raueren Beton als die hintere. Nur gute Kenner der Berliner
Regionalgeschichte in der NS-Zeit wissen, dass sich unter der vorderen
Schicht zwei martialische Soldatenfiguren verbergen, aufgestellt 1938
bei der Erweiterung der alten preußischen Kadettenanstalt Lichterfelde,
die nun als Unterkunft der Leibstandarte SS Adolf Hitler diente. Pioniere
der US-Army ließen die beiden fast doppelt lebensgroßen »Reichsrotten-
führer« aus Granit unter Beton verschwinden, als sie sieben Jahre später
die Anlage übernahmen und daraus ihre Andrew Barracks machten.[1] Es
ist ohnehin ein makabrer Scherz, dass ausgerechnet in einer einstigen SS-
Kaserne wichtige Teile der schriftlichen Hinterlassenschaften des Dritten
Reiches der Öffentlichkeit zugänglich sind. Dass aber heutzutage stei-
nerne Nazi-Soldaten den Zugang an der Finckensteinallee »bewachen«,
möchte niemand glauben, der es nicht genau weiß.

Wie brisant die Bestände des Bundesarchivs mehr als sechs Jahrzehnte nach dem Untergang Hitler-Deutschlands noch sind, insbesondere
die dort verwahrten personenbezogenen Bestände des einstigen Berlin
Document Centers, haben jüngst mehrere Debatten über die Jahrzehnte
zurückliegende Verstrickung liberaler Geistesgrößen der alten Bundesrepublik und des vereinten Deutschlands in NSDAP und SS gezeigt. In
ihrem Verlauf entstand eine bemerkenswerte, weil aller Erfahrung nach
eigentlich unmögliche Koalition: Gewöhnlich äußerst kritische Zeithistoriker standen plötzlich an der Seite greiser Leserbriefschreiber, die ohne
eigenes Zutun in die NSDAP aufgenommen worden sein wollten. Auf
einmal redeten angesehene Zeitungen in ihren Spalten mehr oder minder

deutlich einem Schlussstrich unter das Dritte Reich das Wort, wurde die Bedeutung der NSDAP-Mitgliederkartei kleingeredet, tauchten seit Jahrzehnten widerlegte Exkulpationstaktiken wieder aus der Versenkung auf. Der Streit um die NSDAP-Mitgliedschaft später prominent gewordener Vordenker des liberalen Establishments erreichte ihren auch international registrierten Höhepunkt, als Literaturnobelpreisträger Günter Grass 2006 bekanntgab, zwar nicht Mitglied der Hitler-Partei gewesen zu sein, aber doch als Soldat zur Waffen-SS gehört zu haben: Selbst der stets unnachgiebig gegen die – angebliche oder tatsächliche – Geschichtsvergessenheit anderer auftretende Schriftsteller trug einen tief braunen Fleck auf seiner weißen Weste, den er sechs Jahrzehnte lang verschwiegen hatte.

Gleich im Dutzend wurde dann 2007 die NSDAP-Verstrickung von Mitgliedern der HJ-Generation bekannt. Wie selten zuvor rüttelten diese Diskussionen vermeintliche Gewissheiten durcheinander. Daran war im Prinzip nichts Schlechtes; jedoch gerieten gesichert scheinende Erkenntnisse der Forschung öffentlich unter die Räder und stifteten sachlich kaum fundierte Argumente an sich renommierter Autoren Verwirrung. Noch ist nicht abzusehen, ob der Streit eher eine positive Langzeitwirkung entfalten wird, wie etwa der Streit um die sogenannte Wehrmachtsausstellung, oder ob sie die Geschichtswissenschaft in ihrem Bemühen um Aufklärung zurückwirft wie die Goldhagen-Debatte.

Die Debatte begann mit einem Paukenschlag: Im Sommer 2002 veröffentlichte der Nachwuchshistoriker Nicolas Berg, dass der langjährige Chef des Münchner Instituts für Zeitgeschichte, Martin Broszat (1926–1989) zu »Führers Geburtstag« 1944 der NSDAP beigetreten war. Berg hatte das nicht selbst herausgefunden, sondern verdankte den Hinweise seinem australischen Kollegen Dirk Moses, bei dem er sich artig bedankte.[2] Bergs Eigenleistung war die Interpretation:

»Das Selbstbild, das Broszat in der Formel ›zwar betroffen, aber kaum belastet‹ fasste, beschreibt nicht die ganze Realität. Denn er musste sie in diesem markanten Detail verschweigen, um der NS-Geschichtsschreibung immer wieder methodische ›Soll-Vorschriften‹ machen zu können, wie er es zwischen den fünfziger und achtziger Jahren durchgängig tat. [...] Das Verschweigen seiner Parteimitgliedschaft geschah bewusst. Seine Briefe an jüdische Kollegen sind von offensichtlicher Scham hierüber grundiert, die er aber in aggressiver Form als Abwehr eines schmerzhaft gebliebenen Makels artikulierte, eines Makels, den er wohl gerne ungeschehen gemacht hätte, um das Gewicht seines Wortes in Fragen der NS-Interpretation nicht zu gefährden. Wäre er in diesen Fragen seiner Position sicherer gewesen, hätte er seine eigene Mitgliedschaft in der NSDAP unbesorgt ansprechen können.«[3]

Für Bergs Schlüsse gab es zwar keine Belege; aber statt diesen Mangel aufzugreifen, konzentrierten sich die Verteidiger Broszats auf eine andere Argumentationslinie. Vorgegeben hatte sie der Jenaer Zeithistoriker Norbert Frei, der mitunter als »Meisterschüler« des einstigen Institutsleiters bezeichnet wird. Er fragte im Mai 2003, »ob der Akt der kollektiven Aufnahme [in die NSDAP] – wenn es denn ein solcher war – den dadurch ›Ausgezeichneten‹ im letzten Kriegsjahr überhaupt bekannt wurde«.[4] Vorsichtig übernahmen sowohl die Hamburger Wochenzeitung »Die Zeit« als auch der Berliner Juniorprofessor Sebastian Conrad diese Position: Die Vorstellung, ganze HJ-Jahrgänge seien möglicherweise ohne eigenes Wissen in die NSDAP übernommen worden, kam mit Trommelwirbel zurück auf die politische Bühne.[5] Dieser Ansicht widersprach zwar bald der Londoner Historiker Peter Longerich, doch das hinderte Frei nicht, seine Auffassung in der »Zeit« erneut zu vertreten. Es sei »nicht sehr wahrscheinlich«, dass Broszat die Mitgliedskarte ausgehändigt bekommen habe – der formale Abschluss des Aufnahmeverfahrens. Zwar musste Frei einräumen, dass Broszats Name auf einer 25 Seiten starken Liste stand, mit denen der sächsische Gauschatzmeister für 494 Hitler-Jungen des Jahrgangs 1926 die Mitgliedschaft beantragte, und der eigenhändig unterschriebene Aufnahmeanträge beigefügt waren. Doch weil der Antrag des Hitler-Jungen Martin Broszat selbst nicht erhalten ist, stellte Frei fest: »Verschweigen kann ein Mensch nur, was er weiß, beschönigen, was ihm bewusst ist. Nach Lage der Dinge ist es unwahrscheinlich, dass Martin Broszat von seiner Parteiaufnahme wusste.« Außerdem schrieb Frei, die »originalen Antragsscheine, auch jener auf den Namen Broszat, wurden nicht aufbewahrt – sie wanderten nach Ausstellung der Karteikarten wohl ins Altpapier«.[6] Der Quellenbefund ist dagegen eindeutig: Die NS-Reichsschatzmeisterei hatte am 15. Dezember 1934 festgehalten, die Mitgliederkartei bestehe neben der Zentral- und der Ortsgruppenkartei »aus den mit der entsprechenden Mitgliedsnummer versehenen Aufnahmescheinen, die nach der Nummer geordnet aufbewahrt werden«. Dieses Dokument war in der wichtigsten Darstellung zum Berlin Document Center seit 1994 problemlos zugänglich.[7] Allerdings hatten von den einst fast zehn Millionen Anträgen nur gut 600 000 die Vernichtungsaktion in einer Papiermühle bei München in den letzten Kriegstagen überstanden.[8] Schon in der Broschüre der US-Militärregierung zur NSDAP mit dem Titel »Who was a Nazi?« von 1947 war ein solcher Antrag abgebildet.[9]

Die engagierte Apologie erregte erst recht publizistisches Aufsehen – und Erstaunen. Die »Welt« hielt fest, der Verteidigungsstrategie des Broszat-Schülers gegenüber ebenso vorsichtig wie Bergs Attacke gegenüber skeptisch: »Niemand wird in Broszats Schriften eine Relativierung der NS-Verbrechen feststellen können.«[10] Die »Frankfurter Allgemeine Zeitung« wurde deutlicher: »Freis Entlastungsoffensive lässt nach guter Historikerart da, wo die Quellen fehlen, der Fantasie freien Lauf. [...] Sollte ausgerechnet einer der größten Kenner des ›Dritten Reiches‹ in dem von ihm selbst diagnostizierten organisatorischen Dschungel im ›Staat Hitler‹ gegen den eigenen Willen NSDAP-Mitglied geworden sein? Das wäre zwar kein Treppenwitz der Weltgeschichte, wohl aber einer der Geschichtswissenschaft.«[11] Angesichts solch differenzierter Bewertungen des »Falls Broszat« in den Feuilletons der Qualitätspresse war der Angriff des Rechtshistorikers Viktor Winkler im Online-Dienst H-Soz-Kult ein Rückschritt: »Nur Mittel zum Zweck ist da eine zum Skandalon einer an Skandalen generell bemerkenswert interessierten Feuilleton-Gesellschaft gemachte Mitgliedskarte der NSDAP von 1944. Auf ihr steht Broszats Name.«[12] Als Ergebnis der ersten Runde im neuen Streit um die NSDAP-Mitgliedschaft blieb: Einer der prominentesten Zeithistoriker verkündete ex cathedra, aus Sorge um den Ruf seines verstorbenen Lehrers, fragwürdige Interpretationen zur NSDAP-Mitgliedschaft.

Doch der Streit um Broszat erwies sich schon wenig später als bescheidene Ouvertüre einer geschichtspolitischen Kakophonie. Denn im Herbst 2003 wurde bekannt: Bei der Arbeit am dreibändigen »Internationalen Germanistenlexikon 1800 bis 1950« war festgestellt worden, dass rund 100 prominente deutsche Germanisten als Mitglieder der NSDAP registriert gewesen waren, darunter so anerkannte Intellektuelle wie der Gründer des Literarischen Colloquiums in West-Berlin, Walter Höllerer, der erste Rektor des Berliner Wissenschaftskollegs Peter Wapnewski oder der Tübinger Rhetorik-Professor Walter Jens. Der Herausgeber, der

Osnabrücker Professor Christoph König, hatte sich gegen die erwartbare Verteidigungsstrategie der Betroffenen mit einem Gutachten gewappnet, das der HJ-Experte Michael Buddrus vom Institut für Zeitgeschichte verfasst hatte und das zu einem klaren Ergebnis kam: »Es war nicht möglich, ohne eigenes Zutun Mitglied der NSDAP zu werden, wenngleich die Grade dieses ›eigenen Zutuns‹ durchaus differenziert bewertet werden müssen.«[13] Sensibilisiert durch die Auseinandersetzung zwischen Nicolas Berg und Norbert Frei griffen nun Journalisten gleich im Dutzend die erstmals veröffentlichten Parteimitgliedschaften auf: »Konnte man ohne eigenes Zutun NSDAP-Mitglied werden?«, fragte die »Frankfurter Allgemeine Zeitung«.[14] Der »Spiegel« fokussierte den Vorwurf: »So einen Literaturprofessor konnten Studenten und Kollegen sich nur wünschen: Agil und diskussionsfreudig, kunstsinnig und stets voller Ideen war Walter Höllerer. […] Nur eines wussten seine vielen Verehrer nicht: Walter Höllerer, gestorben erst vergangenen Mai, wurde auch einmal als Mitglied in der Partei Adolf Hitlers geführt.«[15]

Auf den Vorwurf reagierte Peter Wapnewski mit einer meisterhaft konstruierten Gegenrede. Gewagt schrieb er eingangs, er sei »in meinem 81. Lebensjahr« Mitglied der NSDAP geworden. In der Sache zeigte er sich unnachgiebig: »Die folgenden Angaben formuliere ich mit dem Anspruch präziser Gewissheit: Niemals hat ein Funktionär mir oder meiner Familie meine Aufnahme in die Partei mitgeteilt. Niemals habe ich einen Mitgliedsausweis erhalten – und ebenso wenig die Kenntnis einer Mitgliedsnummer. Dabei wäre es ein Leichtes gewesen, mich oder die Meinen zu erreichen.« Doch weil Wapnewski klugerweise im selben Text zugestand, »erinnern kann ich mich an eine Zustimmung meinerseits nicht, aber es will mir nicht als erlaubt erscheinen, hier ein Versehen, einen Irrtum verantwortlich zu machen«, verstummten die kritischen Fragen an ihn fast umgehend. Da er nicht kategorisch die Möglichkeit bestritt, eigenhändig einen Aufnahmeantrag unterschrieben zu haben, fielen die sonstigen Schwächen seiner Argumentation nicht weiter auf. So setzte seine Darstellung Freis Annahmen im »Fall Broszat« voraus. Aber während es noch vorstellbar erscheinen mochte, dass im zweiten Halbjahr 1944 möglicherweise der Parteiausweis ein neu aufgenommenes Mitglied vielleicht nicht mehr erreichte, so musste das für eine Aufnahme im Sommer 1940 schlicht ausgeschlossen werden, zumal eine NSDAP-Mitgliedschaft von regelmäßig gezahlten Beiträgen abhängig war. Sehr elegant fasst der Germanist seine Apologie zusammen: »Ich wüsste gern, wer wann in eine Parteikartei eine Mitgliedsnummer geschrieben und versäumt hat, mich davon in Kenntnis zu setzen.«[16] Angesichts der rigiden Vorschriften der NSDAP musste derlei zwar als unmöglich gelten, doch mit seinem scheinbaren Zugeständnis zur »vergessenen Unterschrift« hatte sich Wapnewski aus der Schusslinie der Kritik gebracht. Übrigens hatte ihn ohnehin kaum jemand wegen der NSDAP-Mitgliedschaft attackiert; im Gegenteil fand sich in vielen Artikeln ein eher verständnisvoller Ton, der Wapnewskis Lebensleistung herausstellte.

Weniger geschickt agierte Walter Jens. Der wortgewaltige Tübinger Rhetorikprofessor ging frontal zum Gegenangriff über: »Ich weiß von einem Eintritt in die NSDAP nicht das Geringste. Ich denke, man hätte sich dafür bei einer Ortsgruppe melden müssen. Dazu musste man für einen Eintritt zwei Zeugen benennen. Wenn ich dafür nach Zeugen gefragt hätte, hätte mich meine Mutter aus ihrem Hause geworfen. [...] Ich halte es für möglich, dass Hitlerjungen – zu denen ich gehörte – jahrgangsweise in die Partei eingegliedert wurden. Das bestreitet Christoph König, der das Lexikon zusammenstellte. Aber er hat als Sachverständigen für diese Ansicht nur einen Mann, der sich mit Eliten der Hitlerjugend beschäftigt hat.«[17] An anderer Stelle teilte Jens noch mit: »Ich bin erstaunt darüber, dass der Herausgeber des Lexikons sich in dieser Frage auf ein einziges Gutachten stützt – das ist wirklich fahrlässig. Wissenschaftler müssen mindestens drei verlässliche Quellen haben, ehe sie in einer so gravierenden Frage zu einer dezidierten Stellungnahme kommen. Es geht schließlich um die Ehre von nicht ganz unangesehenen Menschen.«[18] Wo das postulierte Gebot wissenschaftlicher Seriosität niedergelegt sei, fragte niemand – es wäre Jens auch schwergefallen, seine Behauptung zu belegen, gibt es doch eine solche Festlegung in der Geschichtswissenschaft schlicht nicht. Nicht einmal das prinzipbedingt bei Beweismitteln sehr viel rigorosere Strafrecht kennt eine solche Regel.

Übrigens stellte niemand Jens' Lebensleistung in Frage; trotzdem argumentierten Jens' Anhänger damit. Der damalige Präsident der Berliner Akademie der Künste, Adolf Muschg, verteidigte seinen Vorgänger; Jens habe exemplarisch vorgeführt, »was notwendige Arbeit an der nationalsozialistischen Vergangenheit bedeutet«. Denjenigen, die ihm aus seinen Verstrickungen »sechzig Jahre später einen Strick drehen wollen«, warf der Akademie-Präsident »Schäbigkeit« vor. Muschg kritisierte »Exzesse der Korrektheit«, welche »die Gesellschaft unfrei machen, unfähig sogar zum Respekt vor ihrer eigenen Leistung, an der ein Walter Jens so wesentlich beteiligt war: Gerechtigkeit zu suchen, ohne sich in Selbstgerechtigkeit zu gefallen«.[19] Wer Stricke drehte oder Exzesse beging, verriet Muschg nicht. Auch Günter Grass verteidigte Jens. Mit Enthüllungen über eine bislang vergessene oder verschwiegene NSDAP-Mitgliedschaft könne man »nicht ein Leben zudecken«. Das hatte zwar niemand getan, aber daran störte sich Grass nicht. Vielmehr wandte er sich gegen den »Häme-Ton«, der gegen Jens, Höllerer und Wapnewski angeschlagen werde. Auf die Frage, wie er sich die Reaktion mancher Betroffener erkläre, die teils leugnen oder sich nur Stück für Stück erinnern, meinte Grass: »Ich kann es nur von meiner eigenen Biografie her erklären. Diese Befangenheit in der Ideologie des Nationalsozialismus ist eine Periode, in der ich mich im Rückblick als eine völlig fremde Person begreife und mir mein Verhalten nicht erklären kann.«[20] Auch Grass benannte niemanden, der hämisch geworden sei – in Wirklichkeit ging es nur um kritische Fragen, die aber angesichts des moralischen Maßstabes, den Walter Jens an andere anzulegen pflegte, für ihn peinlich waren.

Skeptischer reagierten andere bekannte Intellektuelle – etwa Ralph Giordano: »Ich kann mir nicht vorstellen, dass einer sozusagen in diese Mitgliedschaft hineinrutscht und davon gar nichts weiß.« Jan-Philipp Reemtsma, als Initiator der sogenannten Wehrmachtsausstellung jeder Sympathie für Verharmlosungen des Nationalsozialismus unverdächtig, sagte: »Das Bedrückende ist, wenn jemand nicht sagen kann, ›Herrgott nochmal, ich war damals 18, 19 oder 21 Jahre alt ... und ich war ein Dummkopf, aber jetzt nicht mehr.‹«[21] Michael Naumann, Vordenker des linksliberalen Bürgertums, erster Kulturstaatsminister und nun Herausgeber der »Zeit«, stellte fest, dass Jens einer der »Kapellmeister« des »nachgeholten Antifaschismus im Feuilleton-Alltag der fünfziger und sechziger Jahre« gewesen sei. Naumann zitierte Jens: »Ich glaube nicht, dass sich die Wahrheit auf Karteikarten findet« – und schloss an: »Wo aber steckt sie dann? Wenn nicht in der Erinnerung, dann im Vergessen?«[22] Die »Welt« kommentierte: »Die republikanische Rede soll Klarheit schaffen und nicht Nebel erzeugen. Sie ist kurz, wenn es nicht viel zu sagen gibt. Viele Worte zu machen und um den heißen Brei herum zu reden, gehört nicht zu ihren Stilmitteln. Walter Jens, der Rhetor und Rhetoriker, hätte sich besser an einfache handwerkliche Regeln seines Faches gehalten. Stattdessen ergeht er sich jetzt in Sachen NSDAP-Mitgliedschaft in einer Rhetorik des sich Herauswindens, die jedem Aal und jedem Politiker vor einem Untersuchungsausschuss zur Ehre gereichte. Eigentlich ist die Sache das Gewese nicht wert, das um sie gemacht wird. [...] Jens hat sich nie zum jugendlichen Widerstandkämpfer stilisiert. Niemand hätte ihm einen Strick daraus gedreht, wenn er für sich nicht ausgeschlossen hätte, dass er wie Tausende seiner Generation irgendwann auch einmal NSDAP-Mitglied wurde. Jetzt führt er einen Eiertanz auf, der seiner nicht würdig ist.«[23] Zumal wenig später Indizien bekannt wurden, dass Jens eben doch gewusst haben musste, dass er bei der Hitler-Partei registriert war. Anders war eine Adressenänderung von 1943 auf seiner Karteikarte nicht zu erklären – automatische Abgleiche zwischen NSDAP und den Einwohnermeldestellen gab es im Dritten Reich nicht.[24]

Alle ernstzunehmende Kritik an Walter Jens in dieser Debatte bezog sich ausschließlich auf seinen Umgang mit der eigenen NS-Parteimitgliedschaft, niemals auf die Destruktion seines Lebenswerkes. Trotzdem griffen seine Verteidiger zu immer größeren Kalibern – zum Beispiel der Berliner Historiker Götz Aly. Er behauptete in der »Zeit«, vieles spreche »für Jens' Darstellung, er habe von seiner NSDAP-Mitgliedschaft nichts gewusst und sich niemals aktiv um den Parteieintritt bemüht«. Aly, kaum weniger wortmächtig als Walter Jens, erfand eine neue Variante der NSDAP-Mitgliedschaft:»Mit einer gewissen Wahrscheinlichkeit wurde er in einer wenig förmlichen, kollektiven Prozedur (›Leute, unterschreibt da mal‹) zum NSDAP-Karteimitglied.« Nun gab es also nicht mehr nur die bösen Parteimitglieder, sondern auch die nicht ganz so bösen »Karteimitglieder«; mutmaßliches Unterscheidungskriterium: die politische Nähe zum jeweils Urteilenden. Mit Geschichtswissenschaft hatte das nicht mehr viel zu tun. Im offenkundigen Bemühen, Jens zu entlasten, redete Aly zudem die Bedeutung der Kartei klein. Sie sei eine »heikle Quelle«, ihr »historischer Aussagewert erheblich« beeinträchtigt. Die amerikanische Besatzungsmacht habe nämlich den Bestand gründlich verändert: »Statt der ursprünglichen chronologischen Reihenfolge der neun Millionen Karteikarten nach den laufenden Mitgliedsnummern, die ohne weiteres Rückschlüsse auf die Aufnahme ganzer Gruppen zuließ, wurde die Kartei im Sommer 1945 alphabetisch umsortiert.«[25]

Eigentlich hätte Aly es besser wissen müssen, war er doch 1988 selbst im Innenausschuss des Bundestages als Experte zum Berlin Document Center gehört worden.[26] Die wesentlichen Teile der NSDAP-Mitgliederkartei waren niemals nach Mitgliedsnummern geordnet und schon gar nicht chronologisch. Tatsächlich gab es auch nicht eine Mitgliederkartei, sondern deren zwei. Die eine, offiziell »Zentralkartei« genannt und heute auch als »kleine Kartei« bekannt, erfasste alle Mitglieder alphabetisch nach Namen und Vornamen. Von ihr sind etwa 4,3 Millionen einzelne Karten erhalten. Die zweite, die »Ortsgruppenkartei«, war zuerst nach den »Gauen«, dann ortsgruppenweise und in den einzelnen Ortsgruppen ebenfalls alphabetisch nach Namen sortiert. Von dieser auch »blaue Kartei« genannten Sammlung existieren noch annähernd 6,6 Millionen Karten. Zwar sortierten die Amerikaner diese beiden Karteien zwischen Januar und April 1946 tatsächlich alphabetisch neu. Sie hatten dazu keine Alternative, denn die in einer Papiermühle bei München gefundenen Karteien waren in chaotischer Unordnung. Dabei wurden die rund 10,9 Millionen einzelnen Papiere in eine phonetisch-alphabetische Reihenfolge gebracht; ohne diese Sortierung wären sie nicht nutzbar gewesen. »Für Historiker, die nach bestimmten Ortsgruppen forschen wollen, ist die Neuordnung durch die Amerikaner nach Kriegsende natürlich sehr bedauerlich. Aber sie senkt nicht den Wert der Mitgliederkarteien als historische Quelle«, erklärte Babette Heusterberg, die seinerzeit für die Mitgliederkarteien zuständige Referatsleiterin im Bundesarchiv.[27] Zwei weitere Verzeichnisse der NSDAP-Reichsschatzmeisterei waren dagegen tatsächlich nach Mitgliedsnummern und chronologisch geordnet – die eigenhändig unterschriebenen Aufnahmeanträge nach den Nummern (erhalten: knapp 600 000 Stück) und die »Grundbücher«. In diese wurde ortsgruppenweise jeder neu aufgenommene »Parteigenosse« mit Mitgliedsnummer und Eintrittsdatum eingetragen. Von diesen Kladden sind nur wenige erhalten; im ehemaligen NS-Archiv der DDR-Staatssicherheit überdauerten einige Grundbücher für Orte in der ehemaligen DDR.[28]

Angesichts seiner Bereitschaft, eindeutige Quellenbefunde zugunsten von Walter Jens zu ignorieren, konnte Alys mildes Fazit kaum überraschen: »Stellt man die Ungefestigtheit und Experimentierlust eines nicht einmal 20-Jährigen in Rechnung, dann handelt es sich um eine Bagatelle, die der öffentlichen Erörterung nicht wert ist. Vor allem gilt es stets zu bedenken, wie massiv und für uns Heutige kaum vorstellbar die ideologischen und politischen Zugkräfte waren, denen ein Student der Jahre 1941/44 ausgesetzt war. Weltanschauliche Schwankungen zwischen Anpassung und Abkehr, wie sie diese Biografie zeigt, finden sich auch in den Biografien des deutschen Widerstands. Entscheidend bleibt, dass sich Walter Jens die Möglichkeit zur Umkehr – noch während der NS-Herrschaft – bewahrte.«[29]

Zu diesem Text stellte die »Zeit«-Redaktion einen Kasten, in dem es unter der Überschrift »Heikle Quelle« hieß: »Über Weniges ist nach 1945 so viel gelogen worden wie über Nähe und Ferne zur NSDAP. Der Historiker Norbert Frei hat jedoch am Beispiel seines verstorbenen Fachkollegen Martin Broszat nachgewiesen, dass man durchaus in den letzten Kriegsjahren unwissentlich die Parteimitgliedschaft erwerben konnte. Der Germanist Peter Wapnewski, dessen Mitgliedschaft ebenfalls erst spät bekannt wurde, hat hingegen freimütig das Versagen seiner Erinnerung eingestanden. Wie aber verhielt es sich im Falle des Schriftstellers und Altphilologen Walter Jens? Ein Gutachten des Instituts für Zeitgeschichte meinte, ihm die Kenntnis der Mitgliedschaft nachweisen zu können. Dem widerspricht in unserem Beitrag Götz Aly energisch. Der Berliner Historiker, dessen Forschungen vor allem die Breite deutscher Beteiligung an den NS-Verbrechen zum Thema haben, hält die NSDAP-Mitgliederkarteien insofern für eine heikle Quelle, als sie von den Alliierten in eine neue Ordnung gebracht wurden.«[30] Auf einmal waren Norbert Freis Spekulationen zum »Nachweis« mutiert; doch der sonst gegenüber voreilig urteilenden Journalisten gern unnachsichtige Zeithistoriker und gelernte Redakteur Frei korrigierte diese Fehlinterpretation seines Textes nicht, jedenfalls nicht öffentlich. Mehr noch: Auch Alys unbelegte Behauptung, die im Berlin Document Center verwahrten Reste der NSDAP-Zentralkartei seien eine »heikle Quelle«, wurde redaktionell geadelt. Ins selbe Horn stieß wenig später der Mainzer Literaturwissenschaftler Günter Nickel. Er schrieb über Friedrich Sieburg, eine Generation älter als Jens, und äußerte Zweifel an der »unumstößlichen Beweiskraft der Einträge in der NSDAP-Zentralkartei«. Zudem sei »von den zu achtzig Prozent überlieferten Parteiakten kaum mehr als ein Prozent ausgewertet worden«.[31]

Mit dem Forschungsstand hatte das wenig gemein; Babette Heusterberg stellte fest: »Die Mitgliederkarteien wurden beim Reichsschatzmeister der NSDAP bis ins Jahr 1945 hinein sehr gewissenhaft geführt.« Auch war die Kartei nicht schlecht ausgewertet; vielmehr hatten US-, britische und zunehmend westdeutsche Behörden über Jahrzehnte hinweg Monat für Monat viele tausend Male auf die Karteien zugegriffen. Allein zwischen 1994 und 2000, den ersten sechs Jahren unter Verwaltung des Bundesarchivs, wurden 50 000 einzelne Personen überprüft. Auch 2004 hatte sich das nicht geändert:»Die Mitgliederkarteien sind als Quelle intensiv in Nutzung. Es kann keine Rede davon sein, dass nur ein Prozent davon erforscht sei«, urteilte Heusterberg.[32]

In der»Frankfurter Rundschau« bilanzierte Armin Nolzen die Diskussion:»Beide Seiten haben nur wenige empirische Belege für ihre inhaltlichen Positionen vorzuweisen. Die einen beharren auf der Bedeutung der Mitgliedskartei, die anderen versuchen, ihre Aussagekraft in Frage zu stellen.« Und er beschrieb den richtigen Zusammenhang:»Die jetzige Debatte um die Mitgliederkartei der NSDAP ist nicht neu. Sie wurde bereits in den fünfziger Jahren in der westdeutschen Öffentlichkeit geführt, und zwar anlässlich der Entlassungen und Wiedereinstellungen ehemaliger Parteimitglieder in den öffentlichen Dienst. Die seinerzeit vorgebrachten Argumente gleichen den heutigen. Oft war von ›Unwissenheit‹ über die Parteiaufnahme oder von ›kollektiver Übernahme‹ aus der HJ die Rede.«[33]

Die»Frankfurter Allgemeine Zeitung« fasste zusammen:»Der aktenmäßig bisher nicht erhärtete Hinweis auf mehr oder weniger ›von oben‹ befohlene und vor allem formlos vollzogene Kollektiveintritte – von denen einzelne Zeitzeugen jetzt berichtet haben – zieht sich momentan durch eine Art zweite Entnazifizierung. Während es bei der ersten in den Nachkriegsjahren darauf ankam, aus existentiellen Gründen durch gegenseitige Reinwaschung mit ›Persilscheinen‹ weder als Hauptschuldiger noch als Nutznießer, noch als Minderbelasteter eingestuft zu werden, sondern nur als Mitläufer oder Entlasteter, geht es in der zweiten lediglich darum, die schon aufgrund ihres jugendlichen Alters von siebzehn oder achtzehn Jahren historisch unbelasteten ›Parteigenossen‹ als Zwangsmitglieder darzustellen, quasi durch Einführung neuer Kategorien von Unmündigen oder Unwissenden. Statt endlich zu den schwierigen Anfängen der Lebensgeschichte, ja des demokratischen Lebenswerks zu stehen, wird von Miterlebenden weiterhin nach Ausflüchten gesucht. Dabei ist ganz offensichtlich: Je mehr sich die Beschäftigung mit dem Nationalsozialismus in die Breite entwickelt und damit ›nach unten‹ auf den Einzelnen konzentriert, desto deutlicher zeigt sich, dass jeder Deutsche

irgendwie in das ›Dritte Reich‹ involviert war und viele – wenn sie denn
nicht aus politischen oder rassischen Gründen aus der ›Volksgemeinschaft‹ ausgegrenzt waren – trotz Terrors dem Regime etwas abgewinnen
konnten. Jedenfalls bestand das deutsche Volk nicht zur einen Hälfte aus
Widerstandskämpfern und zur anderen Hälfte aus Parteimitgliedern, die
unwissentlich oder unwillentlich in der NSDAP waren.«[34]

Nichts mit der NSDAP-Mitgliedschaft zu tun hatte die Debatte nach
Günter Grass' per Interview in der »Frankfurter Allgemeinen Zeitung«
verbreitetem Geständnis, 1944/45 in der Waffen-SS gedient zu haben. In
der folgenden öffentlichen Auseinandersetzung sprang dem Nobelpreis-
träger ausgerechnet Walter Jens bei: »Ein Meister der Feder hält Einkehr
und überlegt sich: Was hast du im langen Leben zu berichten vergessen?
Das hat er getan, und er verdient meinen Respekt.«[35] Grass' Bekennt-
nis war der Anstoß für das Magazin »Focus«, beim Bundesarchiv zahlreiche Geistesgrößen der Bundesrepublik, die in der zweiten Hälfte der
zwanziger Jahre geboren worden waren, auf eine mögliche NSDAP-Mitgliedschaft überprüfen zu lassen. Im Sommer 2007 wurden die Ergebnisse veröffentlicht. Danach waren nicht nur die Schriftsteller Siegfried
Lenz und Martin Walser registriert, die Philosophen Hermann Lübbe
und Niklas Luhmann, der Journalist Peter Boenisch und der Dramatiker
Tankred Dorst sowie die SPD-Politiker Horst Ehmke und Erhard Eppler,
sondern auch Dieter Hildebrandt.[36] Der für seine gnadenlose Schärfe
anderen gegenüber bekannte Kabarettist rechtfertigte sich umgehend: Er
sei, wenn überhaupt, ohne eigenes Wissen in die NSDAP aufgenommen
worden; vielleicht habe seine Mutter für ihn unterschrieben. Die Bericht-
erstattung empfinde er als »Rufmord« und als »Berufsschädigung«.[37]
Ihm sprangen prominente Fachleute bei. Darunter waren Norbert Frei,
der seine Argumente aus der Debatte um Broszat wiederholte; die Eme-
riti Reinhard Rürup und Hans Mommsen sowie der ZDF-Chefhistoriker
Guido Knopp.[38] Dagegen bezweifelte Ulrich Herbert diese Möglichkeit,
ebenso der NSDAP-Kenner Armin Nolzen und der zuständige Abtei-
lungsleiter im Bundesarchiv, Hans-Dieter Kreikamp.[39] Spätestens jetzt
herrschte vollständige Verwirrung.

Da überraschte es dann auch nicht mehr, dass nun ausgerechnet libe-
rale und linke Blätter indirekt zu einem Schlussstrich aufriefen: »Der
Vorgang um die drei Autoren verdient aus anderen Gründen Aufmerk-

samkeit als wegen der vagen Möglichkeit, sie seien aus freien Stücken PGs geworden. Er zeigt die Gier der gegenwärtigen Nazi-Unterhaltungsindustrie, weiter ihr lukratives Süppchen zu kochen. Nie war der mediale Hype um alles, was mit der NS-Vergangenheit zu tun hat, größer als heute«, befand die »tageszeitung«. Und die »Süddeutsche Zeitung« konstruierte gleich eine konservative Verschwörung: »Es fällt auf, dass alle Leute, die in den vergangenen Jahren als PGs, als Parteigenossen, geoutet wurden, Intellektuelle sind, die zeit ihres Lebens vornehmlich linksliberale Ansichten vertreten haben.« Sorgfältig wurden bekannte Feindbilder gepflegt: »Jetzt soll gezeigt werden, dass jene, die sich um den Aufbau einer freiheitlichen Demokratie in der Bundesrepublik verdient gemacht haben, selbst Dreck an den Fingern haben, mit denen sie auf andere wiesen, auf die Filbingers und Globkes, die als reife Menschen im nationalsozialistischen Regime mitmischten und ihre Karrieren nach 1945 ohne Unterbrechung fortsetzen.«[40] Geflissentlich ignorierte Deutschlands auflagenstärkste Qualitätszeitung, dass zum Beispiel Boenisch, Lübbe und Walser kaum linksliberal zu nennen waren. Ebenso wenig störte offenbar, dass in kaum einem kritischen Artikel in »Focus«, »Welt« oder »Frankfurter Allgemeinen Zeitung« solche Verbindungen hergestellt worden waren. Vielmehr wurde oft sogar das genaue Gegenteil festgestellt: »Dabei ist derlei Entlastung eigentlich überflüssig. Die pure Mitgliedschaft in der NSDAP war nie strafwürdig, schon gar nicht bei Jugendlichen.«[41]

Die neue Verwirrung über die NSDAP-Mitgliedschaft dürfte dafür sorgen, dass die personenbezogenen Unterlagen des ehemaligen Berlin Document Center bis auf weiteres das brisanteste Archiv Deutschlands bleiben – noch vor dem ebenfalls höchst bedeutungsvollen papiernen Erbe der DDR-Staatssicherheit. Möglicherweise beruhigt sich die Debatte um die Parteimitgliedschaft von später prominent gewordenen Deutschen der HJ-Generation, wenn die Zeitgenossen sämtlich tot sind. Ein ähnliches Phänomen war beim Streit um die Verbrechen der Wehrmacht festzustellen: Solange noch eine größere Zahl selbst betroffener Personen leben, ist eine sachliche Diskussion kaum möglich. So etwas wie ein Vermächtnis der Deutschen der Geburtsjahrgänge 1926 und 1927 hat die Debatte immerhin schon hervorgebracht: Im Herbst 2007 meldeten sich zwei Dutzend namhafte Angehörige der HJ-Generation mit

»Erinnerungen an die Jahre unter dem Hakenkreuz« zu Wort.[42] Vor allem geschichtspolitisch war dieser Sammelband interessant – als Vergleich der aktuellen Entlastungsstrategien der »Karteimitglieder« mit älteren Apologien aus den späten vierziger und den fünfziger Jahren. Zugleich formulierte der Band eine alte, aber dennoch immer noch nicht selbstverständliche Erkenntnis: »Tatsächlich fördert historische Forschung oft Genaueres und Zutreffenderes zutage als noch so ernsthaftes Erinnern.«[43] Diese Einsicht bestätigte im selben Band ungewollt ausgerechnet Dieter Hildebrandt. Er »erinnerte« sich nämlich daran, die Silvesteransprache 1943 gehört zu haben – von Rudolf Heß. Doch Hitlers Stellvertreter befand sich bekanntlich seit dem 10. Mai 1941 in britischer Haft.[44]

Anmerkungen

Mario Wenzel
Die NSDAP, ihre Gliederungen und angeschlossenen Verbände

1 Hans Mommsen, Die NSDAP: Typus und Profil einer faschistischen Partei, in: Ders., Von Weimar nach Auschwitz, Zur Geschichte Deutschlands in der Weltkriegsepoche. Ausgewählte Aufsätze, Stuttgart 1999, S. 201–213, hier S. 205.

2 Vgl. Peter Longerich, Geschichte der SA, München 2003, S. 59 ff., 72 ff., 116 ff.

3 Vgl. Albrecht Tyrell, Auf dem Weg zur Diktatur: Deutschland 1930 bis 1934, in: Karl Dietrich Bracher/Manfred Funke/Hans-Adolf Jacobsen (Hg.), Deutschland 1933–1945. Neue Studien zur nationalsozialistischen Herrschaft, Bonn ²1993, S. 17 f.

4 Vgl. ebenda, S. 19 ff.

5 Vgl. Armin Nolzen, Charismatic Legitimation and Bureaucratic Rule: The NSDAP in the Third Reich, 1933–1945, in: German History 23 (2005), S. 493–518. Die Charakterisierung der NSDAP als »amorphes Gebilde« findet sich auch bei Mommsen, NSDAP, S. 211.

6 Vgl. Armin Nolzen, Die NSDAP, der Krieg und die deutsche Gesellschaft, in: Jörg Echternkamp (Hg.), Die deutsche Kriegsgesellschaft 1939 bis 1945, Bd. 1: Politisierung, Vernichtung, Überleben, München 2004, S. 99–193, hier S. 101 f.

7 Vgl. Martin Broszat, Der Staat Hitlers. Grundlegung und Entwicklung seiner inneren Verfassung, München ¹⁵2000, S. 67 ff.

8 Vgl. Nolzen, NSDAP, Tabelle »Dienststellung der Politischen Leiter der NSDAP«, S. 109.

9 Vgl. Tyrell, Weg, S. 28 f., Nolzen, NSDAP, S. 109 f.

10 Zit. n. Wolfgang Michalka (Hg.), Deutsche Geschichte 1933–1945. Dokumente zur Innen- und Außenpolitik, Frankfurt am Main 1996, S. 91.

11 Vgl. das Schema bei Hans-Ulrich Thamer, Verführung und Gewalt. Deutschland 1933–1945, Berlin 1998, S. 405.

12 Dagmar Reese, Straff, aber nicht stramm – herb, aber nicht derb. Zur Vergesellschaftung von Mädchen durch den Bund Deutscher Mädel im sozialkulturellen Vergleich zweier Milieus, Weinheim/Basel 1989, S. 25.

13 Vgl. die unübertroffene Darstellung von Peter Longerich, Geschichte der SA, München 2003.

14 Vgl. ebenda, S. 22 ff.

15 Seit dem Sommer 1924 entwickelte Ernst Röhm im Auftrag Hitlers Richtlinien für die Reorganisation der SA und unterstützte SA-Gruppen in der Illegalität.

16 Vgl. Longerich, Geschichte, S. 52 ff., S. 116 ff., Zitat S. 60.

17 Vgl. ebenda, S. 102 ff., 151 ff.

18 Vgl. ebenda, S. 220 ff.

19 Immer noch grundlegend sind Hans Buchheim/Martin Broszat/Hans-Adolf Jacobsen/Helmut Krausnick, Anatomie des SS-Staates, München [7]1999, und Heinz Höhne, Der Orden unter dem Totenkopf. Die Geschichte der SS, München 1967. Einen neueren Überblick bietet Hermann Kaienburg, Die Wirtschaft der SS, Berlin 2003, S. 40–113, 377–402.

20 Vgl. Kaienburg, Wirtschaft, S. 64 ff., 80 f. Im Sommer 1935 wertete Himmler das Rasse- und Siedlungsamt zum Hauptamt (RuSHA) auf, das neben Heiratsgenehmigungen und Abstammungsgutachten für die weltanschauliche Schulung in der SS verantwortlich war. Zum Bedeutungsverlust des RuSHA seit 1939 vgl. Hans Buchheim, Die SS – das Herrschaftsinstrument, in: ders./Broszat/Jacobsen/Krausnick, Anatomie, S. 206 f.

21 Vgl. Kaienburg, Wirtschaft, S. 89 ff., 378 ff.

22 Vgl. Reinhard Rürup (Hg.), Topographie des Terrors. Gestapo, SS und Reichssicherheitshauptamt auf dem »Prinz-Albrecht-Gelände«. Eine Dokumentation, Berlin [3]1987; Michael Wildt, Generation des Unbedingten. Das Führungskorps des Reichssicherheitshauptamtes, Hamburg 2002.

23 Vgl. Kaienburg, Wirtschaft, S. 19 f., 114 ff., 403 ff.

24 Kaienburg, Wirtschaft, S. 377.

25 Vgl. Franz W. Seidel, Das Nationalsozialistische Kraftfahrkorps und die Organisation Todt im Zweiten Weltkrieg, in: VfZ 32 (1984), S. 625–636; Dorothee Hochstetter, Motorisierung und »Volksgemeinschaft«. Das Nationalsozialistische Kraftfahrkorps (NSKK) 1931–1945, München 2005.

26 Vgl. Arno Klönne, Jugend im Dritten Reich. Die Hitler-Jugend und ihre Gegner. Dokumente und Analysen, Düsseldorf 1982, S. 15 ff., Zitat S. 18.; Michael H. Kater, Hitler-Jugend, Darmstadt 2005, S. 19 ff.; Michael Buddrus, Totale Erziehung für den totalen Krieg. Hitlerjugend und nationalsozialistische Jugendpolitik, 2 Bde., München 2003.

27 Beim DJ hießen die Untergliederungen Jungenschaft, Jungzug, Fähnlein, Jungstamm, Jungbann; bei den Mädchen entsprechend Mädelschaft, Mädelschar, Mädelgruppe, Mädelring, Untergau und Obergau; vgl. das Schema in: Klönne, Jugend, S. 43.

28 Vgl. Arno Klönne, Jugend im Dritten Reich, in: Karl Dietrich Bracher/Manfred Funke/Hans-Adolf Jacobsen (Hg.), Deutschland 1933–1945. Neue Studien zur nationalsozialistischen Herrschaft, Bonn [2]1993, S. 218–239, hier S. 225.

29 Vgl. Wolfgang Keim, Erziehung unter der Nazi-Diktatur, Bd. I: Antidemo-

kratische Potentiale, Machtantritt und Machtdurchsetzung, Darmstadt 1995, S. 134.

30 Vgl. Klönne, Jugend, S. 38 ff.; Kater, Hitler-Jugend, S. 77 ff., 167 ff.; Wolfgang Keim, Erziehung unter der Nazi-Diktatur, Bd. II: Kriegsvorbereitung, Krieg und Holocaust, Darmstadt 1997, S. 145 ff.

31 Entgegen der üblichen Struktur der Gliederungen reichten die Ämter des NSD-Dozentenbundes nur bis zur Gauleitung hinunter und wurden nur in den Gauen gebildet, in denen Hochschulen existierten; vgl. Organisationsbuch der NSDAP, München 1938, S. 260 f.

32 Vgl. Hellmut Seier, Die Hochschullehrerschaft im Dritten Reich, in: Klaus Schwabe (Hg.), Deutsche Hochschullehrer als Elite 1815–1945, Boppard am Rhein 1988, S. 247–295, hier S. 263 f.

33 Vgl. Volker Losemann, Zur Konzeption der NS-Dozentenlager, in: Manfred Heinemann (Hg.), Erziehung und Schulung im Dritten Reich, Teil 2: Hochschule, Erwachsenenbildung, Stuttgart 1980, S. 87–109.

34 Vgl. Reece C. Kelly, Die gescheiterte nationalsozialistische Personalpolitik und die mißlungene Entwicklung der nationalsozialistischen Hochschulen, in: Heinemann, Erziehung, S. 61–76, hier S. 72.

35 Vgl. Michael Grüttner, Wissenschaft, in: Wolfgang Benz/Hermann Graml/Hermann Weiß (Hg.), Enzyklopädie des Nationalsozialismus, München 2007, S. 145, 152.

36 Vgl. Michael Grüttner, Studenten im Dritten Reich, Paderborn u. a. 1995, S. 19 ff., 30 f.

37 Vgl. ebenda, S. 66 ff.

38 Auch der Apparat des NSDStB reichte nur bis auf die Ebene der Gauleitung; vgl. Organisationsbuch der NSDAP, S. 265.

39 Vgl. Grüttner, Studenten, S. 89 f., 94 ff., 258 f., 276 ff.

40 Vgl. ebenda, S. 397 ff.

41 Vgl. Paul Meier-Benneckenstein (Hg.), Das Dritte Reich im Aufbau, Berlin 1939, S. 361–394; Jill Stephenson, »Verantwortungsbewußtsein«: Politische Schulung durch die Frauenorganisationen im Dritten Reich, in: Heinemann, Erziehung, S. 194–205.

42 Vgl. Rüdiger Hachtmann (Hg.), Ein Koloß auf tönernen Füßen. Das Gutachten des Wirtschaftsprüfers Karl Eicke über die Deutsche Arbeitsfront vom 31. Juli 1936, München 2006, S. 14 ff, Zitat S. 22; Ders., Die Deutsche Arbeitsfront im Zweiten Weltkrieg, in: Dietrich Eichholtz (Hg.), Krieg und Wirtschaft. Studien zur deutschen Wirtschaftsgeschichte 1939–1945, Berlin 1999, S. 69–107.

43 Zu den Tätigkeiten der DAF-Ämter vgl. ebenda, S. 77 ff.

44 Marie-Luise Recker, Deutsche Arbeitsfront (DAF), in: Benz, Enzyklopädie, S. 463.

45 Vgl. das Schema in Organisationsbuch der NSDAP, München 1938, S. 214.

46 Vgl. Hachtmann, Koloß, S. 71 ff.

47 Vgl. Jochen-Christoph Kaiser, NS-Volkswohlfahrt und freie Wohlfahrtspflege im »Dritten Reich«, in: Hans-Uwe Otto/Heinz Sünker (Hg.), Politische

Formierung und soziale Erziehung im Nationalsozialismus, Frankfurt am Main 1991, S. 78–105, hier S. 88 f.; Herwart Vorländer, Die NSV. Darstellung und Dokumentation einer nationalsozialistischen Organisation, Boppard am Rhein 1988; Christoph Sachße/Florian Tennstedt, Der Wohlfahrtsstaat im Nationalsozialismus, Stuttgart 1992; Peter Hammerschmidt, Die Wohlfahrtsverbände im NS-Staat. Die NSV und die konfessionellen Verbände Caritas und Innere Mission im Gefüge der Wohlfahrtspflege des Nationalsozialismus, Opladen 1999.

48 Zit. n. Kaiser, NS-Volkswohlfahrt, S. 85, Anm. 7.; Hammerschmidt, Wohlfahrtsverbände, S. 366 ff.; Sachße/Tennstedt, Wohlfahrtsstaat, S. 119.

49 Vgl. Herwart Vorländer, NS-Volkswohlfahrt und Winterhilfswerk des deutschen Volkes, in: VfZ 34 (1986), S. 341–380; Hammerschmidt, Wohlfahrtsverbände, S. 397 ff., 487 ff.

50 Vgl. Hammerschmidt, Wohlfahrtsverbände, S. 152 ff., 370; Sachße/Tennstedt, Wohlfahrtsstaat, S. 110 ff.

51 Kaiser, NS-Volkswohlfahrt, S. 104. Zu den neuen Aufgaben der NSV während des Zweiten Weltkrieges vgl. Sachße/Tennstedt, Wohlfahrtsstaat, S. 252 ff.

52 Vgl. Fridolf Kudlien, Ärzte im Nationalsozialismus, Köln 1985, S. 105–121.

53 Vgl. Johannes Erger, Lehrer und Nationalsozialismus. Von den traditionellen Lehrerverbänden zum Nationalsozialistischen Lehrerbund (NSLB), in: Heinemann, Erziehung, S. 206–231, hier S. 213 ff.

54 Zit. n. ebenda, S. 216.

55 Sebastian Müller-Rolli, Lehrer, in: Dieter Langewiesche/Heinz-Elmar Tenorth (Hg.), Handbuch der deutschen Bildungsgeschichte, Bd. 5: Die Weimarer Republik und die nationalsozialistische Diktatur, München 1989, S. 240–258, hier S. 252 ff.

56 Vgl. Keim, Erziehung, Bd. I, S. 90 f.; Müller-Rolli, Lehrer, S. 254 f.

57 Zit. n. ebenda, S. 256.

58 Vgl. Michael Sunnus, Der NS-Rechtswahrerbund. Organisation, Ideologie und Praxis, in: Franz-Josef Düwell/Thomas Vormbaum (Hg.), Themen juristischer Zeitgeschichte, Bd. 3, Baden-Baden 1999, S. 170–199, hier S. 171 ff., 195; Organisationsbuch der NSDAP, S. 317 ff.

59 Mit dem Wechsel wurde das Reichsrechtsamt aufgelöst, Thierack direkt Hitler unterstellt und die Finanzhoheit auf den Reichsschatzmeister Schwarz übertragen; vgl. Sunnus, NS-Rechtswahrerbund, S. 195. Vgl. auch Dieter Schenk, Hans Frank. Hitlers Kronjurist und Generalgouverneur, Frankfurt am Main, 2006.

60 Vgl. Sunnus, NS-Rechtswahrerbund, S. 179 ff.

61 Vgl. ebenda, S. 191 f.

62 Vgl. Oskar Redelberger, »Von der NSDAP betreute Organisation« – ein neues Rechtsgebilde, in: Deutsche Verwaltung 16 (1939), S. 132–134, Zitat S. 133; Organisationsbuch der NSDAP, S. 201, 262, 283, 285; Nolzen, NSDAP, S. 102 f.

63 Vgl. Nolzen, NSDAP, S. 102 Anm. 17.

64 Vgl. Kiran Klaus Patel, Der Arbeitsdienst für Männer im Machtgefüge des

»Dritten Reiches«, in: Wolf Gruner/Armin Nolzen (Hrsg.), »Bürokratien«, Berlin 2001, S. 51–79; Broszat, Staat, S. 333 f.

65 Vgl. Horst Gies, Die Rolle des Reichsnährstandes im nationalsozialistischen Herrschaftssystem, in: Gerhard Hirschfeld/Lothar Kettenacker (Hrsg.), Der »Führerstaat«: Mythos und Realität. Studien zur Struktur und Politik des Dritten Reiches, Stuttgart 1981, S. 270–304, Zitat S. 275; Gustavo Corni/Horst Gies, Brot – Butter – Kanonen. Die Ernährungswirtschaft in Deutschland unter der Diktatur Hitlers, Berlin 1997, S. 201 ff.

Phillip Wegehaupt
Funktionäre und Funktionseliten der NSDAP

1 Fritz Mehnert, Die Organisation der NSDAP und ihrer angeschlossenen Verbände S. 9–12, in: Der Reichsschulungsbrief, hrsg. vom Reichsorganisationsleiter der NSDAP, Folge 9, 1936, S. 10.

2 Organisationsbuch der NSDAP, hrsg. vom Reichsorganisationsleiter der NSDAP, München 1943, S. 88.

3 Die »Haushaltung« wurde als die »unterste Gemeinschaft, auf die sich das Block und Zellensystem aufbaut« und als »organischer Zusammenschluß aller in einer Wohnung vereinigten Volksgenossen, einschließlich Untermieter, Hausgehilfen usw.« definiert. Siehe: Block und Zelle in der NSDAP, hrsg. vom Gauorganisationsleiter des Gaues Sachsen, Dresden 1937, S. 13.

4 In Ortsgruppen mit verhältnismäßig wenigen Haushaltungen, wo es nicht möglich war mehr als acht Blocks zu bilden, wurde auf die Errichtung von NSDAP-Zellen verzichtet. In diesen Fällen folgte nach dem Block als nächsthöheres Hoheitsgebiet die Ortsgruppe. Siehe: Der Block und Zellenaufbau der NSDAP, Weisung OG–106/38 des Gauorganisationsleiters des Gaues Sudetenland vom 10. Dezember 1938, S. 3.

5 Das Gesicht der Partei, hrsg. vom Reichsorganisationsleiter der NSDAP, München 1942, S. 8.

6 BArch NS 1/1111, Schreiben des Reichsschatzmeisters der NSDAP an den Gauschatzmeister der Gauleitung Gross-Berlin vom 18. Juli 1935.

7 Organisationsbuch der NSDAP, hrsg. vom Reichsorganisationsleiter der NSDAP, München 1943, S. 125.

8 Siehe: Straßenverzeichnis mit Angabe der zuständigen Kreise, Ortsgruppen, Bezirksämter und Ortsteile des Gaues Berlin der NSDAP, hrsg. vom Gauorganisationsamt des Gaues Berlin, Berlin 1943.

9 BArch NS 1/255, Denkschrift zum Thema »Entlastung der Ortsgruppen-Kassenleiter« von Hauptamtsleiter Haag vom 3. Februar 1939, S. 1.

10 Die NSDAP-Auslandsorganisation mitgerechnet, die sich eine eigene Gauleitung mit Sitz in Berlin leistete, betrug die Anzahl der Gaue sogar dreiundvierzig.

11 Organisationsbuch der NSDAP, hrsg. vom Reichsorganisationsleiter der NSDAP, München 1943, S. 85.

12 Nicht zuletzt um sich sprachlich von gegnerischen Parteien wie der KPD und SPD abzugrenzen, vermied die NSDAP die Verwendung des Begriffs »Funktionär« und führte schon früh die Bezeichnung »Politischer Leiter« für die Amtsträger der eigenen Partei ein. Immer wieder gab es innerparteiliche Versuche die »Verdeutschung« noch weiter voranzutreiben. Siehe: BArch NS 1/1068, das Schreiben des Leiters der Abteilung Volksbildung der Gauleitung Schlesien an den Reichsorganisationsleiter der NSDAP vom 19. Juli 1932, enthält den Vorschlag, in Zukunft den Begriff »Reichsbefehlshaber« anstatt »Reichsorganisationsleiter« zu verwenden.

13 Die NSDAP als Führungsorden und Erziehungsgemeinschaft, hrsg. vom Gauschulungsleiter des Gaues Sudetenland, Reichenberg 1942, S. 20.

14 Der Reichsschulungsbrief, hrsg. vom Reichsorganisationsleiter der NSDAP, Folge 9, 1936, S. 24.

15 Organisationsbuch der NSDAP, hrsg. vom Reichsorganisationsleiter der NSDAP, München 1943, S. 94.

16 Heinz Bickendorf, Das Hoheitsrecht der Partei, in: Der Hoheitsträger, Folge 12, 1938, S. 26.

17 Karl Wilhelm Reibel, Das Fundament der Diktatur. Die NSDAP-Ortsgruppen 1932–1945, Paderborn 2002, S. 103.

18 BArch NS 22/1115, Rundschreibern des Personalamtsleiters der Obersten Leitung der P.O. der NSDAP an die Gauleiter vom 12. Januar 1933.

19 Eberhard Kadatz, Block und Zelle in der NSDAP, Dresden 1937, S. 7.

20 Das Gesicht der Partei, hrsg. vom Reichsorganisationsleiter, München 1942, S. 8.

21 Organisationsbuch der NSDAP, hrsg. vom Reichsorganisationsleiter, München 1943, S. 100.

22 BArch NS 22/1120, Rundschreiben des Hauptpersonalamts der NSDAP an alle Gaupersonalämter vom 14. November 1941.

23 Der Block und Zellenaufbau der NSDAP, hrsg. vom Gauorganisationsleiter der NSDAP, Reichenhall 1938, S. 2.

24 NSDAP Partei-Statistik, Bd. II Politische Leiter, Stand 1935 (ohne Saargebiet), hrsg. vom Reichsorganisationsleiter der NSDAP, München 1935, S. 7.

25 Organisationsbuch der NSDAP, hrsg. vom Reichsorganisationsleiter, München 1943, S. 104.

26 Der Block und Zellenaufbau der NSDAP, hrsg. vom Gauorganisationsleiter der NSDAP, Reichenhall 1938, S. 1.

27 Organisationsbuch der NSDAP, hrsg. vom Reichsorganisationsleiter, München 1943, S. 101.

28 BArch NS 22/128, Stellungnahme eines Kreisleiters einer Großstadt über die Verkleinerung der Ortsgruppen auf Grund der Richtlinien nach Rundschreiben Nr. 2/38 des Reichsorganisationsleiters der NSDAP [Frühjahr 1939], S. 3.

29 Henning Pietzsch, Jugend zwischen Kirche und Staat. Geschichte der kirchlichen Jugendarbeit in Jena 1970–1989, Köln 2005.

30 Organisationsbuch der NSDAP, hrsg. vom Reichsorganisationsleiter der NSDAP, München 1943, S. 112.

31 Organisationsbuch der NSDAP, hrsg. vom Reichsorganisationsleiter der NSDAP, München 1943, S. 124.

32 Gerhard Gumpert, Die Arbeit des Ortsgruppenleiters, in: Der Hoheitsträger, hrsg. vom Reichsorganisationsleiter der NSDAP, Folge 6, 1938, S. 22.

33 NSDAP Partei-Statistik, Stand: 1935. ohne Saargebiet, Band II, Politische Leiter, hrsg. vom Reichsorganisationsleiter der NSDAP, München 1935, S. 518.

34 BArch NS 22/1115, Anordnung der Obersten Leitung der P. O. vom 6. April 1934.

35 BArch NS 22/1062, Schreiben des Ortsgruppenleiters Karl Schäfer an den Gauleiter der Oberpfalz Franz Maierhofer vom 28. Januar 1931. Schäfer wiederholt seine zuvor der Reichleitung gegenüber geäußerten Vorwürfe.

36 BArch NS 22/1062, Schreiben Gregor Straßers an Ortsgruppenleiter Karl Schäffer vom 18. Februar 1931.

37 Festschrift zur 10-Jahres-Feier der Ortsgruppe Bautzen der NSDAP, Bautzen 1935, S. 15.

38 Festschrift zur 10-Jahres-Feier der Ortsgruppe Bautzen der NSDAP, Bautzen 1935, S. 16.

39 Gerhard Gumpert, Die Arbeit des Ortsgruppenleiters, in: Der Hoheitsträger, hrsg. vom Reichsorganisationsleiter der NSDAP, Folge 6, 1938, S. 24.

40 Gerhard Gumpert, Die Arbeit des Ortsgruppenleiters, in: Der Hoheitsträger, hrsg. vom Reichsorganisationsleiter der NSDAP, Folge 6, 1938, S. 25.

41 Organisationsbuch der NSDAP, hrsg. vom Reichsorganisationsleiter der NSDAP, München 1943, S. 120.

42 BArch, NS 22/1124, internes Schreiben des Hauptschulungsamtes vom 17. Februar 1936. Im Februar 1936 erfolgte die Umbenennung des Reichsschulungsamtes der NSDAP in »Hauptschulungsamt der NSDAP«.

43 BArch NS 22/1122, Otto Gohdes' Denkschrift über die Schulung der P. O. und der Deutschen Arbeitsfront, S. 2.

44 Gleichbedeutend mit der gelegentlich verwendeten Bezeichnung »Schulungsmann«.

45 BArch NS 22/1122, Schreiben des Reichsschulungsleiters vom 12. Juli 1933, S. 2.

46 BArch NS 26/194, Schreiben des Gauleiters des Gaues München-Oberbayern an die Kreis-, Ortsgruppen- und Stützpunktleiter vom 27. März 1933.

47 Von der NSDAP-Kreisleitung Segeberg verfasster Ablaufplan für zwischen dem 20. Oktober und 5. November 1938 im Kreis Segeberg stattfindende Schulungsabende, abgedruckt im »Hoheitsträger«, Folge 12, 1938, München 1938, S. 33.

48 Von der NSDAP-Kreisleitung Segeberg verfasster Ablaufplan für zwischen dem 20. Oktober und 5. November 1938 im Kreis Segeberg stattfindende Schulungsabende, abgedruckt im »Hoheitsträger«, Folge 12, 1938, München 1938, S. 33.

49 Von der NSDAP-Kreisleitung Segeberg verfasster Ablaufplan für zwischen dem 20. Oktober und 5. November 1938 im Kreis Segeberg stattfindende Schulungsabende, abgedruckt im »Hoheitsträger«, Folge 12, 1938, München 1938, S. 33.

50 Von der NSDAP-Kreisleitung Segeberg verfasster Ablaufplan für zwischen dem 20. Oktober und 5. November 1938 im Kreis Segeberg stattfindende Schulungsabende, abgedruckt im »Hoheitsträger«, Folge 12, 1938, München 1938, S. 33.

51 Plan für die Schulungs-Arbeit. Winter 1938/39 der NSDAP-Kreisleitung Segeberg, abgedruckt im »Hoheitsträger«, Folge 12, 1938, München 1938, S. 33.

52 So beispielsweise an der »Reichsschulungsburg Erwitte«, wo zwischen dem 1. und 21. Februar 1938 ein weltanschaulicher Schulungskurs für Ortsgruppenleiter stattfand. Das Parteiorgan »Der Hoheitsträger« schrieb anlässlich dieses Schulungskurses: »Ohne viel Aufhebens davon zu machen, leistet die Partei in ihren Schulen und Burgen der Kreise, der Gaue und des Reiches eine ständige Erziehungsarbeit, die von grösster Bedeutung ist. Lehrgang für Lehrgang kehrt stets ein neu ausgebildeter und ausgerichteter Stroßtrupp zurück in die Front unseres Kampfes. Die Notwendigkeit dieser Ausbildung und Ausrichtung wird von den Teilnehmern selbst stets einmütig empfunden und zum Ausdruck gebracht.« (Der Hoheitsträger, Folge IV 1938, München 1938, S. 35.)

53 BArch NS 6/805, Denkschrift Carl Rövers, Leiter des Gaues Weser-Ems, von 1942, S. 85.

54 Geleitwort des Reichsorganisationsleiters Dr. Robert Ley zur ersten Folge des »Hoheitsträgers«, Der Hoheitsträger, Folge 1, 1938, S. 41.

55 BArch NS 22/128, »Stellungnahme eines Kreisleiters einer Großstadt über die Verkleinerung der Ortsgruppen auf Grund der Richtlinien nach Rundschreiben Nr. 2/38 des Reichsorganisationsleiters d. NSDAP«, [Frühjahr 1939], S. 5.

56 BArch NS 22/128, »Stellungnahme eines Kreisleiters einer Großstadt über die Verkleinerung der Ortsgruppen auf Grund der Richtlinien nach Rundschreiben Nr. 2/38 des Reichsorganisationsleiters d. NSDAP«, [Frühjahr 1939], S. 1.

57 NSDAP Partei-Statistik, Stand: 1935. ohne Saargebiet, Band II, Politische Leiter, hrsg. vom Reichsorganisationsleiter der NSDAP, München 1935, S. 325.

58 NSDAP Partei-Statistik, Stand: 1935. ohne Saargebiet, Band II, Politische Leiter, hrsg. vom Reichsorganisationsleiter der NSDAP, München 1935, S. 333.

59 Vgl. Armin Nolzen, Funktionäre in einer faschistischen Partei. Die Kreisleiter der NSDAP, 1932/33 bis 1944/45, in: Till Kössler, Helke Stadtland (Hrsg.), Vom funktionieren der Funktionäre. Politische Interessenvertretung und gesellschaftliche Integration in Deutschland nach 1933, Essen 2004, S. 44 f.

60 Wolfgang Stelbrink, Die Kreisleiter der NSDAP in Westfalen und Lippe, Münster 2003, S. 54.

61 BArch NS 1/2277, Verfügung 5/37 des Reichsschatzmeisters vom 25. Oktober 1937, Bl. 138.

62 BArch NS 1/2277, Anordnung 26/40 des Reichsschatzmeisters vom 15. Mai 1940, Bl. 93.

63 BArch NS 1/2277, Anordnung 23/40 des Reichsschatzmeisters vom 6. Mai 1940, Bl. 95.

64 Plan für die Schulungs-Arbeit. Winter 1938/39 der NSDAP-Kreisleitung Segeberg, abgedruckt im »Hoheitsträger«, Folge 12, 1938, München 1938, S. 33.

65 Organisationsbuch der NSDAP, hrsg. vom Reichsorganisationsleiter der NSDAP, München 1943, S. 134.

66 Michael Rademacher, Die Kreisleiter der NSDAP im Gau Weser-Ems, Marburg 2005, S. 242.

67 Organisationsbuch der NSDAP, hrsg. vom Reichsorganisationsleiter der NSDAP, München 1943, S. 134.

68 Bericht des Kreisleiters des Kreises Olpe mit dem Titel »Großeinsatz im Kreis Entschlüsse fallen/Schnell handeln/Befehl restlos durchführen! Kartoffelkäferaktion im Kreis Olpe – Musterbeispiel für den Sofort-Einsatz der Partei« in: Der Hoheitsträger, Folge 10, 1938, S. 46 f.

69 Westfälische Landeszeitung vom 16. August 1938.

70 Gau Pommern im Aufbau, hrsg. von der Gauleitung Pommern der NSDAP, Stettin 1935, [ohne Seitenangabe].

71 Die NS-Bewegung im Kreise Stade, hrsg. von der Kreisleitung Stade, Stade 1936, S. 3.

72 BArch, NS 22/128, Schreiben des Gauorganisationsamts Franken an das Hauptpersonalamt der NSDAP vom 6. April 1940.

73 BArch NS 1/567, Anordnung Nr. 24/37 des Stellvertreters des Führers vom 9. Februar 1937.

74 BArch NS 22/1115, Schreiben der Obersten Leitung der P.O. an alle vom 1. Februar 1934.

75 Hans Fabricius, Personalunion von Partei- und Staatsämtern, in: Der Hoheitsträger, Folge 1 1938, S. 18.

76 Friedrich Lampe, Die Amtsträger der Partei, Würzburg 1940, S. 107.

77 Hans Fabricius, Personalunion von Partei- und Staatsämtern, in: Der Hoheitsträger, Folge 1 1938, S. 19.

78 NSDAP Partei-Statistik. Politische Leiter, Bd. 2, hrsg. vom Reichsorganisationsleiter der NSDAP, München 1935, S. 284.

79 Vgl. Peter Hüttenberger, Die Gauleiter. Studie zum Wandel des Machtgefüges in der NSDAP, Stuttgart 1969, S. 118.

80 BArch NS 6/225, Anordnung des Stellvertreters des Führers Nr. 29/37 vom 19. Februar 1937. Hans Fabricius, Personalunion von Partei- und Staatsämtern, in: Der Hoheitsträger, Folge 1 1938, S. 18.

81 BArch NS 1/432, Meldungen über unerlaubte Entfernung von Hoheitsträgern bei der Räumung des Warthegaues [März 1945], S. 1.

82 Hans Volz, Daten der Geschichte der NSDAP, Leipzig 1939, S. XXX

83 Martin Broszat, Der Staat Hitlers. Grundlage und Entwicklung seiner inneren Verfassung, München 1969, S. 54.

84 BArch (ehm. BDC) PK C 90, Bild 2113, Otto Erbersdobler, *30. April 1895.

85 BArch NS 22/1062, Bearbeitungsnotiz von Martin Bormann unterzeichnet vom 30. Mai 1932.

86 Otto Dietrich, Das Buch der deutschen Gaue. Fünf Jahre nationalsozialistische Aufbauleistung, Bayreuth 1938, S. 12.

87 Vgl. Walter Ziegler, Gaue und Gauleiter im Dritten Reich, in: Horst Möller/Andreas Wirsching/Walter Ziegler, Nationalsozialismus in der Region, München 1996, 144.

88 Heimatjahrbuch 1939 für den Kreis Cammin, hrsg. vom Kreisleiter der NSDAP, Stralsund 1938, S. 50.

89 Heimatjahrbuch 1939 für den Kreis Cammin, hrsg. vom Kreisleiter der NSDAP, Stralsund 1938, S. 50.

90 Der Hoheitsträger, Folge 7, 1938, S. 19.

91 Peter Hüttenberger, Die Gauleiter. Studie zum Wandel des Machtgefüges in der NSDAP, Stuttgart 1969, S. 198.

92 Organisationsbuch der NSDAP, hrsg. vom Reichsorganisationsleiter der NSDAP, München 1943, S. 51.

93 Franz Hermann Woweries, Reichsstatthalter Gauleiter Jakob Sprenger. Lebensbild eines Gefolgsmannes Adolf Hitlers, S. 90.

94 Jürgen John, Die Gaue im NS-System, in: Jürgen John, Horst Möller, Thomas Schaarschmidt (Hrsg.), Die NS-Gaue. Regionale Mittelinstanzen im zentralistischen»Führerstaat«, München 2007, S. 37.

95 Dieter Rebentisch, Führerstaat und Verwaltung im Zweiten Weltkrieg, Stuttgart 1989, S. 232.

96 Jürgen John, Die Gaue im NS-System, in: Jürgen John, Horst Möller, Thomas Schaarschmidt (Hrsg.), Die NS-Gaue. Regionale Mittelinstanzen im zentralistischen»Führerstaat«, Schriftenreihe der Vierteljahreshefte für Zeitgeschichte, München 2007, S. 37.

97 Dieter Rebentisch, Führerstaat und Verwaltung im Zweiten Weltkrieg, Stuttgart 1989, S. 132.

98 Dieter Rebentisch, Führerstaat und Verwaltung im Zweiten Weltkrieg, Stuttgart 1989, S. 533.

99 Peter Hüttenberger, Die Gauleiter. Studie zum Wandel des Machtgefüges in der NSDAP, Stuttgart 1969, S. 162 f.

100 BArch NS 22/128, Rundschreiben Nr. 7/41 der Gauleitung Sachsen vom 18. Juli 1941.

101 Siehe: Theodor Rohlfing/Rudolf Schraut (Hrsg.), Die Neuordnung des Rechts in den Ostgebieten. Sammlung der Reichsgesetze, der Verordnungen der Militärbefehlshaber, der Reichsstatthalter Danzig-Westpreußen und Wartheland, des Generalgouverneurs für das Generalgouvernement Polen mit kurzen Anmerkungen, Berlin 1940, S. 11.

Ingo Haar
Zur Sozialstruktur und Mitgliederentwicklung der NSDAP

1 Vgl. Jürgen W. Falter, War die NSDAP die erste deutsche Volkspartei? In: Michael Prinz (Hrsg. u. a.), Nationalsozialismus und Modernisierung, Darmstadt 1991, S. 21–47, 25.

2 Vgl. Hannah Arendt, The Origins of Totalitarism, 2. Aufl., Cleveland 1961; Emil Lederer, The Nazi Elite, Stanford 1951; W. Kornhauser, The Politics of Mass Society, New York 1959.

3 Vgl. Theodor Geiger, Panik im Mittelstand, in: Die Arbeit 7 (1930), S. 637 bis 654, 654; Seymor Martin Lipset, Political Man, Baltimore 1981, S. 172 f.

4 Walter Dean Burnham, Political immunisation and political confessionalism: The United States and Weimar Germany, in: Journal of Interdisciplinary History 3 (1972), S. 1–30.

5 Vgl. Michael H. Kater, The Nazi Party: A social profile of members and leaders, 1919–1945, Cambridge 1985; Jürgen W. Falter, Hitlers Wähler, München 1991; Gerhard Botz, Faschismus und Lohnabhängige in der Ersten Republik. Zur »sozialen Basis« und propagandistischen Orientierung von Faschismus und Nationalsozialismus, in: Österreich in Geschichte und Literatur, 21 (1977), S. 102–128; ders.: Strukturwandlungen des österreichischen Nationalsozialismus (1904–1945), in: Isabella Ackerl (Hrsg.): Politik und Gesellschaft im alten und neuen Österreich. Festschrift Neck, Bd. II, Wien 1981, S. 163–193; Dirk Hänisch, Die österreichischen NSDAP-Wähler. Eine empirische Analyse ihrer politischen Herkunft und ihres Sozialprofils, Wien 1998.

6 Vgl. hierzu allgemein zu den verwandten Datensätzen und den Analyseverfahren bzw. Problemen Jürgen W. Falter, Arbeiter haben häufiger, Angestellte dagegen sehr viel seltener NSDAP gewählt, in: Geschichte und Gesellschaft 16 (1990), S. 536–552, 538 ff.

7 Jürgen W. Falter, Wer wurde Nationalsozialist? Eine Überprüfung von Theorien über die Massenbasis des Nationalsozialismus anhand neuer Datensätze zur NSDAP-Mitgliedschaft 1925–1932, in: Helge Grabitz (Hrsg.), Die Normalität des Verbrechens. Bilanz und Perspektiven der Forschung zu den nationalsozialistischen Gewaltverbrechen, S. 20–38.

8 Jürgen W. Falter, Die »Märzgefallenen« von 1933. Neue Forschungsergebnisse zum sozialen Wandel innerhalb der NSDAP-Mitgliedschaft während der Machtergreifungsphase, in: Geschichte und Gesellschaft 24 (1998), S. 595–616, 600 ff.

9 Jürgen W. Falter, Politische Konsequenzen von Massenarbeitslosigkeit. Neue Daten zu kontroversen Thesen über die Radikalisierung der Wählerschaft am Ende der Weimarer Republik; in: Politische Vierteljahresschrift 3 (1984), S. 275 ff.

10 Vgl. Jürgen W. Falter/Andreas Link/Jan-Bernd Lohmüller/Johann de Rijke/Siegfried Schumann, Arbeitslosigkeit und Nationalsozialismus. Eine empirische Analyse des Beitrags zu den Wahlerfolgen der NSDAP 1932 und

1933, in: Kölner Zeitschrift für Soziologie und Sozialpolitik 35 (1983), S. 525–554.

11 Jürgen W. Falter, War die NSDAP die erste deutsche Volkspartei? S. 33.

12 Jürgen W. Falter, Politische Konsequenzen von Massenarbeitslosigkeit. Neue Daten zu kontroversen Themen über die Radikalisierung der Wählerschaft am Ende der Weimarer Republik, in: Politische Vierteljahresschrift 3 (1984), S. 275–295, 285 f.

13 Jürgen W. Falter/Dirk Hänisch, Die Anfälligkeit von Arbeitern gegenüber der NSDAP bei den Reichstagswahlen 1928–1933, in: Archiv für Sozialgeschichte 2 (1986), S. 180–216, 212.

14 Vgl. Gerhard Botz, Die österreichischen NSDAP-Mitglieder, in: Reinhard Mann (Hrsg.), Die Nationalsozialisten, Stuttgart 1981, S. 98–136, 105.

15 Kurt Bauer, »Steiermark ist einmal gründlich versaut …«. Regionale Unterschiede bei der Affinität zum Nationalsozialismus in der Phase des Durchbruchs zur Massenbewegung. Mögliche Ursachen und Erklärungsansätze, in: Österreich in Geschichte und Literatur 43 (1989), S. 295–316, 11 f.

16 Vgl. Gerhard Botz, Die österreichischen NSDAP-Wähler, S. 109.

17 Vgl. Michael Gehler, Studenten und Politik. Der Kampf um die Vorherrschaft an der Universität Innsbruck 1918–1938, Innsbruck 1990.

18 Thomas Albrich/Wolfgang Meisner, Zwischen Legalität und Illegalität. Zur Mitgliederentwicklung, Alters- und Sozialstruktur der NSDAP in Tirol und Vorarlberg vor 1938, in: Zeitgeschichte 5–6 (1995), S. 149–187.

19 Gerhard Botz, Strukturwandlungen des österreichischen Nationalsozialismus (1904–1945), in: Isabelle Ackerl (Hrsg. u. a.), Politik und Gesellschaft im alten und neuen Österreich, Bd. II, Wien 1981, S. 163–193, 191.

20 Was das im einzelnen für die Verantwortung des Bürgertums für die Etablierung und den Ausbau des NS-Staates bedeutet, ist bislang allenfalls angedeutet, aber noch nicht systematisch erforscht worden. Vgl. hierzu erstmals Alf Lüdtke, Funktionseliten: Täter, Mit-Täter, Opfer? Zu den Bedingungen des deutschen Faschismus, in: ders. (Hrsg.), Herrschaft als soziale Praxis, Göttingen 1991, S. 559–590; Cornelia Rauh-Kühne/Michael Ruck (Hrsg.), Regionale Eliten zwischen Diktatur und Demokratie. Baden und Württemberg 1930–1952, München 1993.

21 Vgl. Jürgen W. Falter, Die »Märzgefallenen« von 1933, in: Geschichte und Gesellschaft 24 (1998), S. 595–616, 612 ff.

22 Wolf Gruner, Öffentliche Wohlfahrt und Judenverfolgung. Wechselwirkung lokaler und zentraler Politik im NS-Staat (1933–1942), München 2002, S. 291–293; ders., Der Deutsche Gemeindetag und die Koordinierung antijüdischer Kommunalpolitik. Zum Marktverbot für jüdische Händler und zur »Verwertung« jüdischen Eigentums, in: Archiv für Kommunalwissenschaften 37 (1998), S. 261–291. Ohne auf diesen Paradigmenwechsel in der Forschung einzugehen, liegt mit dem Werk von Jürgen John, »Die NS-Gaue. Regionale Mittelinstanzen im zentralistischen Führerstaat«, München 2007, eine etwas breitere Zusammenschau unterschiedlicher Felder vor, die These der Disfunktionalität des NS-Staates zu ersetzen, um dagegen das Wissen um die

Kooperation der NS-Eliten quer durch die zentralen, mittleren und lokalen Verwaltungsstäbe herauszustellen.

23 Hans Mommsen, Beamtentum im Dritten Reich, Stuttgart 1966, S. 18. Vgl. hierzu die Kritik an Mommsens Ansatz durch Nicolas Berg, Der Holocaust und die westdeutschen Historiker. Erforschung und Erinnerung, Göttingen 2004³, S. 564.

Juliane Wetzel
Die NSDAP zwischen Öffnung und Mitgliedersperre

1 Internationales Germanistenlexikon 1800–1950, hrsg. und eingeleitet von Christoph König. Bearbeitet von Birgit Wägenbaur zusammen mit Andrea Frindt u. a. 3 Bde. und eine CD-ROM, Berlin, New York 2003.

2 Nicolas Berg, Der Holocaust und die westdeutsche Geschichtswissenschaft. Erforschung und Erinnerung, 1. und 2. Aufl. Göttingen 2003; 3. durchgesehene u. mit einem Register versehene Aufl. Göttingen 2004.

3 Siehe Versäumte Fragen. Deutsche Historiker im Schatten des Nationalsozialismus, hrsg. von Rüdiger Hohls und Konrad H. Jarausch, unter Mitarbeit von Torsten Bathmann u. a., München 2000.

4 BArch Berlin NS1/941, unsortierter Schriftwechsel, Gauschatzmeister Pommern an Reichsschatzmeister, 5. 2. 1936.

5 BArch Berlin, NS 001/001117, SA der NSDAP, Der Gruppenführer Hochland, 15. 2. 1937 – Verteiler V, Betrifft Lockerung der Mitgliedersperre. Bezug: Die Oberste SA-Führung V./42700 vom 8. 2. 1937, gez. Der Chef der Gruppenverwaltung Hochland; BArch Berlin, NS 1/428, Anordnung 3/37 des Reichsschatzmeisters an sämtliche Gauleiter und Gauschatzmeister vom 23. 1. 1937, Betrifft Lockerung der Mitgliedersperre, hier: Aufnahme der alten NSBO- und NS-Hago-Mitglieder, gez. Schwarz; BArch Berlin, NS24/1, Durchführungsbestimmungen zur Anordnung 3/37 vom 9. 2. 1937.

6 BArch Berlin, NS 24/1, Durchführungsbestimmungen zur Anordnung 3/37 vom 9. 2. 1937.

7 BArch Berlin, NS 1/428, Anordnung 3/37 des Reichsschatzmeisters an sämtliche Gauleiter und Gauschatzmeister vom 23. 1. 1937, Betrifft Lockerung der Mitgliedersperre, hier: Aufnahme der alten NSBO- und NS-Hago-Mitglieder, gez. Schwarz; Völkischer Beobachter (München Ausgabe) vom 25. 4. 1937.

8 BArch Berlin, NS 1/784, Reichschatzmeister V, »Lockerung der Mitgliedersperre«, der Oberste Parteirichter an den Reichsschatzmeister, 1937.

9 BArch Berlin, NS 1/784, Brief von Dr. Hämmerle, Reichsschatzmeisteramt an den Obersten Richter der Partei Walter Buch, 2. 9. 1937.

10 BArch Berlin, NS 001/001117, Broschüre, hrsg. vom Reichschatzmeister und dem Obersten Richter der Partei, Richtlinien für das Verfahren bei der Aufnahme neuer Mitglieder in die NSDAP, ohne Datum (Eingangsstempel 12. Mai 1937).

11 Ebenda.

12 Ebenda.
13 BArch Berlin NS 1/428, Anordnung 24/37 des Stellvertreters des Führers vom 9. 2. 1937, gez. R. Hess [sic], S. 1 f. Die Ausführungsbestimmungen zur Anordnung 34/39 vom 31. Juli 1939 nehmen darauf erneut Bezug und erweitern den Kreis der kirchlich gebundenen Personen, die nicht aufzunehmen seien noch um Professoren an den theologischen Fakultäten, an den philosophisch-theologischen Hochschulen und an ähnlichen Ausbildungsstätten für Geistliche, sowie die Theologiestudenten. BArch Berlin, NS 24/717, Ausführungsbestimmungen zur Anordnung 34/39 vom 31. 7. 1939.
14 BArch Berlin NS 1/428, Anordnung 24/37 des Stellvertreters des Führers vom 9. 2. 1937, gez. R. Hess [sic], S. 4. Die Aufnahmeregelung für Freimaurer wurde später gelockert. Anordnung Reichsschatzmeister vom 19. Juli 1941 Bekanntgabe der Anordnung vom 17. April 1941: Aufnahme ehemaliger Freimaurer aus den angegliederten Ostgebieten: Angehörige von Freimaurerlogen können aufgenommen werden, wenn sie vor Eingliederung der Gebiete ihren Wohnsitz im Gebiet des ehemaligen Staates Polen oder der Tschechoslowakei hatten, »sich persönlich im Volkstumskampf einsetzen und sich nachweisbar Verdienste um die Erhaltung und Festigung des deutschen Volkstums« erworben hatten; sie dürfen ferner in der Loge keinen höheren als den 3. Grad erreicht bzw. kein wesentliches Amt in der Loge bekleidet haben. BArch Berlin, NS/1/424 – 2, Tätigkeitsbericht des Hauptmitgliedschaftsamtes für das Jahr 1941, Bl. 5.
15 BArch Berlin NS 1/428, Anordnung 24/37 des Stellvertreters des Führers vom 9. 2. 1937, gez. R. Hess, S. 5.
16 BArch Berlin, NS 001/001116 fol 1-, Teil 2 (NS 1/2986), diverse Listen mit Statistiken.
17 Nürnberger Prozeß, Hauptverhandlungen, 22. Tag, 18. 12. 1945, Nachmittagssitzung, S. 127, PS-2964.
18 Ebenda.
19 Anton Lingg, Die Verwaltung der Nationalsozialistischen Deutschen Arbeiterpartei, München 1939, S. 155–163.
20 Hans Buchheim, Mitgliedschaft bei der NSDAP, in: Gutachten des Instituts für Zeitgeschichte, Bd. 1, München 1958, S. 316.
21 Akten der Partei-Kanzlei, hrsg. v. Institut für Zeitgeschichte, Bd. 2 Mikrofiche, München 1983, Nr. 307 02562.
22 BArch Berlin, NS 001/001117, Der Stellvertreter des Führers/Stabsleiter M. Bormann an Reichschatzmeister Schwarz, 18. 3. 1937, gez. M. Bormann.
23 BArch Berlin, NS/1/424 – 2, 3. Jahresbericht des Hauptmitgliedschaftsamtes für das Jahr 1940, Bl. 5.
24 BArch Berlin, NS 001/001116 fol 1-, Teil 2 (NS 1/2986), diverse Listen mit Statistiken.
25 BArch Berlin, NS/1/424-2, Jahresbericht 1939 – Amt für Mitgliedschaftswesen, 7. 1. 1942, Bl. 2.
26 Ebenda.
27 Noch im Jahr 1937 waren 11 % der SS-Angehörigen nicht Mitglieder der NSDAP, Buchheim, Mitgliedschaft bei der NSDAP, S. 315.

28 BArch Berlin, NS 001/001117, Der Chef Rasse- und Siedlungs-Hauptamtes-SS, 1.11.1939, Stabsbefehl Nr. 39/39.

29 BArch Berlin, NS 001/001117, Die Deutsche Arbeitsfront, Gauwaltung München Oberbayern, 27.1.1941 an die Deutsche Arbeitsfront, Kreisverwaltung Berchtesgaden, gez. K, Gauobmann.

30 Sven Felix Kellerhoff, Wann war ein Mitglied ein Mitglied?, in: Die Welt vom 3.7.2007.

31 BArch Berlin, NS 1/404, Anordnung [Leerstelle]/45 vom Januar 1945 gez. Schwarz.

32 BArch Berlin, NS 001/001117, Bormann an Sauckel, 27. Mai 1943, Betrifft: Anträge auf Aufnahme von höheren Beamten in die NSDAP.

33 BArch Berlin, NS 001/001117, Gau Berlin der NSDAP an alle Kreisleiter und Kreiskassenleiter, an alle Ortsgruppenleiter und Ortsgruppenkassenleiter, 12.1.1943, gez. De Mars, Oberbereichsleiter.

34 BArch Berlin, NS /1/424-2, 4. Jahresbericht des Hauptmitgliedschaftsamtes beim Reichsschatzmeister für das Jahr 1941, Bl. 3.

35 Buchheim, Mitgliedschaft bei der NSDAP, S. 317.

36 Verfügung V 25/42 vom 14.7.1942, gez. Adolf Hitler: »Ich verfüge: 1) In die Nationalsozialistische Deutsche Arbeiterpartei können in Zukunft nur junge Deutsche nach Vollendung des 18. Lebensjahres aufgenommen werden, die durch ihr Verhalten und ihre Einsatzbereitschaft in der Hitler-Jugend eine besondere Eignung für den Dienst in der Partei erkennen lassen; 2) Nach Vollendung des 18. bis zur Vollendung des 35. Lebensjahres können Volksgenossen nur dann in die Nationalsozialistische Deutsche Arbeiterpartei aufgenommen werden, wenn sie als Längerdienende der Wehrmacht (Unteroffiziere usw.) aus der Wehrmacht ausscheiden oder wenn sie sich mindestens 3 Jahre aktiv in einer Gliederung oder einem angeschlossenen Verband betätigt und bewährt haben. Ausnahmeregelungen in besonderen Fällen behalte ich mir vor; 3) Für Volksgenossen, die das 35. Lebensjahr überschritten haben, behalte ich mir in besonderen Ausnahmefällen eine Entscheidung persönlich vor.« BArch Berlin, NS 001/001117, NSDAP Reichsleitung, Reichsschatzmeister Schwarz, 12. Februar 1943, Bekanntgabe 2/43, Betreff: Aufnahme in die NSDAP.

37 BArch Berlin, NS 001/001117, NSDAP Reichsleitung, Reichsschatzmeister Schwarz, 12. Februar 1943, Bekanntgabe 2/43, Betreff: Aufnahme in die NSDAP.

38 BArch Berlin, NS 001/001117, Brief von Eder an Brill vom 24.1.1944.

39 Buchheim, Mitgliedschaft bei der NSDAP, S. 316.

40 BArch Berlin, NS 001/001116 fol 1, Teil 2 (= NS1/2986), Jahresbericht 1942 Hauptamt Amt für Mitgliedschaftswesen.

41 Buchheim, Mitgliedschaft bei der NSDAP, S. 317.

42 Nürnberger Prozeß, Hauptverhandlung, Vormittagssitzung, 3. April 1946: Der Prozeß gegen die Hauptkriegsverbrecher vor dem Internationalen Gerichtshof Nürnberg, Nürnberg 1947, Bd. 10, S. 528 f.

43 BArch Berlin NS 001/001117, Aktennotiz der Besprechung am 5.4.1937, Protokoll vom 10.4.1937, S. 3, gez. Hämmerle.

44 BArch Berlin, NS 1/784 verschiedene Korrespondenz Büro des Reichsschatz-
    meisters.
45 Gerhard Botz, Arbeiter und andere Lohnabhängige im Nationalsozialismus,
    International Conference of Labour and Social History, 42. Linzer Konferenz,
    14.–17. Sept. 2006 (http://www.lbihs.at/BotzArbeiterNS.pdf).
46 BArch Berlin, NS 001/001117, Kreisleitung Rosenheim der NSDAP, Rund-
    schreiben 1/44 an alle Ortsgruppenkassenleiter des Kreises Rosenheim der
    NSDAP, 12. 1. 1944, Betrifft: Aufnahme von Angehörigen der Hitlerjugend
    in die NSDAP, hier: Aufnahme der Jahrgänge 1926 und 1927, gez. Kreiskas-
    senleiter.
47 BArch Berlin, NS 1/784 Gauleitung Bayerische Ostmark an Reichsoberrevi-
    sor Pg. Haag vom 24. 9. 1937, S. 2.
48 BArch Berlin, NS 001/001117, Broschüre mit diversen Anordnungen der
    Partei-Kanzlei und des Reichsschatzmeisters November/Dezember 1942,
    Anordnung A 82/42 vom 30. 11. 1942, gez. M. Bormann.
49 BArch Berlin, NS/1/424-2, 4. Jahresbericht des Hauptmitgliedschaftsamtes
    für das Jahr 1941, Bl. 3 f.
50 BArch Berlin, NS 001/001117, Anordnung A 83/42 von Schwarz und Leiter
    der Partei-Kanzlei am 30. 11. 1942 erlassen.
51 BArch Berlin, NS 001/001117, Rundschreiben Nr. 120/40 an sämt-
    liche   Kreisleiter und Ortsgruppenleiter NSDAP, Hessen-Nassau/Gauleiter,
    18. 12. 1940.
52 Anordnung A 82/42 vom 30. 11. 1942, in: Verordnungsblatt der Reichsleitung
    der Nationalsozialistischen Deutschen Arbeiter-Partei, Folge 239, München,
    Dezember 1942.
53 BArch Berlin, NS 001/001116 fol 1, Teil 2 (= NS 1/2986), Jahresbericht 1942
    Hauptamt, Amt für Mitgliedschaftswesen.
54 BArch Berlin, NS/1/404, Anordnung 3/43, 11. 2. 1943, Betreff: Aufnahme
    von Angehörigen der Hitler-Jugend in die NSDAP; Aufnahme der Jahrgänge
    1924 und 1925.
55 BArch Berlin, NS 001/001117, Anordnung A83/42 vom 30. November 1942
    der Partei-Kanzlei, gez. M. Bormann.
56 BArch Berlin, NS 001/001117, Kreisleitung Rosenheim der NSDAP, Rund-
    schreiben 1/44 an alle Ortsgruppenkassenleiter des Kreises Rosenheim der
    NSDAP. 12. 1. 1944, gez. Kreiskassenleiter.
57 Ebenda.
58 Die Welt vom 20. 7. 2007.
59 Ebenda, nach Informationen des Bundesarchivs.

Björn Weigel
»Märzgefallene« und Aufnahmestopp im Frühjahr 1933

1 Verfügung des Reichsschatzmeisters Franz Xaver Schwarz vom 19. April 1933,
   in: Völkischer Beobachter, 22. 4. 1933.

2 Ebd.

3 Ernst Christian Schütt, Chronik 1933. Tag für Tag in Wort und Bild, 2. überarb. A., Dortmund 1993, S. 105.

4 Martin Broszat, Der Staat Hitlers. Grundlegung und Entwicklung seiner inneren Verfassung, München 1969, S. 252.

5 Vgl. Björn Weigel, Vom deutschen zum »arischen« Theater. Die Vernichtung jüdischer Gewerbetätigkeit an den Berliner Theatern. Diss., in Arbeit.

6 Autor des Stückes war der heute zu Recht vergessene Kurt Kluge, die Inszenierung besorgte Karl Heinz Martin. Das Stück war ein Misserfolg: Nach fünf Aufführungen wurde es abgesetzt. Vgl. Alexander Weigel, Das Deutsche Theater. Eine Geschichte in Bildern, Berlin 1999, S. 175.

7 Exemplarisch: Dr. Carl Ludwig Duisberg-Achaz an das RMVP, 13.1.1936, Bundesarchiv (im Folgenden BArch) R 55, 20132, Bl. 36, und etliche weitere Briefe aus diesem Bestand. Vgl. auch B. Weigel, Vom deutschen zum »arischen« Theater.

8 Jürgen Rostock/Franz Zadniček, Paradiesruinen. Das KdF-Bad der Zwanzigtausend auf Rügen, 7. aktualisierte u. erweiterte Auflage, Berlin 2006.

9 Völkischer Beobachter, 22.4.1933.

10 Der Ansturm der Gesinnungstüchtigen. Wer mitmarschieren darf – Gegen die nationalen Schwätzer und die Kastenbürger, in: Völkischer Beobachter, 30.4.1933.

11 Ebd.

12 Jürgen W. Falter, Die »Märzgefallenen« von 1933. Neue Forschungsergebnisse zum sozialen Wandel innerhalb der NSDAP-Mitgliedschaft während der Machtergreifungsphase, in: Geschichte und Gesellschaft, 24 (1998), S. 600f.

13 Ebd., S. 601.

14 Adolf Hitler, Mein Kampf, München 1925, S. 441.

15 Vgl. Falter, Die »Märzgefallenen«, a.a.O., S. 605.

16 Ab 1. Mai Mitgliedersperre, in: Der Angriff, 21.4.1933.

17 Mitgliedssperre in der NSDAP, in: Vossische Zeitung, 21.4.1933 (Morgenausgabe).

18 Der Ansturm der Gesinnungstüchtigen, a.a.O.

19 Wirtschaftspartei Sachsens aufgelöst!, in: Der Angriff, 21.4.1933.

20 Deutschnationaler Landesverband wird nationalsozialistisch, in: Vossische Zeitung, 25.4.1933 (Morgenausgabe).

21 Beitritt Seldtes zur N.S.D.A.P. – Stahlhelm unterstellt sich Hitler, in: Vossische Zeitung, 28.4.1933 (Morgenausgabe).

22 Ebd.

23 Stahlhelm-Uebertritte, in: Vossische Zeitung, 29.4.1933 (Abendausgabe).

24 Stahlhelm oder NSDAP – Doppelmitgliedschaft unzulässig – Deutschnationale fordern Mandatsverzicht Seldtes, in: Vossische Zeitung, 30.4.1933 (Morgenausgabe).

25 Ebd.

26 Stahlhelm-Uebertritte, a.a.O.

27 Zur N.S.D.A.P. übergetreten, in: Vossische Zeitung, 2.5.1933 (Morgenausgabe).

28 Erklärung Hugenbergs, in: Vossische Zeitung, 29. 4. 1933 (Morgenausgabe).

29 Ebd.

30 Zentrum und Beamtenschaft, in: Vossische Zeitung, 30.4.1933 (Morgenausgabe).

31 Ebd.

32 Rudolf Heß, Anordnung Nr. 20/37, 29. 1. 1937, BArch NS 6 (Bestand Stellvertreter des Führers), 225, Bl. 33–34.

33 William Sheridan Allen, Das haben wir nicht gewollt! Die nationalsozialistische Machtergreifung in einer Kleinstadt 1930–1935, Gütersloh 1966.

34 Ebd., S. 242.

35 Anzeige der Deutsche Grammophon-Aktiengesellschaft, in: Der Angriff, 7.3.1933.

36 Anzeige der Deutsche Grammophon-Aktiengesellschaft, in: Der Angriff, 22.3.1933.

37 Anzeige einer unbekannten Firma, in: Der Angriff, 13.3.1933 und weitere.

38 Anzeige des Schuhwarenhauses Carl Stiller, in: Der Angriff, 18.3.1933.

39 Anzeige der Firma Weigel, Fachgeschäft für Herren- und Damen-Stoffe, in: Der Stürmer, Nr. 18, Mai 1933.

40 Anzeige der Firma Cords, in: Der Angriff, 18.3.1933 und ebd., 1.4.1933, wo die »Spezial-Abteilung« noch um »Fahnenstoffe« ergänzt wurde und eine Ausstellung samt Modenschau auf der »Braunen Messe« angekündigt wurde.

41 Vgl. Jens Schnauber, Die Arisierung der Scala und der Plaza. Varieté und Dresdner Bank in der NS-Zeit, Berlin 2002.

42 Exemplarisch: Der Angriff, 24.2.1931 und zahllose weitere Nummern.

43 Exemplarisch hierfür: Der jüdische Vampyr – Vierzehn Jahre jüdische Wirtschaftsskandale – Jüdischer Volksbetrug, ermöglicht und gedeckt durch das November-System, in: Der Angriff, 18.2.1933.

44 Schnauber, Arisierung, a.a.O.

45 Zur Problematik der »jüdischen Unternehmen« vgl. Ludolf Herbst, Banker in einem prekären Geschäft: Die Beteiligung der Commerzbank an der Vernichtung jüdischer Gewerbeunternehmen im Altreich (1933–1940), in: Ludolf Herbst/Thomas Weihe (Hg.), Die Commerzbank und die Juden 1933–1945, München 2004, S. 76.

46 Anordnung 63/38 betreffs »Ausschaltung jüdischer Firmen bei Vergebung [sic!] von Aufträgen« des Reichsschatzmeisters Franz Xaver Schwarz, 20.9.1938, BArch NS 1 (Bestand Reichsschatzmeister der NSDAP), 1118, o. Bl. Wie viele jüdische Firmen solche Parteiaufträge bekommen haben bzw. welchen Umfang diese hatten, lässt sich nicht feststellen. Es mag daher sein, dass die Anordnung lediglich der Paranoia des Schatzmeisters entsprang. Immerhin zeigt dieses Dokument jedoch, dass die Vergabe von Parteiaufträgen an jüdische Firmen prinzipiell für möglich gehalten wurde.

47 Vgl. die noch nicht abgeschlossene Studie von Christoph Kreutzmüller, Ausgrenzungsprozesse und Überlebensstrategien. Kleine und mittlere jüdische

Gewerbeunternehmen 1929–1945, voraussichtlich Berlin 2010. Ich danke Dr. Christoph Kreutzmüller für die Einsicht in seine Arbeit.

48 Richtlinien betr. Parteimitgliedschaft und Karteiverkehr, 20. 11. 1935, S. 1, BArch NS 1, 1117, o. Bl.

49 Ebd., S. 6.

50 So geschah es z. B. dem Führer der NSDAP-Ortsgruppe Rothenburg, dass er am 11. März 1933 aus der Partei ausgeschlossen worden war. Weil dies jedoch »auf Grund falscher Voraussetzungen« erfolgt war, nahmen ihn Gauleiter Julius Streicher und die Gauleitung Franken wieder bei sich auf (Bekanntmachung in: Der Stürmer, Nr. 17, April 1933).

51 Richtlinien betr. Parteimitgliedschaft und Karteiverkehr, a. a. O.

52 Ebd., S. 2.

53 Ebd.

54 Ebd., S. 6.

55 Die Beitragssätze wurden mehrmals verändert: Zwischen 1925 und 1930 hatten Berufstätige 80 Pfennig pro Monat zu bezahlen und Arbeitslose 40 Pfennig (vgl. diverse Schreiben der NSDAP an neue Mitglieder, BArch NS 1, 406, o. Bl.), ab 1. September 1930 1,20 Mark bzw. 1 Mark für SA-/SS-Mitglieder und Arbeitslose (vgl. Rundschreiben des Gauleiters Adolf Wagner, 6. 10. 1930, BArch NS 1, 1118, o. Bl.) und ab 1. Januar 1935 1,50 Mark für Berufstätige, 1 Mark für Erwerbslose und Bedürftige bzw. 3 Mark als Familie mit mehr als drei NSDAP-Mitgliedern (vgl. Verfügung des Reichsschatzmeisters Franz Xaver Schwarz, 5. 12. 1934, BArch NS 1, 1118, o. Bl.).

56 Verfügung des Reichsschatzmeisters Franz Xaver Schwarz, 5. 12. 1934, BArch NS 1, 1118, o. Bl. Bei Arbeitslosen griff die Stichtagsregelung nicht; sie zahlten eine Mark.

57 Rundschreiben Nr. 31 »Betrifft: Böswillige Zahlungsverweigerer« des Obersten Parteigerichts, 13. 12. 1935, BArch NS 1, 1118, o. Bl.

58 Vgl. den Aktenbestand BArch NS 1, 406. Hier finden sich alphabetisch geordnet zahlreiche Schreiben des Reichsschatzmeisters an säumige Parteimitglieder bzw. die Vermerke über ihren Parteiausschluss wegen Zahlungsverweigerung.

59 Rundschreiben Nr. 31 des Obersten Parteigerichts, a. a. O.

60 Martin Bormann, Anordnung Nr. 18/37, 15. 1. 1937, BArch NS 6, 225, Bl. 30–31.

61 Exemplarisch: Der Stürmer, Nr. 14, 15, 16, 17, April 1932. Den Regeln der deutschen Sprache folgend schrieb man später »Hinein in die Hitlerpartei!«: Der Stürmer, Nr. 5, Februar 1933 und folgende.

62 Zuletzt in: Der Stürmer, Nr. 13, März 1933.

63 Der Stürmer, Nr. 19, Mai 1933. Siehe auch ebd., Nr. 22, Juni 1933; ebd., Nr. 28, Juli 1933.

64 Der Stürmer, Nr. 45, November 1933.

65 Der Reichskriegsminister und Oberbefehlshaber der Wehrmacht, von Blomberg, an das Oberkommando des Heeres, der Kriegsmarine und das Reichsluftfahrtministerium, 3. 9. 1936, BArch NS 6, 224, Bl. 26–28.

66 Rudolf Heß, Verfügung Nr. 127/36, 5. 10. 1936, BArch NS 6, 224, Bl. 23–25.

67 Rudolf Heß, Rundschreiben Nr. 145 (Nicht zur Veröffentlichung!), Betrifft: Werbung von Mitgliedern für die Partei und ihren [sic!] Gliederungen, 20. 11. 1936, BArch NS 6, 224, Bl. 68–70.

68 Rudolf Heß, Anordnung Nr. 125/36, 23. 9. 1936, BArch NS 6, 224, Bl. 20.

69 Wie streng gerade das Tragen von Orden und Ehrenzeichen der Partei reglementiert war, belegt eine Anordnung von Rudolf Heß (Anordnung Nr. 139/36, 6. 11. 1936, BArch NS 6, 224, Bl. 55–57), in der sogar festgelegt wurde, welchen Platz welches Zeichen auf welcher Kleidung des einzelnen Parteigenossen einzunehmen hat.

70 Rudolf Heß, Anordnung Nr. 24/37, 9. 2. 1937, BArch NS 6, 225, Bl. 41 (dass. in NS 1, 1117, o. Bl.).

71 Rundschreiben des Gauschatzmeisters Gau Berlin, Otto de Mars, an alle Kreis- und Kreiskassenleiter, sowie Ortsgruppen- und Ortsgruppenkassenleiter, 12. 1. 1943, BArch NS 1, 1117, o. Bl.

Peter Widmann
Willkür und Gehorsam

1   Reichsorganisationsleiter der NSDAP (Hrsg.), Organisationsbuch der NSDAP, München 1937, S. XXIX.

2   Wolfgang Horn, Führerideologie und Parteiorganisation in der NSDAP 1919–1933, Düsseldorf 1972, S. 56–61.

3   Satzung der NSDAP/NSDAV e. V., in: Institut für Zeitgeschichte (Hrsg.), Hitler. Reden, Schriften, Anordnungen. Februar 1925 bis Januar 1933, Bd. I, München et al. 1992, S. 147–152, hier S. 150.

4   Martin Broszat, Der Staat Hitlers. Grundlegung und Entwicklung seiner inneren Verfassung, München 1969, S. 55.

5   Hans Mommsen, Die NSDAP: Typus und Profil einer faschistischen Partei, in: Ders., Von Weimar nach Auschwitz. Zur Geschichte Deutschlands in der Weltkriegsepoche, Stuttgart 1999, S. 201–21; Horn, Führerideologie, S. 315 f; Broszat, Staat, S. 262.

6   Adolf Hitler, Mein Kampf. Zweiter Band: Die nationalsozialistische Bewegung, München 1940, S. 336 f.

7   Ebd., S. 97.

8   Reichsorganisationsleiter, Organisationsbuch, S. 55.

9   Hitler, Mein Kampf, 2. Bd., S. 98.

10 Udo Kissenkötter, Gregor Straßer und die NSDAP, Stuttgart 1978, S. 39 f; Carl-Wilhelm Reibel, Das Fundament der Diktatur: Die NSDAP-Ortsgruppen 1932–1945, Paderborn 2002, S. 29–39.

11 Mommsen, NSDAP, S. 210.

12 Kurt Pätzold/Manfred Weißbecker, Geschichte der NSDAP 1920–1945, Köln 1998, S. 272 f; Broszat, Staat, S. 79.

13 Armin Nolzen, Die NSDAP, der Krieg und die deutsche Gesellschaft, in: Jörg

Echternkamp (Hrsg.), Die deutsche Kriegsgesellschaft 1939–1945. Erster Halbband: Politisierung, Vernichtung, Überleben, München 2004, S. 105 f.

14 Peter Longerich, Hitlers Stellvertreter. Führung der Partei und Kontrolle des Staatsapparates durch den Stab Heß und die Partei-Kanzlei Bormann, München 1992, S. 8–10.

15 Broszat, Staat, S. 392 f.

16 Ebd., 67 f.

17 Mommsen, NSDAP, S. 207.

18 Ian Kershaw, Hitler 1889–1936, Stuttgart 1998, S. 199–202.

19 Broszat, Staat, S. 54 f.

20 Pätzold/Weißbecker, Geschichte, S. 326.

21 Broszat, Staat, S. 245 f.

22 Gesetz zur Sicherung der Einheit von Partei und Staat vom 1. 12. 1933 in der Fassung vom 3. 7. 1934, in: Ingo von Münch (Hrsg.), Gesetze des NS-Staates, Paderborn 1994, S. 79 f.

23 Broszat, Staat, S. 265.

24 Pätzold/Weißbecker, Geschichte, S. 334 f.

25 Reichsorganisationsleiter, Organisationsbuch, S. 98; Nolzen, NSDAP, S. 108.

26 Reichsorganisationsleiter, Organisationsbuch, S. 138 f.

27 Mommsen, NSDAP, S. 207.

28 Claudia Roth, Parteikreis und Kreisleiter der NSDAP unter besonderer Berücksichtigung Bayerns, München 1997, S. 121.

29 Reichsorganisationsleiter, Organisationsbuch, S. 132.

30 Dabei dürfte der Professionalisierungsprozess Grenzen gehabt haben. In der Stuttgarter Kreisleitung etwa arbeiteten am Ende der dreißiger Jahre sechs Politische Leiter hauptamtlich, dazu kamen zwischen zehn und fünfzehn weibliche Angestellte. Siehe dazu Christine Müller-Botsch, Parteien in modernen Diktaturen. Großstädtische Parteiorganisationen von NSDAP und SED im Vergleich, Schönfließ 2003, S. 33.

31 Reibel, Ortsgruppen, S. 12 f.

32 Reichsorganisationsleiter, Organisationsbuch, S. 116 und 127.

33 Ebd., S. 122.

34 Reichsorganisationsleiter, Organisationsbuch, S. 99 und 110.

35 Ebd., S. 104.

36 Ebd., S. 112.

37 Müller-Botsch, Parteien, S. 26; Reibel, Ortsgruppen, S. 324.

38 Reibel, Ortsgruppen, S. 50, zitiert etwa eine Beschwerde der kurhessischen Gauleitung von 1935, der zufolge ein Blockleiter in Kassel im Durchschnitt 100 Familien zu »betreuen« hatte.

39 Nolzen, NSDAP, S. 110.

40 Ebd., S. 110 f.

41 Pätzold/Weißbecker, Geschichte, S. 427.

42 Pätzold/Weißbecker, Geschichte, S. 464, Nolzen, NSDAP, S. 143.

43 Reibel, Ortsgruppen, S. 351–359.

44 Nolzen, NSDAP, S. 185 u. 191; Petzold/Weißbecker, Geschichte, S. 498–500; Müller-Botsch, Parteien, S. 28.
45 Reibel, Ortsgruppen, S. 374–377.

Armin Nolzen
Vom »Jugendgenossen« zum »Parteigenossen«

1 Dazu Hans-Christian Brandenburg, Die Geschichte der HJ. Wege und Irrwege einer Generation, 2., durchges. Aufl., Köln 1982 (ursprgl. Köln 1968); Arno Klönne, Jugend im Dritten Reich. Die Hitlerjugend und ihre Gegner, Köln 2003 (ursprgl. Düsseldorf/Köln 1982), sowie Michael Buddrus, Totale Erziehung für den totalen Krieg. Hitlerjugend und nationalsozialistische Jugendpolitik, München 2003.
2 Zur Geschichte der NSDAP Dietrich Orlow, The History of the Nazi Party, 2 Bde., Pittsburgh 1969–1973; Johnpeter H. Grill, The Nazi Movement in Baden 1920–1945, PhD Dissertation, Chapel Hill 1983; Michael H. Kater, The Nazi Party. A Social Profile of Members and Leaders, 1919–1945, Cambridge, Mass. 1983, sowie Kurt Pätzold/Manfred Weißbecker, Geschichte der NSDAP 1920 bis 1945, Köln 1998.
3 Baldur von Schirach, Die Hitler-Jugend: Idee und Gestalt, Berlin 1934, S. 176, 177 u. 178 (Zitate). Zu Schirach die Biographie von Michael Wortmann, Baldur von Schirach. Hitlers Jugendführer, Köln 1982.
4 Artur Axmann, »Das kann doch nicht das Ende sein«: Hitlers letzter Reichsjugendführer erinnert sich, 2. Aufl., Koblenz 1995; Renate Finckh, Mit uns zieht die neue Zeit, Baden-Baden 1979; Werner Klose, Generation im Gleichschritt. Ein Dokumentarbericht, Oldenburg/Hamburg 1964; Hartmann Lauterbacher, Erlebt und mitgestaltet. Kronzeuge einer Epoche 1923–45. Zu neuen Ufern nach Kriegsende, Preußisch Oldendorf 1987; Melita Maschmann, Fazit. Mein Weg in der Hitler-Jugend, 2. Aufl., München 1979 (Taschenbuchausgabe; ursprgl. Stuttgart 1963); Jutta Rüdiger, Ein Leben für die Jugend. Mädelführerin im Dritten Reich. Das Wirken der Reichsreferentin des BDM (Bund Deutscher Mädel), Preußisch Oldendorf 1999, sowie Baldur von Schirach, Ich glaubte an Hitler, Hamburg 1967.
5 Gabriele Rosenthal (Hg.), Die Hitler-Jugend-Generation. Biographische Thematisierung als Vergangenheitsbewältigung, Essen 1986, Bernhard Haupert/Franz Josef Schäfer, Jugend zwischen Kreuz und Hakenkreuz. Biographische Rekonstruktion als Alltagsgeschichte des Faschismus, 2. Aufl., Frankfurt am Main 1992; Waltraud Kannonier-Finster, Eine Hitler-Jugend. Sozialisation, Biographie und Geschichte in einer soziologischen Fallstudie, Innsbruck/Wien/Bozen 2004, sowie Gisela Miller-Kipp (Hg.), »Der Führer braucht mich«. Der Bund Deutscher Mädel (BDM): Lebenserinnerungen und Erinnerungsdiskurs, Weinheim/München 2007.
6 Dazu Ulf Lükemann, Der Reichsschatzmeister der NSDAP. Ein Beitrag zur inneren Parteistruktur, Phil. Diss.: Berlin 1963, S. 30 ff. Zu Schwarz siehe

Joachim Lilla (Bearb.), Statisten in Uniform. Die Mitglieder des Reichstags 1933–1945. Ein biographisches Handbuch. Unter Einbeziehung der völkischen und nationalsozialistischen Reichstagsabgeordneten ab Mai 1924, Düsseldorf 2004, S. 603 f. (= Nr. 1041).

7 Kater, Nazi Party, S. 263 (= Figure 1).

8 Zum Folgenden Schwarz: Verfügung (V) 22/33 (27.6.1933), in: Verordnungsblatt der Reichsleitung der NSDAP, 2. Jg. (1933), Folge 50, S. 107 f., hier: S. 107 (Zitat), sowie Orlow, History, Bd. II, S. 49 f. Zur Mitgliederentwicklung die wichtige Regionalstudie von Torsten Kupfer, Generation und Radikalisierung. Die Mitglieder der NSDAP im Kreis Bernburg 1921–1945, Berlin 2006, S. 111–163, hier: S. 151 ff.

9 Armin Nolzen, Die Gaue als Verwaltungseinheiten der NSDAP. Entwicklungen und Tendenzen in der NS-Zeit, in: Jürgen John/Horst Möller/Thomas Schaarschmidt (Hg.), Die NS-Gaue. Regionale Mittelinstanzen im zentralistischen »Führerstaat«, München 2007, S. 199–217. Der Begriff »NSDAP« wird im Folgenden nur benutzt, wenn die Gesamtorganisation gemeint ist. Mit »Partei«, »Parteiapparat« oder »Parteiorganisation« hingegen bezeichne ich lediglich die Politische Organisation (P.O.).

10 Buddrus, Erziehung, S. 288.

11 Martin Klaus, Mädchen im 3. Reich. Der Bund Deutscher Mädel (BDM), Köln 1983; Dagmar Reese, »Straff, aber nicht stramm – herb, aber nicht derb«. Zur Vergesellschaftung von Mädchen durch den Bund Deutscher Mädel im soziokulturellen Vergleich zweier Milieus, Weinheim/Basel 1989; Gabriele Kinz, Der Bund Deutscher Mädel. Ein Beitrag zur außerschulischen Mädchenerziehung im Nationalsozialismus, Frankfurt am Main/Berlin/Bern/ New York/Paris/Wien 1990; Birgit Jürgens, Zur Geschichte des BDM (Bund Deutscher Mädel) von 1923–1939, Frankfurt am Main/Berlin/Bern/New York/Paris/Wien 1994, sowie Lisa Kock, »Man war bestätigt und man konnte was!« Der Bund deutscher Mädel im Spiegel der Erinnerungen ehemaliger Mädelführerinnen, Münster/New York/München/Berlin 1994.

12 Buddrus, Erziehung, S. 1095–1109. Im Folgenden steht der Begriff »Hitler-Jugend« stets für die gesamte Organisation. Die Abkürzungen DJV, JM, HJ und BDM bezeichnen die jeweilige Teilorganisation.

13 Diese territoriale Gliederung war nicht mit derjenigen der Partei in Gaue, Kreise, Ortsgruppen, Zellen und Blocks identisch; siehe Parteistatistik der NSDAP. Stand: 1. Januar 1935 (ohne Saarland), hg. v. Reichsorganisationsleiter der NSDAP, 4 Bde, München 1935–1939, hier: Bd. 2 (1935), S. 121–252.

14 Orlow, History, Bd. II, S. 168 f.

15 Peter Longerich, Hitlers Stellvertreter. Führung der Partei und Kontrolle des Staatsapparates durch den Stab Heß und die Partei-Kanzlei Bormann, München/London/New York/Paris 1992. Zu Heß' Lebensweg siehe Kurt Pätzold/Manfred Weißbecker, Rudolf Heß. Der Mann an Hitlers Seite, Leipzig 1999.

16 Anton Lingg, Die Verwaltung der Nationalsozialistischen Deutschen Arbeiterpartei. Mit einem Geleitwort von Reichsschatzmeister Schwarz, 4. Aufl., München 1941, S. 72–83. Zur institutionellen Struktur des Amtes des Reichs-

schatzmeisters (RSchM) Diether Degreif, Franz Xaver Schwarz. Das Reichsschatzmeisteramt der NSDAP und dessen Überlieferung im Bundesarchiv,
in: Friedrich P. Kahlenberg (Hg.), Aus der Arbeit der Archive. Beiträge zum
Archivwesen, zur Quellenkunde und zur Geschichte. Festschrift für Hans
Booms, Boppard am Rhein 1989, S. 489–503.

17 Das Recht der NSDAP. Vorschriften-Sammlung mit Anmerkungen, Ver-
weisungen und Sachregister, hg. v. Carl Haidn u. Ludwig Fischer, München
1936, S. 73–100.

18 Schwarz: Rundschreiben (R) 77/35 (3. 7. 1935), in: Lükemann, Reichsschatzmeister, S. 198 ff., hier: S. 199.

19 Eine Auflistung der bis dahin ergangenen Bestimmungen zur Aufnahme von
HJ- und BDM-Angehörigen in die Partei gibt Schwarz: Anordnung (A) 1/36
(2. 1. 1936), in: Nachrichtendienst der Reichsfrauenführung der NSDAP, hg.
v. der Reichsfrauenführung der NSDAP, 5. Jg. (1936), Folge 1, S. 28 f. Das
Zitat nach Buddrus, Erziehung, S. 298, Fußnote 214.

20 Das Übertrittsalter weiblicher Jugendlicher vom BDM zur NSF war bereits
im Juni 1932 auf 18 Jahre festgelegt worden; siehe Jürgens, Geschichte,
S. 35–64.

21 Dazu kursorisch Peter Hüttenberger, Die Gauleiter. Studie zum Wandel des
Machtgefüges in der NSDAP, Stuttgart 1969; Claudia Roth, Parteikreis und
Kreisleiter der NSDAP unter besonderer Berücksichtigung Bayerns, Mün-
chen 1997, sowie Carl-Wilhelm Reibel, Das Fundament der Diktatur. Die
NSDAP-Ortsgruppen 1932–1945, Paderborn/München/Wien/Zürich 2002.

22 Heß: A 193/35 (8. 10. 1935), in: Bundesarchiv (BA) Berlin, NS 6/221, Bl.
2–5, hier: Bl. 4 (Zitat), in Auszügen gedruckt in: Karl Heinz Jahnke/Michael
Buddrus (Hg.), Deutsche Jugend 1933-1945. Eine Dokumentation, Hamburg
1989, S. 104 f., hier: S. 105 (Zitat).

23 Adolf Wagner an Heß (16. 10. 1936), in: Akten der Parteikanzlei der NSDAP.
Rekonstruktion eines verlorengegangenen Bestandes. Sammlung der in anderen Provenienzen überlieferten Korrespondenzen, Niederschriften und Besprechungen usw. mit dem Stellvertreter des Führers und seinem Stab bzw.
der Parteikanzlei, ihren Ämtern, Referaten und Unterabteilungen sowie mit
Heß und Bormann persönlich, hg. v. Institut für Zeitgeschichte, 2 Teile, Mün-
chen/Wien/London/New York/Paris 1983–1992, hier: Teil I, Bd. 1, Fiche-Nr.
124 00024-24/2, Regest 11735 (= BA Berlin, NS 10/30, Bl. 208–210). Zu
Wagner siehe Lilla, Statisten, S. 698 f.

24 Die Tagebücher von Joseph Goebbels. Teil I: Aufzeichnungen 1923–1941,
hg. v. Elke Fröhlich im Auftrag des Instituts für Zeitgeschichte und mit Unterstützung des Staatlichen Archivdienstes Rußlands, 9 Bde. in 14 Teilbdn., Mün-
chen/London/New York/Paris 1997–2006, hier: Bd. 3/II, S. 221. Zu Goebbels
Ralf Georg Reuth, Goebbels, München 1990.

25 Heß: A 24/37 (9. 2. 1937), in: BA Berlin, NS 6/225, Bl. 41–45, hier: Bl. 41
(Zitat). Grundlegend Orlow, History, Bd. II, S. 202–207.

26 Schwarz: A 18/37 (20. 4. 1937), in: Reichsverwaltungsordnung der NSDAP.
Reichskassenordnung. 1. Januar 1938, hg. v. Reichsschatzmeister der NSDAP,

München 1938, S. 89–93, hier: S. 90. Vgl. dazu auch Gerd Rühle, Das Dritte Reich. Dokumentarische Darstellung des Aufbaus der Nation. Das fünfte Jahr 1937, Berlin 1937, S. 108 ff., hier: S. 108.

27 Schwarz: 1. Ausführungsbestimmung zu A 18/37 (1.5.1937), in: Reichsverwaltungsordnung, S. 93–102, hier: S. 97 (Zitat) u. 100, sowie die von Walter Buch, dem Chef des Obersten Parteigerichts der NSDAP, und von Schwarz erlassenen »Richtlinien für das Verfahren bei der Aufnahme neuer Mitglieder in die NSDAP« (20.4.1937), in: Der Parteirichter. Amtliches Mitteilungsblatt des Obersten Parteigerichts der NSDAP, 3. Jg. (1937), Folgen 10–12, S. 46–49. Zu Buch Lilla, Statisten, S. 68 f.

28 Ein Mustervordruck findet sich in: Reichsverwaltungsordnung, S. 105.

29 In diesem Fragebogen wurden persönliche Daten, Familienstand, »Erbgesundheit«, »arische« Abkunft, frühere Mitgliedschaft in einer Loge und Vorstrafen abgefragt; siehe BA Berlin, NSD 10/5. Die Angaben stimmten mit jenen Ablehnungsgründen überein, die in Lingg, Verwaltung, S. 158, aufgelistet waren. Zum parteigerichtlichen »Ablehnungsverfahren« Armin Nolzen, Parteigerichtsbarkeit und Parteiausschlüsse in der NSDAP, 1921–1945, in: Zeitschrift für Geschichtswissenschaft 48 (2000), S. 965–989, hier: S. 975 f.

30 Zur Situation in Bernburg nach dem 1.5.1937 siehe Kupfer, Generation, S. 165–196.

31 Schwarz an Hans-Heinrich Lammers, den Chef der Reichskanzlei (11.6. 1937), in: Akten der Partei-Kanzlei, Teil I, Bd. 1, Fiche-Nr. 10106311-311/6, Regest 12083 (= BA Berlin, R 43 II/525a, Bl. 20–25). Zu Lammers die kursorischen Angaben bei Dieter Rebentisch, Führerstaat und Verwaltung im Zweiten Weltkrieg. Verfassungsentwicklung und Verwaltungspolitik 1939–1945, Stuttgart 1989, S. 49 f.

32 Heß: A 99/37 (11.8.1937), in: Verfügungen/Anordnungen/Bekanntgaben, hg. v. der Partei-Kanzlei der NSDAP, 7 Bde., München 1942–1945, hier: Bd. II (1942), S. 298 f., hier: S. 299 (Zitate), sowie Buddrus, Erziehung, S. 299 f.

33 Dazu Michael Grüttner, Studenten im Dritten Reich, Paderborn/München/Wien/Zürich 1995, sowie Dorothee Hochstetter, Motorisierung und »Volksgemeinschaft«. Das Nationalsozialistische Kraftfahrkorps (NSKK) 1931–1945, München 2005, die das Verhältnis zur Partei leider vernachlässigen.

34 Zu NSF und DFW siehe Jill Stephenson, The Nazi Organisation of Women, London 1981, S. 130–177, sowie Elisabeth Maißer/Christine Roiter, »NS-Frauenschaft« und »Deutsches Frauenwerk« in Oberdonau. Strukturen, Aktivistinnen und Tätigkeiten am Beispiel des Kreises Wels, in: Gabriella Hauch (Hg.), Frauen im Reichsgau Oberdonau. Geschlechtsspezifische Bruchlinien im Nationalsozialismus, Linz 2006, S. 29–75.

35 Markus Urban, Die Konsensfabrik. Funktion und Wahrnehmung der NS-Reichsparteitage, 1933–1941, Göttingen 2007, S. 392 f.

36 Dazu einen Auszug aus den Durchführungsbestimmungen des RSchM in: Lingg, Verwaltung, S. 164 f.

37 Die Zahlenangaben folgen den Aufstellungen in: BA Berlin, NS 1/1116.

38 Helmut Schmidt, »Politischer Rückblick auf eine unpolitische Jugend«, in: Ders./Willi u. Willfriede Berkhan/Ruth Loah/Ursula Philip/Dietrich Strothmann/Hannelore Schmidt, Kindheit und Jugend unter Hitler, 2. Aufl., Berlin 1998 (Taschenbuchausgabe), S. 209–282, hier: S. 238.

39 Schwarz: Bekanntgabe zur Zugehörigkeit von Pgs. zum RAD (25.9.1935), in: Das Recht der NSDAP, S. 361 f., sowie Kiran Klaus Patel, Der Arbeitsdienst für Männer im Machtgefüge des Dritten Reiches, in: Wolf Gruner/Armin Nolzen (Hg.), Bürokratien. Initiative und Effizienz, Berlin 2001, S. 51–79.

40 Zum schwierig zu interpretierenden § 26 des »Wehrgesetzes«, wonach die Mitgliedschaft in der Partei während des »aktiven Wehrdienstes« ruhte, nicht jedoch in Fortfall kam, siehe die Bestimmungen in: Das Recht der NSDAP, S. 351–356, sowie Lingg, Verwaltung, S. 169 f.

41 Reichsgesetzblatt (RGBl.) I (1936), S. 993. Grundlegend Buddrus, Erziehung, S. 250–270.

42 Zum Verhältnis zwischen Hitler-Jugend, Elternhaus und Schule siehe Wolfgang Keim, Erziehung unter der Nazi-Diktatur, Band II: Kriegsvorbereitung, Krieg und Holocaust, Darmstadt 1997, S. 9–135.

43 Die Zahlenangaben nach Buddrus, Erziehung, S. 288 u. 289, Fußnote 170.

44 Zu dieser Organisation Sabine Hering/Kurt Schilde, Das BDM-Werk »Glaube und Schönheit«. Die Organisation junger Frauen im Nationalsozialismus, Berlin 2000, sowie Alexandra Offermanns, »Die wussten, was uns gefällt.« Ästhetische Manipulation und Verführung im Nationalsozialismus, illustriert am BDM-Werk ›Glaube und Schönheit‹, Münster 2004.

45 RGBl. I. (1939), S. 710 ff.

46 »Unterlagen für die Rede des Stellvertreters des Führers vor den Gau-, Gauamts- und Kreisleitern am RPT 1939« (20.7.1939), in: BA Berlin, NS 6/70, Bl. 155–164, hier: Bl. 160. Der Reichsparteitag wurde aufgrund des Angriffs auf Polen abgesagt; siehe Urban, Konsensfabrik, S. 65 ff.

47 Allgemein Armin Nolzen, Die NSDAP, der Krieg und die deutsche Gesellschaft, in: Jörg Echternkamp (Hg.), Das Deutsche Reich und der Zweite Weltkrieg, Bd. 9: Die deutsche Kriegsgesellschaft 1939 bis 1945, Teilbd. 1: Politisierung – Vernichtung – Überleben, München 2004, S. 99-193, hier: S. 121–135.

48 Die nachstehenden Zahlen nach: BA Berlin, NS 1/1116, differenziert nach Aufnahmedatum und geographischer Herkunft der Pgs. Allgemein Lingg, Verwaltung, S. 165–169.

49 Schwarz: A 34/39 (10.5.1939), in: Lükemann, Reichsschatzmeister, S. 200 ff.

50 Zum Aufbau der NSDAP in den besetzten Gebieten Armin Nolzen, Die Arbeitsbereiche der NSDAP im Generalgouvernement, in den Niederlanden und in der besetzten Sowjetunion, in: Robert Bohn (Hg.), Die deutsche Herrschaft in den »germanischen» Ländern 1940–1945, Stuttgart 1997, S. 247–275.

51 Peter Brückner, Das Abseits als sicherer Ort. Kindheit und Jugend zwischen 1933 und 1945, Berlin 1994 (ursprgl. Berlin 1980), S. 112–116.

52 Lore Walb, Ich, die Alte – ich, die Junge. Konfrontation mit meinen Tagebüchern 1933–1945, Berlin 1997, S. 205 f.

53 Auszug aus »Befehle und Mitteilungen für die Führer und Führerinnen der Hitler-Jugend« (1. 12. 1939), in: Hering/Schilde, Das BDM-Werk, S. 74. Zum Übergang vom BDM zur NSF siehe von Schirachs Rede in Wien (28. 5. 1942), gedruckt in: Johanna Gehmacher, Biographie, Geschlecht und Organisation: der »Bund Deutscher Mädel« in Österreich, in: Dagmar Reese (Hg.), Die BDM-Generation. Weibliche Jugendliche in Deutschland und Österreich im Nationalsozialismus, Berlin 2007, S. 159–213, hier: S. 200–204.

54 Bormann: A 48/40 (25. 4. 1940), in: BA Berlin, NS 6/331, Bl. 84, faksimiliert in: Hering/Schilde, Das BDM-Werk, S. 75. Zu Bormann Jochen von Lang, Der Sekretär. Martin Bormann. Der Mann, der Hitler beherrschte, Stuttgart 1977.

55 Hellmuth Friedrichs, Leiter der Abteilung II in der PK: »Notiz für den Stabsleiter« (1. 11. 1940), in: Institut für Zeitgeschichte München, Fa 91/3, Bl. 565–573; Heß: A 11/40 (30. 11. 1940), in: Verfügungen, Bd. I (1942), S. 303, sowie Buddrus, Erziehung, S. 300 f.

56 Zur personellen Entwicklung der Partei im Krieg allgemein Nolzen, Die NSDAP, S. 112–121.

57 Dazu die grundlegende Studie von Gerhard Rempel, Hitler's Children. The Hitler Youth and the SS, Chapel Hill/London 1989. Zur Waffen-SS allgemein Bernd Wegner, Hitlers politische Soldaten. Die Waffen-SS 1933–1945. Leitbild, Struktur und Funktion einer nationalsozialistischen Elite, 6. Aufl., Paderborn/München/Wien/Zürich 1999.

58 Dazu Torsten Schaar, Artur Axmann – Vom Hitlerjungen zum Reichsjugendführer der NSDAP – Eine nationalsozialistische Karriere, Rostock 1998, S. 177–240, sowie Buddrus, Erziehung, S. 1–59.

59 Dagmar G. Morgan, Weiblicher Arbeitsdienst in Deutschland, Phil. Diss. Mainz 1978, S. 310–440.

60 Rainer F. Schmidt, Rudolf Heß. »Botengang eines Toren«? Der Flug nach Großbritannien vom 10. Mai 1941, Düsseldorf 1997, S. 91–202.

61 Zu Bormanns innerparteilicher Politik nach dem 12. 5. 1941 siehe Longerich, Stellvertreter, S. 154–183.

62 Aktenvermerk Hans Schieders, Leiter des Zentralpersonalamtes beim RSchM, für Schwarz (21. 8. 1941), in: BA Berlin, NS 1/1117, sowie Buddrus, Erziehung, S. 300 f.

63 Bormann: A 37/41 (1. 9. 1941), in: Reichsverfügungsblatt, hg. v. der Partei-Kanzlei der NSDAP, 2. Jg. (1941), Ausgabe B, S. 107 f., hier: S. 107 u. 108 (Zitate). Zugleich sollten »diejenigen Jungen und Mädel in die Partei aufgenommen« werden, »deren Aufnahme bzw. Überführung in die Gliederungen schon in den vergangenen Jahren hätte erfolgen müssen«.

64 Buddrus, Erziehung, S. 300, Fußnote 224.

65 Das Folgende nach dem Entwurf eines Lageberichts des Stellvertretenden Gauleiters (GL) von Schleswig Holstein an die PK (15. 11. 1941), in: Akten der Partei-Kanzlei, Teil I, Bd. 1, Fiche-Nr. 502 00124, Regest 15432 (= Lan-

desarchiv Schleswig, Abteilung 454/4), der offenbar in dieser Fassung nicht abgesandt wurde. Zu den Kreisleitern in Schleswig-Holstein die grundlegende Studie von Sebastian Lehmann, Kreisleiter der NSDAP in Schleswig-Holstein. Lebensläufe und Herrschaftspraxis einer regionalen Machtelite, Bielefeld 2007.

66 Lagebericht des Stellvertretenden GL von Schleswig Holstein an die PK (21.11.1941), in: Akten der Partei-Kanzlei, Teil I, Bd. 1, Fiche-Nr. 502 00120-23, Regest 15443 (Landesarchiv Schleswig, Abteilung 454/4). Zum innerparteilichen Berichtswesen generell Aryeh C. Unger, The Totalitarian Party. Party and People in Nazi Germany and Sowjet Russia, Cambridge 1974, S. 221–250.

67 Das Folgende nach der Denkschrift Rövers [undatiert; ca. Februar 1942], in: BA Berlin, NS 6/805, hier: F 14692-14703 (= S. 186–197), gedruckt bei: Michael Rademacher (Bearb.), Carl Röver. Der Bericht des Reichsstatthalters von Oldenburg und Bremen und Gauleiter des Gaues Weser-Ems über die Lage der NSDAP. Eine Denkschrift aus dem Jahr 1942, Vechta 2000, S. 111–117, einer allerdings vollkommen unzureichenden Edition. Zu Röver Lilla, Statisten, S. 523 (= Nr. 895).

68 Ähnlich auch die Forderung in einer Vorlage Walter Tießlers, Verbindungsmann zwischen der Reichspropagandaleitung der NSDAP u. d. PK (8.9.1942), in: Akten der Partei-Kanzlei, Teil II, Bd. 2, Fiche-Nr. 64573, Regest 43150 (= BA Berlin, NS 18/395). Zu Tießler Longerich, Stellvertreter, S. 125 f.

69 Dies ergibt sich aus Gauschatzmeister Köln-Aachen: R 21/42 (24.4.1942), in: Hauptstaatsarchiv (HStA) Düsseldorf, RW 23/93–I, Bl. 132; Bormann an Fritz Sauckel, den GL von Thüringen (25.1.1944), in: Akten der Partei-Kanzlei, Teil I, Bd. 1, Fiche-Nr. 302 00020, Regest 16491 (= BA Berlin, Research/ Wissenschaftliche Korrespondenz Boehm), sowie Kater, Nazi Party, S. 116 f.

70 Die Angaben nach: BA Berlin, NS 1/1116.

71 Bormann an Lammers (11.11.1942), in: Akten der Partei-Kanzlei, Teil I, Bd. 1, Fiche-Nr. 101 19774 f., Regest 16164 (= BA Berlin, R 43 II/1194a, Bl. 39–40), sowie Bormann: Bekanntgabe 42/44 (26.2.1944), in: Verfügungen, Bd. VI (1944), S. 77.

72 Cerff an Ley (30.4.1942), in: Akten der Partei-Kanzlei, Teil I, Bd. 2, Fiche-Nr. 117 06467 f., Regest 26364 (= BA Berlin, NS 22/856), sowie Cerff an Rosenberg (30.4.1942) in: Ebd., Fiche-Nr. 126 00597 f. (= BA Berlin, NS 8/172, Bl. 83–84). Dazu Reinhard Bollmus, Das Amt Rosenberg und seine Gegner. Studien zum Machtkampf im nationalsozialistischen Herrschaftssystem, Stuttgart 1970, S. 109–112.

73 Bormann: A 45/42 (25.7.1942), in: Reichsverfügungsblatt, 3. Jg. (1942), Ausgabe B, S. 85 f.

74 Michael Buddrus, »War es möglich, ohne eigenes Zutun Mitglied der NSDAP zu werden?« Gutachten des Instituts für Zeitgeschichte München-Berlin für das »Internationale Germanistenlexikon 1800–1950«, in: Zeitschrift für Geschichte der Germanistik 23/24 (2003), S. 21–26, hier: S. 23.

75 Politischer Lagebericht der Kreisleitungen Erkelenz und Geilenkirchen für

September 1942, an die GL Köln-Aachen am 30. 9. 1942 übersandt, in: HStA Düsseldorf, RW 23/93-I, Bl. 180–188, hier: Bl. 182 (Zitat), sowie Buddrus, Erziehung, S. 301 f.

76 SD: »Meldungen aus dem Reich Nr. 376« (15. 4. 1943), in: Heinz Boberach (Hg.), Meldungen aus dem Reich 1938–1945. Die geheimen Lageberichte des Sicherheitsdienstes der SS, 17 Bde. und Registerbd., Herrsching 1984, hier: Bd. 13, S. 5124–5144, hier: S. 5143. Zum Berichtswesen im SD und zum Quellenwert der Lageberichte für den Historiker David Bankier, Die öffentliche Meinung im Hitler-Staat. Die »Endlösung« und die Deutschen. Eine Berichtigung, Berlin 1995, S. 7–23.

77 Bormann: A 82/42 (30. 11. 1942), in: Verfügungen, Bd. I (1942), S. 302 f., hier: S. 302 (Zitat). Zum Kontext siehe eine ungezeichnete Denkschrift vom 12. 6. 1944, auszugsweise abgedruckt in: Matthias von Hellfeld/Arno Klönne (Hg.), Die betrogene Generation. Jugend in Deutschland unter dem Faschismus. Quellen und Dokumente, Köln 1985, S. 262–267, die dort jedoch fälschlicherweise Reichsführer-SS Heinrich Himmler zugeschrieben wird, sowie Schaar, Axmann, S. 241–313.

78 Bormann: A 83/42 (30. 11. 1942), in: Reichsverfügungsblatt, 3. Jg. (1942), Ausgabe B, S. 126 f.

79 Die folgenden Zitate nach Schwarz: A 43/42 (10. 12. 1942), in: Akten der Partei-Kanzlei, Teil I, Bd. 2, Fiche-Nr. 117 06432, Regest 26924 (= BA Berlin, NS 22/856).

80 Gauschatzmeister Köln-Aachen: R 7/43 (12. 2. 1943), in: HStA Düsseldorf, RW 23/93-I, Bl. 65. Ich danke meinem Freund und Kollegen Daniel Mühlenfeld (Mülheim) für eine Kopie dieses äußerst wichtigen Dokumentes. Daraus geht ebenfalls hervor, dass eine analoge Regelung zwischen PK und Oberkommando der Wehrmacht bereits für den Jahrgang 1923 getroffen worden war. Zur institutionellen Kooperation von NSDAP und Wehrmacht im Zweiten Weltkrieg generell Armin Nolzen, Von der geistigen Assimilation zur institutionellen Kooperation. Das Verhältnis zwischen NSDAP und Wehrmacht 1943–1945, in: Jörg Hillmann/John Zimmermann (Hg.), Kriegsende 1945 in Deutschland, München 2002, S. 69–96.

81 Wie Anm. 40.

82 Anderen RL-Dienststellen war diese Prozedur nicht bekannt; siehe Tießler: »Vorlage« (21. 9. 1942), in: Akten der Partei-Kanzlei, Teil II, Bd. 2, Fiche-Nr. 69280, Regest 43150 (= BA Berlin, NS 18a1t/641).

83 Rudolf Absolon, Die Wehrmacht im Dritten Reich, 6 Bde., Bonn 1969–1995, hier: Band VI: 19. Dezember 1941 bis 9. Mai 1945, S. 275–331, hier: S. 285 u. 305 f.

84 Schwarz: A 4/43 an die Gauschatzmeister (10. 3. 1943), in Akten der Partei-Kanzlei, Teil I, Bd. 2, Fiche-Nr. 117 06456 f., Regest 26924 (= BA Berlin, NS 22/856), sowie die Richtlinien zur Feiergestaltung in: Die Neue Gemeinschaft. Das Parteiarchiv für nationalsozialistische Feier- und Freizeitgestaltung, hg. v. Hauptkulturamt in der Reichspropagandaleitung der NSDAP, Jg. 9 (1943), Heft 2.

85 SD: »Meldungen aus dem Reich Nr. 378« (22.4.1943), in: Boberach, Meldungen, Bd. 13, S. 5157–5186, hier: S. 5161. Dieser Bericht war im Herbst 1942 durch die PK genehmigt worden; siehe die Vorgänge in: Akten der Partei-Kanzlei, Teil II, Bd. 2, Fiche-Nr. 64571 f., Regest 43230 (= BA Berlin, NS 18/395).

86 SD-Berichte zu Inlandsfragen (12.8.1943), in: Boberach, Meldungen, Bd. 14, S. 5603–5607, hier: S. 5603 u. 5606 (Zitate).

87 Margarete Dörr, »Wer die Zeit nicht miterlebt hat …« Frauenerfahrungen im Zweiten Weltkrieg und in den Jahren danach, 3 Bde., Frankfurt am Main/ New York 1998, hier: Bd. 1, S. 333–376, hier: S. 341.

88 Siehe den undatierten »Politischen Lagebericht« der GL Württemberg-Hohenzollern für Mai 1943, in: Akten der Partei-Kanzlei, Teil II, Bd. 2, Fiche-Nr. 77056-66, Regest 44494 (= BA Berlin, NS 18a1t/869).

89 Bormann: A 8/44 (8.1.1944), in: Verfügungen, Bd. VI (1944), S. 74 f., hier: S. 74 (Zitat).

90 Erst nach dem gescheiterten Attentat auf Hitler am 20.7.1944 wurde der § 26 des »Wehrgesetzes« so geändert, dass eine »politische Betätigung« von Soldaten nicht nur erwünscht, sondern zwingend geboten war; siehe die Vorgänge in: Akten der Partei-Kanzlei, Teil I, Bd. 1, Fiche-Nr. 10122320-66, Regest 17610 (= BA Berlin, R 43 II/1275a).

91 Schwarz: A 1/44 (7.1.1944), in: Verfügungen, Bd. VI (1944), S. 75 ff. Zum Verfahren und zum daraus resultierenden Generationswandel in der Partei ausführlich Kupfer, Generation, S. 201–209.

92 Buddrus, Erziehung, S. 304, Fußnote 236.

93 Nicolas Berg, »Die Lebenslüge vom Pathos der Nüchternheit«, in: Süddeutsche Zeitung Nr. 163 (17.7.2002), sowie ders., Der Holocaust und die westdeutschen Historiker. Erforschung und Erinnerung, Göttingen 2003, S. 420, Fußnote 109. Zur Debatte siehe Norbert Frei, »Hitler-Junge, Jahrgang 1926«, in: Die Zeit Nr. 38 (11.9.2003), sowie ders. (Hg.), Martin Broszat, der »Staat Hitlers« und die Historisierung des Nationalsozialismus, Göttingen 2007.

94 Christoph König (Hg.), Internationales Germanistenlexikon 1800–1950, 3 Bde. und eine CD-Rom, Berlin/New York 2003. Dazu ausführlich Stefan Jordan, Ein Standardwerk und seine Skandalisierung – Das Internationale Germanistenlexikon und seine Rezeption in den Medien, in: Monatshefte für deutschsprachige Literatur und Kultur 96 (2004), S. 169–181.

95 Eine Zusammenschau dieser Auseinandersetzungen steht noch aus; siehe dazu meinen eigenen Artikel »Drei von zehn Millionen«, in: Frankfurter Rundschau Nr. 151 (3.7.2007).

96 Einen frühen Anfang hatte Eva Sternheim-Peters, Die Zeit der großen Täuschungen. Mädchenleben im Faschismus, Bielefeld 1987, S. 313–319 u. 431–435, gemacht.

97 Reinhard Appel: »Auch in aussichtsloser Lage patriotisch«, in: Alfred Neven DuMont (Hg.), Jahrgang 1926/27. Erinnerungen an die Jahre unterm Hakenkreuz, 2. Aufl., Köln 2007, S. 145–151, hier: S. 150.

98 Jost Nolte:»Ein Augenblick der Feigheit«, in: Die Welt (26.11.2003).
99 Hans Jochen Vogel:»Von Irrtümern, Ahnungen und späten Gewißheiten«, in: Neven DuMont, Jahrgang 1926/27, S. 68–76, hier: S. 74. Möglicherweise liegt hier ein Erinnerungsfehler vor, denn Vogel datiert seinen Eintritt zur Wehrmacht auf 1943.
100 Jahnke/Buddrus, Jugend, S. 404 f.
101 Ingrid Hammer/Susanne zur Nieden (Hg.), Sehr selten habe ich geweint. Briefe und Tagebücher aus dem Zweiten Weltkrieg von Menschen aus Berlin, Zürich 1992, S. 304, sowie Susanne zur Nieden, Alltag im Ausnahmezustand. Frauentagebücher im zerstörten Deutschland 1943 bis 1945, Berlin 1993, S. 126–164.
102 »Direktive Nr. 24 des Alliierten Kontrollrates vom 12. Januar 1946«, gedruckt in: Clemens Vollnhals (Hg.), Entnazifizierung. Politische Säuberung und Rehabilitierung in den vier Besatzungszonen 1945–1949, S. 107–118, hier: S. 108 (Zitate).
103 Grundlegend Astrid M. Eckert, Kampf um die Akten. Die Westalliierten und die Rückgabe deutschen Archivguts nach dem Zweiten Weltkrieg, Stuttgart 2004, S. 59 f.
104 Who was a Nazi? Facts about the Membership Procedure of the Nazi Party. Compiled by 7771 Document Center OMGUS, O.O.o.J. [Berlin 1947], hier: S. 10 f.
105 Hans Buchheim,»Mitgliedschaft bei der NSDAP«, in: Gutachten des Instituts für Zeitgeschichte, 2 Bde., München 1958–1966, hier: Bd. 1, S. 313–322. Dazu Berg, Holocaust, S. 315 f. u. 409–419.
106 Dies ergibt sich aus der Steigerung der allgemeinen Mitgliederzahlen der Partei zwischen den genannten Stichtagen; siehe die Angaben in: BA Berlin, NS 1/1116. Diese Zahlen stellen also eine Obergrenze dar.

Angelika Königseder
Das Ende der NSDAP

1 Zit. nach: Alexander Fischer (Hrsg.), Teheran, Jalta, Potsdam. Die sowjetischen Protokolle von den Kriegskonferenzen der »Großen Drei«, Köln 1985³, S. 184 f.
2 Zit. nach: Wolfgang Benz, Potsdam 1945. Besatzungsherrschaft und Neuaufbau im Vier-Zonen-Deutschland, München 1986, S. 212 f.
3 Kontrollratsgesetz Nr. 2. Auflösung und Liquidierung der Naziorganisationen vom 10. Oktober 1945.
4 Kontrollratsdirektive Nr. 24. Entfernung von Nationalsozialisten und Personen, die den Bestrebungen der Alliierten feindlich gegenüberstehen, aus Ämtern und verantwortlichen Stellungen vom 12. Januar 1946.
5 Kontrollratsdirektive Nr. 38. Verhaftung und Bestrafung von Kriegsverbrechern, Nationalsozialisten und Militaristen und Internierung, Kontrolle und Überwachung von möglicherweise gefährlichen Deutschen vom 12. Oktober 1946.

6 Lutz Niethammer, Die Mitläuferfabrik. Die Entnazifizierung am Beispiel Bayerns, Berlin 1982, S. 138–143.

7 Ebenda, S. 150ff.; Clemens Vollnhals, Evangelische Kirche und Entnazifizierung 1945–1949. Die Last der nationalsozialistischen Vergangenheit, München 1989, S. 45ff.

8 Clemens Vollnhals (Hrsg.), Entnazifizierung. Politische Säuberung und Rehabilitierung in den vier Besatzungszonen 1945–1949, München 1991, S. 13ff.

9 Martin Broszat, Der Staat Hitlers. Grundlegung und Entwicklung seiner inneren Verfassung, München 1978[7], S. 254.

10 Gesetz Nr. 104 zur Befreiung von Nationalsozialismus und Militarismus vom 5. März 1946.

11 Ebenda.

12 Vollnhals, Entnazifizierung, S. 18; Gesetz Nr. 104 zur Befreiung von Nationalsozialismus und Militarismus vom 5. März 1946.

13 Gesetz Nr. 104 zur Befreiung von Nationalsozialismus und Militarismus vom 5. März 1946.

14 Vollnhals, Entnazifizierung, S. 18.

15 Gesetz Nr. 104 zur Befreiung von Nationalsozialismus und Militarismus vom 5. März 1946.

16 Robert Fritzsch, Entnazifizierung. Der fast vergessene Versuch einer politischen Säuberung nach 1945, in: Aus Politik und Zeitgeschichte B 24/72, 10. Juni 1972, S. 16.

17 ICD Starnberg, 14.6.1946. Zit. nach: Niethammer, Mitläuferfabrik, S. 393.

18 Justus Fürstenau, Entnazifizierung. Ein Kapitel deutscher Nachkriegspolitik, Neuwied 1969, S. 228f.

19 Vgl. auch zum Folgenden Vollnhals, Entnazifizierung, S. 24–33.

20 Fürstenau, Entnazifizierung, S. 228f.

21 Vgl. dazu Klaus-Dietmar Henke, Politische Säuberung unter französischer Besatzung. Die Entnazifizierung in Württemberg-Hohenzollern, Stuttgart 1981.

22 Vollnhals, Entnazifizierung, S. 36.

23 Ebenda, S. 40f.

24 Fürstenau, Entnazifizierung, S. 228.

25 Vgl. dazu Manfred Wille, Entnazifizierung in der Sowjetischen Besatzungszone Deutschlands 1945–48, Magdeburg 1993, und Helga A. Welsh, »Antifaschistisch-demokratische Umwälzung« und politische Säuberung in der sowjetischen Besatzungszone Deutschlands, in: Klaus-Dietmar Henke/ Hans Woller (Hrsg.), Politische Säuberung in Europa. Die Abrechnung mit Faschismus und Kollaboration nach dem Zweiten Weltkrieg, München 1991, S. 84–107.

26 Zum Folgenden Vollnhals, Entnazifizierung, S. 43–55.

27 Wolfgang Meinicke, Die Entnazifizierung in der sowjetischen Besatzungszone 1945–1948, in: Zeitschrift für Geschichtswissenschaft 32 (1984), S. 975.

28 SMAD-Befehl Nr. 35 über die Auflösung der Entnazifizierungskommissionen vom 26. Februar 1948. Zit. nach: Vollnhals, Entnazifizierung, S. 212.

29 Bericht von Robertson an Control Office for Germany and Austria, 10. Juli

1946, in: FO 1032/2228. Zit. nach: Heiner Wember, Umerziehung im Lager. Internierung und Bestrafung von Nationalsozialisten in der britischen Besatzungszone Deutschlands, Essen 1992², S. 34.

30 SHAEF, G-2, Weekly Intelligence Summary Nr. 25, in: National Archives, Washington, Record Group 331, General Staff, Intelligence Reports 1942–45, Entry 13. Zit. nach: Klaus-Dietmar Henke, Die Trennung vom Nationalsozialismus. Selbstzerstörung, politische Säuberung, »Entnazifizierung«, Strafverfolgung, in: Ders./Woller, Politische Säuberung, S. 32.

31 Zu den Internierungslagern in der US-Zone s. Christa Schick, Die Internierungslager, in: Martin Broszat/Klaus-Dietmar Henke/Hans Woller (Hrsg.), Von Stalingrad zur Währungsreform. Zur Sozialgeschichte des Umbruchs in Deutschland, München 1988, S. 301–325.

32 Fritzsch, Entnazifizierung, S. 13 f.

33 Niethammer, Mitläuferfabrik, S. 255.

34 Schick, Internierungslager, S. 309.

35 Ebenda, S. 311.

36 Ebenda, S. 324.

37 Wember, Umerziehung im Lager, S. 31.

38 Ebenda, S. 116 f. und 123.

39 Friedrich Meyer-Abich, Die deutschen Spruchgerichte in der britischen Zone, Hamburg 1947, S. 4. Zit. nach: Wember, Umerziehung im Lager, S. 283.

40 Wember, Umerziehung im Lager, S. 281 ff.

41 Ebenda, S. 289 f.

42 Hermann Weiß (Hrsg.), Biographisches Lexikon zum Dritten Reich, Frankfurt a. M. 1998, S. 304 f.; Wember, Umerziehung im Lager, S. 323.

43 Wember, Umerziehung im Lager, S. 24 f.

44 Ebenda, S. 241.

45 Zum Vergleich sowjetischer und amerikanischer Internierungspraxis vgl. Lutz Niethammer, Alliierte Internierungslager in Deutschland nach 1945: Ein Vergleich und offene Fragen, in: Peter Reif-Spirek/Bodo Ritscher (Hrsg.), Speziallager in der SBZ. Gedenkstätten mit »doppelter Vergangenheit«, Berlin 1999, S. 100–123.

46 Alexander von Plato, Sowjetische Speziallager in Deutschland 1945–1950: Ergebnisse eines deutsch-russischen Kooperationsprojektes, in: Reif-Spirek/Ritscher, Speziallager in der SBZ, S. 125 und 132.
Ausführlich dazu: Sergej Mironjenko/Lutz Niethammer/Alexander von Plato (Hrsg.), Sowjetische Speziallager in Deutschland, 2 Bde., Berlin 1998.

47 Ebenda, S. 132 f.; Vollnhals, Entnazifizierung, S. 54 f.

Sven Felix Kellerhoff
Die Erfindung des Karteimitglieds

1 Vgl. Matthias Donath, Architektur in Berlin 1933–1945, Berlin 2004, S. 162 f.

2 Vgl. Nicolas Berg, Der Holocaust und die westdeutschen Historiker, Göttingen 2003, S. 420, Anm. 109.

3 Nicolas Berg, Die Lebenslüge vom Pathos der Nüchternheit, in: Süddeutsche Zeitung vom 17. 7. 2002, S. 14.

4 Norbert Frei, Mitläufergeschichten?, in: Süddeutsche Zeitung vom 8. 5. 2003, S. 16.

5 Volker Ullrich, Forschung ohne Erinnerung, in: Die Zeit vom 10. 7. 2003, S. 39; Sebastian Conrad, Geschichtsvergröbernde Erinnerung, in: Berliner Zeitung vom 7. 7. 2003, S. 12.

6 Norbert Frei, Hitler-Junge. Jahrgang 1926, in: Die Zeit vom 11. 9. 2003, S. 50.

7 Entwicklung der Mitgliederkartei der NSDAP, 15. 12. 1934, BDC, Research Ordner 376, abgedruckt in und hier zit. n. The Holdings of the Berlin Document Center. A Guide to the collections. Berlin 1994, S. 118.

8 Vgl. K. W., Namen unter Altpapier, in: Neue Zeitung vom 29. 10. 1945 sowie Sven Felix Kellerhoff, Brisantes aus dem Müllhaufen, in: Die Welt vom 2. 11. 2005, S. 29.

9 OMGUS (Hrsg.), Who was a Nazi? Berlin 1947, S. 17.

10 Sven Felix Kellerhoff, Verstehen heißt nicht verharmlosen, in: Die Welt vom 12. 9. 2003, S. 27.

11 Rainer Blasius, Keiner wäscht weißer, in: Frankfurter Allgemeine vom 20. 09. 2003, S. 35.

12 Viktor Winkler, Ein gefährdetes Erbe: Zum »Fall« Martin Broszat. In: H-Soz-u-Kult 27. 10. 2004, http://hsozkult.geschichte.hu-berlin.de /forum/2004-10-001 (zuletzt gesichtet 22. 11. 2007).

13 Michael Buddrus, War es möglich, ohne eigenes Zutun Mitglied der NSDAP zu werden?, in: Geschichte der Germanistik 23/24 (2003), S. 21–26.

14 Andreas Platthaus: Unterschrift war Voraussetzung, in: Frankfurter Allgemeine vom 22. 10. 2003, Beilage Natur und Wissenschaft, S. 3.

15 Johannes Saltzwedel, Von Goethe zu Hitler, in: Der Spiegel vom 24. 11. 2003, S. 174.

16 Peter Wapnewski, Die Kartei hat immer recht, in: Frankfurter Allgemeine vom 27. 11. 2003, S. 48.

17 Walter Jens zit. n. Uwe Wittstock, »Es wundert mich«, in: Die Welt vom 25. 11. 2003, S. 27.

18 Walter Jens zit. n. Jobst-Ulrich Brandt, Eine Frage der Ehre, in: Focus vom 1. 12. 2003, S. 84.

19 Muschg verteidigt Walter Jens wegen seiner NSDAP-Mitgliedschaft, in: Die Welt vom 1. 12. 2003, S. 27.

20 Zit. n. Grass verteidigt Germanisten, in: Die Welt vom 23. 12. 2003, S. 27.

21 Giordano im Deutschlandfunk und Reemtsma im Bayerischen Rundfunk zit. n. Giordano, Jens nicht in die NSDAP »hineingerutscht«, in: Die Welt vom 27. 11. 2003, S. 27.

22 Michael Naumann: Ach, die Archive, in: Die Zeit vom 11. 12. 2003, S. 41.

23 Eckhard Fuhr, Unwürdiger Eiertanz, in: Die Welt vom 9. 12. 2003, S. 27.

24 Vgl. Jens wissentlich NSDAP-Mitglied?, in: Der Spiegel vom 8. 12. 2003, S. 20.

25 Götz Aly, Was wusste Walter Jens?, in: Die Zeit vom 15. 1. 2004, S. 35.

26 Vgl. Dieter Krüger, Archiv im Spannungsfeld von Politik, Wissenschaft und öffentlicher Meinung, in: Vierteljahrshefte für Zeitgeschichte 45 (1997), S. 55.

27 Zit. n. Sven Felix Kellerhoff, Von unschätzbarem Wert. In: Die Welt vom 27. 1. 2004, S. 28.

28 Vgl. The Holdings of the Berlin Document Center. A Guide to the collections. Berlin 1994, S. 117–124; Babette Heusterberg, Personenbezogene Unterlagen aus der Zeit des Nationalsozialismus, in: Herold Jahrbuch. NF 5 (2000), S. 147–186.

29 Götz Aly, Was wusste Walter Jens?, in: Die Zeit vom 15. 1. 2004, S. 35.

30 Heikle Quelle, in: Die Zeit vom 15. 1. 2004, S. 35.

31 Günter Nickel, Antrag abgelehnt, in: Frankfurter Allgemeine vom 21. 1. 2004, S. 33.

32 Zit. n. Sven Felix Kellerhoff, Von unschätzbarem Wert. In: Die Welt vom 27. 1. 2004, S. 28.

33 Armin Nolzen, Nur zu illustrativen Zwecken, in: Frankfurter Rundschau vom 4. 2. 2004, S. 17.

34 Rainer Blasius, Der Nachlass der Partei, in: Frankfurter Allgemeine vom 29. 1. 2004, S. 1.

35 Zit. n. Sven Felix Kellerhoff, Flucht vor sich selbst?, in: Die Welt vom 16. 8. 2006, S. 23.

36 Vgl. Malte Herwig, Hoffnungslos dazwischen, in: Der Spiegel vom 16. 7. 2007, S. 134.

37 Zit n. Martin Zips, »Vielleicht war es meine Mutter«, in: Süddeutsche Zeitung vom 3. 7. 2007, S. 12.

38 Vgl. Evelyn Finger, Neue Parteimitglieder, in: Die Zeit vom 5. 7. 2007, S. 48 (Frei); Holger Dohmen, »Bormann würde sich freuen«, in: Hamburger Abendblatt vom 3. 7. 2007, S. 8 (Rürup); »Das Leben ist voller Überraschungen«, in: Die Welt vom 3. 7. 2007, S. 27 (Mommsen); Helmut Böger / Stefan Hauck, Hildebrandt und Walser waren in der NSDAP!, in: Bild am Sonntag vom 1. 7. 2007, S. 1 u. 12 (Knopp).

39 Vgl. »Das Leben ist voller Überraschungen«, in: Die Welt vom 3. 7. 2007, S. 27 (Herbert); Sven Felix Kellerhoff, »Apparat zur sozialen Kontrolle«, in: Die Welt v. 4. 7. 2007, S. 27 (Nolzen); Jobst-Ulrich Brand, »Nicht ohne Unterschrift«, in: Focus vom 9. 7. 2007, S. 40 (Kreikamp).

40 Franziska Augstein, Ein Rückspiel, in: Süddeutsche Zeitung vom 4. 7. 2007, S. 13.

41 Sven Felix Kellerhoff, Wann war ein Mitglied ein Mitglied?, in: Die Welt vom 3. 7. 2007, S. 29.

42 Vgl. Alfred Neven DuMont (Hrsg.), Jahrgang 1926/27, Köln 2007.

43 Karl Otto Conrady, Ein Junge, der 1944 achtzehn wurde, in: ebd., S. 208.

44 Dieter Hildebrandt, Erinnerungen an den Endsieg, in: ebd., S. 21.

Die Autorinnen und Autoren

Dr. Wolfgang Benz, geboren 1941, Professor an der Technischen Universität Berlin und Leiter des Zentrums für Antisemitismusforschung, 1992 Geschwister-Scholl-Preis. Mitherausgeber der Zeitschrift für Geschichtswissenschaft, Gastprofessuren in Australien, Mexiko, Bolivien, Belfast und Wien. Zahlreiche Veröffentlichungen zur deutschen Geschichte im 20. Jahrhundert.

Dr. Ingo Haar, geboren 1965, Mitarbeiter am Zentrum für Antisemitismusforschung der TU Berlin und Lehrbeauftragter des Instituts für Wirtschafts- und Sozialgeschichte der Universität Wien; Autor von »Historiker im Nationalsozialismus. Deutsche Geschichtswissenschaft und der ›Volkstumskampf‹ im Osten«, Göttingen 2002, 2. Aufl., und Herausgeber des »Handbuchs der völkischen Wissenschaften«, München 2008. Zahlreiche Veröffentlichungen zur Historiographiegeschichte, zur Wissenschaftsgeschichte, zur Zwangsmigrations- und Genozidforschung im 20. Jahrhundert und zur jüdischen Geschichte im 19. Jahrhundert. Mit »German Scholars and Ethnic Cleansing 1919–1945«, 2. Aufl., New York 2006, Preisträger des Choice Outstanding Book of the Year 2005.

Sven Felix Kellerhoff, geboren 1971 in Stuttgart, studierte Geschichte und Medienrecht vorwiegend an der Freien Universität Berlin und absolvierte die Berliner Journalisten-Schule. Seit 1993 als Journalist tätig, seit 1997 für den Axel Springer Verlag, leitete er u. a. die Wissenschaftsredaktion und das Berlin-Feuilleton der Berliner Morgenpost und ist seit 2003 als Leitender Redakteur der WELT zuständig für Zeit- und Kulturgeschichte. Außerdem veröffentlichte er bisher 14 Sachbücher zu zeit- und regionalhistorischen Themen, darunter »Attentäter. Mit einer Kugel die Welt verändern« (2003), »Hitlers Berlin. Geschichte einer

Hassliebe« (2005) und »Der Reichstagsbrand. Die Karriere eines Kriminalfalles« (2008).

Dr. Angelika Königseder, geboren 1966, Historikerin, Mitarbeiterin am Zentrum für Antisemitismusforschung der TU Berlin. Veröffentlichungen u. a. zur jüdischen DP-Geschichte, zu NS-Konzentrationslagern und zur Rolle der Rechtsanwälte im Nationalsozialismus. Leitung der Redaktion der Reihe »Der Ort des Terrors. Geschichte der nationalsozialistischen Konzentrationslager«.

Armin Nolzen, MA, geboren 1968, Historiker, Redakteur der »Beiträge zur Geschichte des Nationalsozialismus«; Forschungsschwerpunkte: Geschichte der NSDAP, vergleichende Faschismus- und Diktaturforschung und Historische Sozialisationsforschung; wichtigste Veröffentlichungen: Die NSDAP, der Krieg und die deutsche Gesellschaft, in: Das Deutsche Reich und der Zweite Weltkrieg; Bd. 9: Die deutsche Kriegsgesellschaft 1939 bis 1945, Teilbd. 1: Politisierung – Vernichtung – Überleben. Mit Beiträgen von Ralf Blank, Jörg Echternkamp, Karola Fings, Jürgen Förster, Winfried Heinemann, Tobias Jersak, Armin Nolzen und Christoph Rass. Im Auftrag des Militärgeschichtlichen Forschungsamtes hg. v. Jörg Echternkamp, München 2004, S. 99–193, sowie Faschismus in Italien und Deutschland. Studien zu Transfer und Vergleich, Göttingen 2005 (gemeinsam mit Sven Reichardt).

Phillip Wegehaupt, MA, geboren 1979 in Wolgast, wuchs auf der Insel Usedom auf und studierte in Berlin Neuere und Mittelalterliche Geschichte sowie Neuere Deutsche Philologie. Er hat publiziert zum Thema Struktur, Ideologie und Funktionsmechanismen der nationalsozialistischen Bewegung; ein weiterer seiner aktuellen Forschungsschwerpunkte ist die Geschichte der deutschen Teilung.

Björn Weigel, geboren 1980 in Berlin, studierte Geschichte und Germanistik an der Technischen Universität Berlin. An der Humboldt-Universität zu Berlin arbeitete er seit 2006 als studentische Hilfskraft am Lehrstuhl für Zeitgeschichte (hauptsächlich über die Vernichtung jüdischer Gewerbetätigkeit im Nationalsozialismus). Er war an Konzeption und Erarbeitung der Ausstellung »Verraten und Verkauft – Kleine und mittlere jüdische Unternehmen in Berlin 1929–1940« sowie einer dazugehörigen Stadtführung beteiligt. Daneben war er als Dramaturg, Produzent und Musiker am Theater tätig.

Mario Wenzel, MA, geboren 1975 in Bernau bei Berlin, studierte an der Technischen Universität Berlin Neuere Geschichte, Erziehungswissenschaften und Soziologie und arbeitet an seiner Dissertation zu Zwangsarbeitslagern für Juden im Distrikt Krakau des Generalgouvernements. Veröffentlichungen u. a.: Die SD-Schule Bernau 1936–1945: Ausbildungs- und Tagungsort der Sicherheitspolizei und des Sicherheitsdienstes der SS, in: Wolfgang Benz/Heinz Deutschland (Hrsg.), Das Schicksal der ADGB-Bundesschule im Dritten Reich, Bernau 2007, S. 88–118; Ausbeutung und Vernichtung. Zwangsarbeitslager für Juden im Distrikt Krakau 1942–1944, in: Dachauer Hefte 23 (2007), S. 189–207.

Dr. Juliane Wetzel, geboren 1957 in München, Dr. phil., 1987 Promotion in Geschichte und Kunstgeschichte an der Ludwig Maximilians Universität München; von 1987 bis Anfang 1991 Mitarbeiterin im Institut für Zeitgeschichte, München; 1991–1995 wissenschaftliche Mitarbeiterin, seit 1996 wissenschaftliche Angestellte am Zentrum für Antisemitismusforschung, Berlin. Geschäftsführende Redakteurin des Jahrbuchs für Antisemitismusforschung; Mitglied der deutschen Delegation der Task Force for International Cooperation on Holocaust Education, Remembrance and Research. Zahlreiche Vorträge und Publikationen zu den Themen Juden unter nationalsozialistischer Verfolgung (Deutschland, Frankreich, Italien), jüdische Nachkriegsgeschichte, Rechtsextremismus und aktuelle Formen des Antisemitismus.

Dr. Peter Widmann, geboren 1968, Wissenschaftlicher Assistent am Zentrum für Antisemitismusforschung und Lehrbeauftragter im Fachgebiet Politikwissenschaft der Technischen Universität Berlin, studierte nach einer Ausbildung zum Rundfunkredakteur Politikwissenschaft an der Freien Universität Berlin und promovierte über kommunale Minderheitenpolitik im Nachkriegsdeutschland. Veröffentlichungen u. a. zu Sinti und Roma, zur Migrationspolitik, zum Nationalsozialismus und zur politischen Rolle der Medien.

Ernst Klee
Das Personenlexikon zum Dritten Reich
Wer war was vor und nach 1945

Band 16048

Das konkurrenzlose Lexikon informiert mit seinen 4300 Artikeln ausführlich über die wichtigsten Personen aus Justiz, Kirchen, Wohlfahrtseinrichtungen, Kultur, Wirtschaft, Publizistik, Wissenschaft, Medizin, Polizei, Wehrmacht sowie über tragende Personen aus NSDAP, SA und SS. Das Personenlexikon informiert außerdem auch – und das ist charakteristisch für Klees Arbeitsweise – über deren Karrieren nach 1945, soweit diese ausfindig zu machen waren.

»Mehr als ein ›Who's who‹ des ›Dritten Reiches‹ –
Ernst Klee ist ein Standardwerk gelungen.«
Die Zeit

»Stichprobenvergleiche mit
anderen Lexika und einschlägigen Monographien
bestätigen nicht nur die Zuverlässigkeit von Klees Werk,
sondern vor allem auch seine unübertroffene
Vollständigkeit.«
Frankfurter Rundschau

Fischer Taschenbuch Verlag

fi 16048 / 1

Raul Hilberg
im S. Fischer und Fischer Taschenbuch Verlag

»Raul Hilberg, Emigrant aus Wien, war einer der ersten, der sich systematisch mit der Geschichte des Holocaust befasste. 1948 wählte er dieses Thema für seine Dissertation aus, nicht ahnend, dass es sein künftiges Leben bestimmen sollte. Auf Grund der von den USA beschlagnahmten deutschen Akten legte er 1961 seine umfassende Darstellung der Genozidpolitik Hitlers und seiner Mittäter vor, mit der er zunächst allein da stand: ›Die Vernichtung der europäischen Juden‹. Sein großes Werk, in dem er den bürokratischen Charakter des Vernichtungsprozesses und die überwiegend passive Rolle der jüdischen Opfer betont, ist bis heute ein unentbehrliches Standardwerk geblieben. Seine folgenden Publikationen haben immer wieder die Forschung fruchtbar beeinflusst.« *Hans Mommsen*

Die Vernichtung der europäische Juden
Aus dem Amerikanischen
von Christian Seeger,
Harry Maor, Walle Bengs
und Wilfried Szepan
Band 24417

Täter, Opfer, Zuschauer
Die Vernichtung der Juden
Aus dem Amerikanischen
von Hans Günter Holl
Band 13216

Die Quellen des Holocaust
Entschlüsseln und Interpretieren
Aus dem Amerikanischen
von Udo Rennert
256 Seiten. Gebunden
S. Fischer

Unerbetene Erinnerung
Der Weg eines
Holocaust-Forschers
Aus dem Amerikanischen
von Hans Günter Holl
175 Seiten. Gebunden
S. Fischer

S. Fischer

Stephan Malinowski
Vom König zum Führer
Deutscher Adel und Nationalsozialismus
Band 16365

Die erste umfassende Analyse des Niedergangs einer jahrhun-
dertealten Herrschaftselite, welche die Bastion ihrer sozialen
und kulturellen Macht selbst innerhalb der industriellen Moderne hartnäckig und nicht ohne Erfolg verteidigt hat. Den
Mittelpunkt des Buches bildet die Selbstzerstörung adliger
Traditionen und Werte, die im späten Kaiserreich mit der
Annäherung an rechtsradikale Bewegungen beginnt und mit
der widersprüchlichen Annäherung an die NS-Bewegung endet.

»Dieses Buch hat seit
seinem Erscheinen vor einem Jahr
Furore gemacht. Denn der Autor räumt
konsequenter als irgendein Historiker vor ihm
mit einer Legende auf. [...] Nun liegt das Werk, das 2004
mit dem erstmals vergebenen Hans-Rosenberg-Preis
ausgezeichnet wurde, in einer erschwinglichen
Taschenbuch-Ausgabe vor.«
Volker Ullrich, Die Zeit

Fischer Taschenbuch Verlag

Jochen Böhler
Auftakt zum Vernichtungskrieg
Die Wehrmacht in Polen 1939

Band 16307

Vor dem Überfall auf Polen im September 1939 waren politisch und militärisch die Weichen bereits gestellt. Mit Beginn des Rasse- und Vernichtungskrieges ermordeten Einheiten der Wehrmacht Tausende von Polen und Juden, Zivilisten und Kriegsgefangene. Der Autor beleuchtet in seiner bahnbrechenden Untersuchung den politischen Hintergrund, das Versagen der Wehrmachtsführung und das Verhalten der »einfachen Soldaten« vor Ort. Der Holocaust hatte bereits 1939 in Polen begonnen.

»Die erste umfassende Darstellung des Polenkrieges aus deutscher Feder überhaupt (…) Böhlers Werk darf schon jetzt als ein Pionierwerk betrachtet werden.«
DIE ZEIT

»Böhlers Studie legt den wissenschaftlichen Maßstab für die Aufklärung verdrängter und vergessener Verbrechen hoch.«
DIE WELT

Fischer Taschenbuch Verlag